21세기 뉴페미니즘

21세기 뉴페미니즘

전복희
김경미
이순주
김욱
이정진
이지영
최정원
김민정
박채복
김감미
김성진
지음

New
Feminism
in the 21st Century

한울
아카데미

차례

머리말

페미니즘, 젠더 이슈는 최근 한국사회에서 가장 논쟁적인 주제 가운데 하나가 되었다. 그러나 사실은 우리 사회가 페미니즘에 대한 깊은 성찰 없이 남녀의 권력 다툼으로 이어져서 페미니즘이 논쟁의 중심이 된 측면이 없지는 않다. 또한 그동안 수면 밑에서 은밀하게 존재하던 여성에 대한 사회적 차별이나 편견에 대해서 미투(#MeToo)와 같이 적극적으로 문제를 제기하고 시정을 요구하게 되면서 이전에 없다고 생각했던 갈등이 나타나고 있다고 불편해하는 시각이 있다. 이런 점에서 현재 우리는 젠더와 관련된 혹은 여성과 관련된 다양한 문제제기에 대해 이해하고, 이를 바꾸기 위한 페미니즘의 주장들에 대해서 보다 진지하게 자세히 들여다보며, 남녀가 공히 평등하게 살아가는 사회를 만들기 위해 적극적으로 노력해야 한다. 이런 점에서 전 세계적으로 논의되고 있는 뉴페미니즘에 대해서 이해하고자 하는 것이 이 책의 취지이다.

뉴페미니즘은 1980년대 중반부터 미국, 영국, 이탈리아 등의 서구 국가에서 등장하기 시작하여 중남미, 동아시아에 이르기까지 전 세계적으로 나타나는 현상이다. 그렇지만 뉴페미니즘이라고 이름 붙여진 이러한 경향은 각

국가의 역사적·정치적·문화적·사회적 상황 및 전통 그리고 상호 간의 관계에 따라 다양한 형태로 나타나고 있어서, 그 경향의 내용에 대해 공통점을 끄집어내는 것은 쉽지 않은 일이다.

뉴페미니즘은 포스트페미니즘과 같은 동의어로 이해되기도 한다. 포스트페미니즘을 제2기 페미니즘 이후의 페미니즘이라는 의미로 사용한다면 포스트페미니즘은 보다 포괄적인 의미를 가지게 되며 그 가운데의 한 경향을 뉴페미니즘으로 정의할 수도 있다. 또한 뉴페미니즘을 여성의 지위 및 상황에 대해서 이전의 페미니즘과 다르게 해석한다는 의미로 사용한다면 1990년대 초부터 나타난 이전 페미니즘에 대한 반격으로서 '안티페미니즘'적인 시각조차도 뉴페미니즘 안에 포함시킬 수 있을 것이다. 실제로 이 책에서 보게 될 폴란드와 일본의 뉴페미니즘에는 이러한 안티페미니즘적 시각을 찾아볼 수 있다.

이러한 배경들을 본다면 뉴페미니즘을 한마디로 정의하는 것은 참으로 어려운 일이며 다양한 페미니즘이 그 안에 존재함을 알 수 있다. 이에 이 책의 저자들은 몇 차례에 걸친 세미나와 토론을 거쳐서 글을 작성하였다. 저자들은 대부분이 해당 국가의 다양한 문제들을 연구해 왔고 또한 그 지역의 젠더 관련 연구를 진행해 온 연구자들로, 그 지역의 정치적·사회적·문화적·경제적 특수성에 입각하여 뉴페미니즘의 등장과 배경, 그리고 내용들을 살펴보았다.

이 책은 모두 2부 9장으로 구성되어 있다. 1부(1~6장)는 세계의 21세기 뉴페미니즘을 다루었고 2부(7~9장)는 한국 상황을 설명하였다. 1부의 1장은 「21세기 독일의 뉴페미니즘과 독일 여성운동의 과제」로서 전복희 박사가 집필하였다. 독일의 뉴페미니즘은 2000년대 독일의 사회경제적·정치적 변화에 대응하는 일부 젊은 세대의 문화와 요구를 반영한다. 뉴페미니즘은 자유와 선택, 성과주의와 개인적 책임을 강조하고, 제2기 페미니즘의 이데올로기적이고 도그마적인 페미니즘을 거부하며, '일상의 페미니즘'을 주장한다. 또한 대중문화에 비쳐진 객체화된 여성성을 비판하고, 성적 쾌락을 자유롭게 누리는 주체적 여성성을 강조하며, 남성과 함께하는 페미니즘을 주장한다. 한편 독일의 뉴페미니즘은 페미니즘의 요소들을 임의적으로 선택해서 혼합하고 재정의하면서 페미니즘의 주요기능인 사회비판과 사회변화의 동력을 잃고, 현상유지적인 한계를 보인다. 또한 학술적·이론적 논의가 결여된 채 미디어에 의해 확산되면서 페미니즘에 대한 왜곡된 지식과 이해를 증폭시키고, 세대 간의 갈등을 야기하여 독일 페미니즘과 여성운동의 발전을 저해할 수 있다.

2장은 「1989년 이후 폴란드의 여성운동과 뉴페미니즘의 전개: 임신중단 이슈를 중심으로」로서 김경미 박사가 집필하였다. 폴란드의 뉴페미니즘은 특히 2010년대 이후 안티페미니즘적 경향이 강하게 나타났으며 2015년 보수정당이 집권하면서 더욱 반동적인 성격을 가지게 된다. 가톨릭 국가로서 폴란드에서는 여성운동과 뉴페미니즘의 중심에 임신중단 이슈가 자리 잡고 있다. 체제전환 이후 폴란드의 여성운동은 현실 사회주의체제하에서 매우 진보적이었던 「임신중단법」을 제한하려는 가톨릭교회를 중심으로 한 보수세력과 이에 항거하는 여성들 간의 투쟁의 역사를 보인다. 여성들의 저항은 2016년의 '검은 시위'에서 정점에 달하며 이를 통해서 새로운 차원의 여성운동이 시작되었다고 할 수 있다. 검은 시위는 페미니스트 활동가나 여성운동에 참여한 경험이 없는 일반 여성들이 조직하고 참여했다는 점에서 그 독특함이 있다.

3장은 「제4의 물결 페미니즘을 넘어: 아르헨티나 페미니즘의 확산」으로 이순주 교수가 집필하였다. 최근 20년간 아르헨티나에서는 페미니즘 이슈가 사회적 논쟁과 변화를 이끌고 있다. 여성에 대한 폭력과 살해 반대, 낙태 합법화 등은 과거에도 존재했던 이슈이지만, 그 중요도는 과거와 비교하기 어려울 정도로 커졌다. #NiUnaMenos 운동 이후 아르헨티나는 동수제가 도입되는 등 커다란 정치사회적 변화를 경험하였고 낙태 합법화에 대한 인식도 매우 높아진 상황이다. 이 글에서는 아르헨티나 페미니즘 이슈가 최근 핵심 정치의제로 등장한 배경을 고찰하고 인터넷을 바탕으로 하는 온라인이 활성화된 환경 속에서 활용된 아르헨티나 페미니즘의 운동방식과 연대전략은 무엇인지 파악한 후, 현재 아르헨티나 페미니즘 운동의 확대를 살펴본다. 아르헨티나에서는 제4의 물결 페미니즘의 배경인 디지털 환경에서 온라인과 오프라인의 유기적인 연계가 실제적 성과를 거두고 있다.

4장은 「육체적 페미니즘: 미국 페미니즘의 새로운 경향」으로 김욱 교수와 이정진 교수가 집필하였다. 1990년대 미국을 중심으로 부상한 포스트모던 페미니스트들은 육체, 물질, 현실 자체보다는 이러한 물질이 어떻게 문화와 언어 등을 통해 사회적으로 구성되는가에 초점을 맞추었으며 이에 따라 오히려 육체와 물질이 경시되는 부작용을 가져왔다. 이에 대한 반향으로서 미국에서는 최근 몸과 육체 그 자체의 중요성을 강조하는 페미니즘 이론과 연구가 증가하고 있다. 이 글에서는 1990년대 등장한 몸과 육체를 강조하는 대표적인 페미니스트 이론 두 가지를 소개한 후, 최근 20년간 미국 페미니즘의 가장 두드러진 특징이라고 할 수 있는 육체와 물질의 재강조 동향을 소개한다. 또한 이러한 새로운 이론적 경향이 미국 페미니스트 운동 및 주요 이슈에 미치는 영향력을 논의하면서, 이와 함께 한국의 페미니즘과 페미니스트 운동에 주는 시사점을 논의한다.

5장은 「일본의 포스트페미니즘의 전개: '여자력'과 '애국여성'을 중심으로」이며 이지영 박사가 집필하였다. 일본의 뉴페미니즘은 서구보다 늦게 2010년대에 접어들어 나타나고 있는데, 그 가운데에서도 새로운 여성성과 주체성을 강조하는 '여자력'과 '애국여성' 담론의 확산이 포스트페미니즘적 현상으로 주목받고 있다. 이 글은 이러한 일본의 포스트페미니즘의 양상을 살펴보고 그 보편성과 특수성을 규명하고자 하는 시도이다. 일본의 포스트페미니즘은 탈냉전과 신자유주의의 심화 속에서 서구의 포스트페미니즘과 유사하게 집단으로서의 여성이 아닌 다양한 여성의 경험과 차이를 인정하고 개인의 자유와 경쟁을 중시하는 것으로 나타났다. 그리고 새로운 '여성성으로의 자유'를 추구하며 주체적으로 '여자력(女子力)' 향상을 위해 노력한다. 그러나 일본의 포스트페미니즘에서는 강한 젠더 역풍의 영향으로 제2의 물결 페미니즘의 인정은 보이지 않는다. 성평등을 위한 여성운동과 이를 이어가는 새로운 페미니즘의 출현은 아직 보이지 않는 가운데 반(反)젠더 담론의 소비자였던 젊은 여성들이 국가의 미래를 걱정하며 '위안부' 부정 등 여성의 풀뿌리 보수운동에 나서고 있다. 이러한 애국여성은 페미니즘의 빈 공간에서 여성의 주체성을 강조하며 페미니즘의 외피를 두른 채 목소리를 높여가고 있다. 이러한 측면에서 볼 때 일본의 포스트페미니즘은 신자유주의와 내셔널리즘의 착종 속에 '페미니즘 없는 페미니즘'의 양상을 나타낸다고 할 수 있겠다.

6장은 「글로벌 페미니즘과 유엔의 역할: 여성 의제의 전개를 중심으로」로서 최정원 박사가 집필하였다. 이 글에서는 유엔을 중심으로 전개되어 온 여성 관련 의제들을 중심으로 글로벌 페미니즘과 유엔의 역할을 살펴보고 있다. 평등과 인권은 유엔의 전 지구적 여성담론이 강조하는 가장 보편적 가치로 1980년대까지의 평등 담론, 1990년대의 여성 인권 담론과 성평등을 위한 성주류화 담론을 거쳐 2000년대 이후에는 여성·평화·안보 의제와 지속가능발전 담론으로 확대되어 다양한 방식으로 추구되어 왔다. 유엔은 글로벌 페미니즘 담론의 장을 제공하고, 성 인지적 규범과 원칙을 설정했으며, 이를 지속적으로 점검함으로써 그동안 성평등 증진과 여성권한 강화에 실질적 영향을 미쳐왔다. 특히, 유엔의 여성 의제는 2000년대 이후 지속가능발전 담론 속에서 SDGs 5(성평등)로 개별적으로 다루어지는 동시에 다른 의제들과 상호 연계됨으로써 전 분야로 확장되고 있다. 한편 2000년대 이후 새로운 글로벌 페미니즘은 사회적 억압으로부터의 자유를 강조하는 개인화·개별화의 새로운 경향성을 보인다. 따라서 오늘날의 글로벌 페미니즘과 유엔의 역할은 집단적 정체성보다는 자유권과 개인주의를 강조하는 젊은 세대의 다양한 견해를 수용하는 노력과 함께 글로벌 규범으로서의 보편적 가치의 구축을 위한 노력을 강화할 필요가 있다.

2부는 한국의 상황으로서, 21세기 한국 페미니즘의 새로운 양상으로 3편의 글을 소개하고 있다. 7장은 「2015년 이후 한국 여성운동의 새로운 동향」으로서 김민정 교수가 집필하였다. 이 글은 2015년 직장 내 성폭행 사건의 폭로로부터 시작하여 2016년 강남역 여혐 살인사건, 2017년 미투 운동 그리고 2018년 홍대 남성 누드모델 '몰카' 사건에 이은 혜화역 시위에 이르기까지 한국사회에 나타난 여성운동의 새로운 동향의 배경을 설명하고 있다. 이러한 새로운 동향의 배경에는 2000년대 신자유주의와 개인화된 사회의 등장, 정보화사회의 도래 속에서 여성들의 자유로운 자기표현, 인터넷상에서의 여혐과 같이 극대화된 언어폭력에 노출된 사회, 그리고 여성운동의 제도화에 이르기까지 2000년대의 한국사회의 변화가 있다. 이러한 과정의 종착지인 2018년 6차에 걸친 혜화동 시위는 이전의 여성운동과 다른 양상을 보여주었다. 첫째 이전의 여성운동은 엘리트 중심의 대리자 운동이었다면 2018년에 나타난 여성운동은 직접 행동주의적 요소를 보여준다. 엘리트 여성들이 아닌, 전문 운동가도 아닌 일반 여성들의 직접 행동주의이다. 두 번째 새로운 여성운동의 특징은 평등보다는 자유를 강조했다는 것이다. 마지막 새로운 여성운동의 특징은 사회적 성 혹은 젠더보다는 생물학적 성에 대한 강조였다. 2018년 혜화역 시위에서 나타난 여성운동은 2000년대 한국사회 변화의 산물이면서 또한 여성들의 의식의 변화를 보여주는 좋은 예가 될 것이다.

8장은 「디지털 공간에서 젠더의 주체화와 저항의 정치: 온라인 페미니즘을 중심으로」로서 박채복 박사가 집필하였다. 2010년대 후반 페미니즘의 재부상과 대중화 속에서 디지털 공간에서 새로운 젠더의 주체화가 활발하게 진행되고 있으며, 이들의 정치세력화에 대한 젠더적 접근이 요구되고 있다. 새로운 소통 공간으로서 온라인의 비약적인 발달은 페미니즘과 교차하며 젠더 변화의 새로운 정치성을 만들어내고 있다. 더 나아가 새로운 페미니즘과 기존 페미니즘 사이의 차이와 연대 문제와 함께 온라인을 통한 페미니즘 운동을 둘러싼 페미니즘 논쟁을 가속화시키고 있다. 또한 사이버 테러 및 성폭력, 극단적인 여성혐오와 여성들의 반격 그리고 페미니즘에 대한 반격 등 새롭게 표출된 젠더 갈등과 반페미니즘 정서의 가속화 현상은 기존 성평등 및 젠더 이슈와는 다른 포괄적인 젠더 관점에서의 접근을 요구하고 있다. 이 글은 새로운 페미니즘 운동으로서 온라인 페미니즘이 기존의 페미니즘과 어떤 차이와 운동 동력을 확보하고 있는지 살펴보고, 온라인과 페미니즘의 조우를 통해 젠더의 주체화와 주체의 정치세력화 과정을 분석해 보고자 한다. 이를 통해 세대, 정체성, 관심 영역, 활동 기반 등이 상이한 페미니스트들이 어떻게 연대할 수 있는가 하는 문제에 대한 일정 정도의 답을 찾아보고자 한다.

9장은 「온라인 페미니즘: 전개와 시사점」으로 김성진 교수와 김감미가 공동으로 집필하였다. 온라인 커뮤니티 발전은 온라인 커뮤니티 내 일상화된 성차별과 여성혐오에 대한 대응이 이루어지면서 온라인 임파워먼트로 이어지고 있다. 온라인 페미니즘은 여초 커뮤니티를 중심으로 일상의 경험을 공유하면서 생산된 집합지식을 중심으로 여성들이 연결되면서 진행되었다. 온라인 페미니즘은 2015년 메갈리아의 등장, 2016년 강남역 살인사건, 미투 운동, 홍대 남성 누드모델 '몰카' 사건, 혜화역 시위를 거치면서 온라인 페미니즘의 오프라인 활동으로 영역이 확장되면서 한국사회의 페미니즘 리부트를 만들어냈다. 그러나 온라인 페미니즘은 남성들이 오히려 차별받고 있다는 '약자 남성' 담론과 이후 차별 없는 환경에서 성장한 20대 여성들이 페미니즘을 주장하고 국가정책으로 이들을 '보호'하는 것은 공정하지 않다는 '공정성 담론'의 백래시(backlash)에 직면하고 있다. 이러한 논의는 '이대남'에 이어 '1번남'과 '2번남', '잘생긴 1번남'과 '못생긴 2번남' 등으로 발전하고, 선거과정에서 여성혐오가 '여성가족부 폐지론'으로 결집되면서 페미니즘 논의가 정파적으로 소비되는 양상을 낳고 있다. 온라인 페미니즘의 발전이 여성 임파워먼트와 실질적인 양성평등으로 이어지기 위해서는 우리 사회 내 혐오에 대한 보다 적극적이고 적절한 대응이 이루어질 필요가 있다.

이 책이 나오기까지 바쁜 와중에 옥고를 내주신 집필자 선생님들께 감사의 말씀을 전한다. 여러 번의 세미나와 토론회를 통해서 의견을 모았지만 집필을 완성하는 것은 또 다른 문제다. 강의와 다른 연구들의 압박이 있었음에도 옥고를 기한 내에 집필해 준 집필자들에게 심심한 사의를 표한다. 또한 『젠더정치학』과 『다문화주의와 페미니즘』, 『저출산시대의 가족 정책』에 이어 이번에도 우리의 책을 출판해 주는 한울엠플러스(주)에 고마운 마음을 전한다.

2023. 2.

필진을 대표하여 김민정이 씀

1부
세계의 뉴페미니즘

1장

21세기 독일의 뉴페미니즘과 독일 여성운동의 과제*

전복희

1. 들어가며

뉴페미니즘은 1980년내 중반 이후 미국, 영국, 이탈리아, 북유럽 국가 등 서구의 많은 국가들에서 초국가적인 현상으로 나타났는데, 여러 국가의 뉴페미니즘은 각 국가의 특수한 역사적·정치적·사회적·문화적 전통과 인식방법을 반영하면서 차이점과 비동시성을 보여준다.

일반적으로 뉴페미니즘이라는 용어는 매우 다의적으로 사용된다. 포스트모던 페미니즘과 같은 맥락으로 이해되기도 하고(오영인, 2014: 6), '구(old)'페미니즘과 구별하는 의미의 '신(new)'페미니즘 또는 제3의 물결 페미니즘을 의미하기도 하고, 포스트페미니즘으로 설명되기도 하고, 1990년대 초부터 불기 시작한 '페미니즘에 대한 반격(Backlash)'(Faludi, 1991)으로 '안티페미니즘(anti-feminism)'적 특징을 일컫는 용어로 사용되기도 하는 등 논자에 따라 다각적으로 쓰인다. 독일에서 뉴페미니즘은 2000년대 중반 이후 독일 언론

---

* 이 장은 《21세기정치학회보》 제28집 2호(2018년 6월)에 실린 논문을 수정한 것이다.

과 미디어 그리고 학계와 정치의 장에서 주요 논의 쟁점 중 하나가 되었다. 독일에서도 뉴페미니즘이라는 용어는 논자들이 '엘리트 페미니즘'에서부터 '현대화된 페미니즘', '보수적 페미니즘', '신(neo)페미니즘'에 이르기까지 상이한 유형과 다양한 의미로 사용하면서 그 뜻을 이해하는 데에 혼란이 온다.

무엇보다도 뉴페미니즘에 대한 독일적 관심이나 논의는 여성운동권이나 여성학 또는 젠더연구의 이론적 논의에서보다는 독일의 저명한 신문《디 차이트(Die Zeit)》와 시사 잡지《디 슈피겔(Die Spiegel)》 등 언론의 기사와 논문, 미디어를 통해 먼저 제기되었다. 언론이나 미디어가 뉴페미니스트라고 불리는 신세대 인사들의 주장과 저서를 적극적으로 소개하여 뉴페미니즘을 알린 데 반하여, 학계에서는 이에 대해 부정적이거나 냉담하게 대응했기 때문에 독일에서 뉴페미니즘은 이론적으로나 정치적으로 활발한 논의로 발전되지 않았다(Dölling, 2008: 38; Holland-Cunz, 2006: 161).

최근 독일에서 "우리는 뉴페미니즘이 필요하다"라는 주장이 점차 많은 사람의 공감을 얻고 있다. 특히 2006년에 독일의 대표적인 신문의 하나인《디 차이트(Die Zeit)》가 "우리는 뉴페미니즘이 필요하다"라는 주제로 15명의 여성들과 인터뷰한 기사를 내보낸 이후 "우리는 뉴페미니즘을 필요로 한다"라는 주장은 미디어나 여러 세미나에서 관심의 대상이 되었다. 예를 들어, 독일의 저명한 여성학 관련 학술지인《페미니스트 연구(Feministische Studien)》가 2008년에 개최한 국제세미나에서 "우리는 뉴페미니즘이 필요하다"에 관한 의견을 물었는데, 대부분이 긍정적인 답변을 했다고 한다(Casale et al., 2008: 1).

그렇다면 대체 뉴페미니즘은 어떤 페미니즘을 말하는가? 미디어에 의해서 여론화되고 대중화된 단순히 명목상의 뉴페미니즘인가, 아니면 21세기 독일의 정치적·사회적·문화적 변동과 요구를 반영하는 사회비판적이고 여성해방적 특성을 가진 진실로 새로운 페미니즘인가 하는 의문이 생긴다. 독일 사회에서 뉴페미니즘의 필요성에 대한 공감대가 커져간다면 뉴페미니즘에 대한 진지하고 활발한 이론적·정치적 논의가 절대적으로 필요하다. 왜냐하면 미디어에 의해 대중화된 뉴페미니즘은 내용상 상업주의와 보수주의적 정치적 환경에 의해 페미니즘을 변질시키거나 왜곡할 수 있어서 페미니즘적 담론과 사회적 목적을 탈정치화시킬 가능성이 있기 때문이다(이영자, 2002: 45, 65).

그러나 독일에서 학계에서 뉴페미니즘에 대한 논의와 연구는 영미권의 뉴페미니즘에 대한 연구와 비교한다면 매우 부족하다. 더욱이 기존의 연구들은 대부분 독일 뉴페미니즘을 미디어를 통해서 여론화된 저서들을 중심으로 단편적·부분적으로 검토하고, 특히 뉴페미니스트적 주장 가운데 안티페미니즘적인 측면만을 집중적으로 다룬다는 한계가 있다.

따라서 이 장에서는 독일에서 뉴페미니즘을 주장하는 저서와 글들을 분석하여[1] 독일 뉴페미니즘의 특수성과 한계 및 문제점을 도출하고자 한다. 또한 독일 뉴페미니즘의 요구와 특징을 분석하여 현재 독일 여성운동이 풀어야 할 현실적 과제가 무엇인가를 제시하고자 한다.

이 장은 다음과 같이 구성된다. 첫째, 영미권의 뉴페미니즘의 특징을 살펴본다. 이것은 독일의 뉴페미니즘의 특성을 영미권의 뉴페미니즘과 차별화하고, 초국가적 현상으로서 뉴페미니즘의 공통점을 찾아보기 위한 기초 작업이다. 둘째, 독일 뉴페미니즘의 특성 분석이다. 여기에서는 다음 세 가지를 중점적으로 다룬다. ① 독일 뉴페미니즘의 등장의 배경과 요인을 살펴본다. ② 뉴페미니즘과 제2기 페미니즘과의 연속성을 살펴보기 위해서 뉴페미니스트들의 제2기 페미니즘과 여성운동에 대한 관점들을 분석한다. ③ 독일 뉴페미니즘에서 '뉴'란 어떤 내용과 특징, 한계점을 갖고 있는가를 다룬다. 마지

---

1 독일에서 뉴페미니즘의 대표적 저서로 주목받고 대중적 인기를 끌었던 도른(Thea Dorn), 코흐-메린(S. Koch-Mehrin), 헨젤과 라에터(J. Hensel und E. Raether), 하프 외(M. Haaf et al.), 아이스만(S. Eismann), 슈퇴커(M. Stäcker) 등의 저서들을 중심으로 독일 뉴페미니즘을 분석한다.

막은 결론으로서 독일 뉴페미니즘의 요구와 특징을 고려하여 현재 독일 여성운동이 풀어야 할 현실적 과제가 무엇인가를 제시한다.

2. 영미권에서 뉴페미니즘의 특징

뉴페미니즘이라는 용어는 기존의 페미니즘과 다른 새로운 성향과 특성을 가진 페미니즘을 거론할 때 사용된다. 뉴페미니즘은 매우 다양한 유형의 페미니즘, 즉 포스트페미니즘, 파워 페미니즘, 제3의 물결 페미니즘, 상품 페미니즘(commodity feminism), 베이브(babe) 페미니즘, 두-미(Do-me) 페미니즘, '나는 페미니스트가 아니지만… 페미니즘' 등을 모두 포함한다. 일반적으로 뉴페미니즘은 대부분 포스트페미니즘 또는 제3의 물결 페미니즘으로 불리는 것들이다.

포스트페미니즘이라는 용어는 미국에서 1980년대 초반부터 사용되기 시작하여 1990년대에는 많이 통용되었다(Showden, 2009: 168) 포스트페미니즘의 등장은 1980년대 이후 지구화와 신자유주의의 확산, 정보기술의 확대, 생태계 위기, 성(sexuality)의 다양성, 인구학적 변화, 경제적 활력의 저하, 탈냉전 등으로 인한 급속하게 변화된 정치적·사회경제적·문화적 환경과 밀접하게 연관되어 있다(Budgeon, 2011: 279~280).

포스트페미니즘이라는 용어는 그 사용자의 입장에 따라서 다각적으로 사용되곤 하는데, 그것을 대략 분류해 보면 다음과 같이 나눌 수 있다.

첫째, 페미니즘은 이미 그 목적을 성공적으로 달성했기 때문에 더는 필요하지 않다. 페미니즘은 지나갔고, 과거의 것이 되었다. 포스트페미니즘에서 '포스트'는 페미니즘 이후(post)라는 역사적·시기적 변화를 의미한다.

둘째, 제2기 페미니즘과 여성운동은 사회경제적 조건이 변화된 현재에 더는 적절하지 않다고 보고, 변화된 사회문화적 환경에 적절한 새로운 방식의 페미니즘을 시도한다. 이 입장은 페미니즘의 역사적인 지속성을 인정한다.

셋째, 페미니즘에 대한 '역풍(Backlash)'으로 "'여성들은 이미 원하던 것을 다 쟁취했다' 또는 반대로 '당신은 모든 것을 다 가질 수 없다. 무엇인가를 주어야만 한다': 정치적 정당성(political correctness)은 새로운 압제의 형태가 되었다. (백인) 남성들이 실제 피해자들이다" 등의 주장을 하면서 페미니즘을 공격하는 안티페미니즘적 의미이다(Gill and Sharff, 2011: 3).

넷째, 포스트구조주의, 포스트모던, 탈식민주의 이론의 영향을 받아서 여성 개인 간의 차이와 인종, 계급 등의 중층적 정체성을 강조하는 새로운 페미니즘 인식론을 기반으로 하는 이론이나 작품들을 가리킨다.

이와 같이 다양한 의미로 사용되기 때문에 포스트페미니즘을 하나로 정의하는 것은 힘들다. 그러나 다양한 입장의 포스트페미니즘이 공통으로 보여주는 특징은 변화된 사회적·문화적 조건에서 제2기 페미니즘의 적합성에 대하여 문제를 제기하면서 비판적이거나 적대적인 입장을 갖고 있다는 사실이다.

포스트페미니즘의 제2기 페미니즘에 대한 비판적 입장을 잘 대변하는 것이 나오미 울프(Naomi Wolf), 캐티 로이프(Katie Roiphe), 레네 덴펠드(Rene Denfeld) 등의 포스트페미니스트들이 주장하는 '피해자 페미니즘(Vitim Feminism)'이다. 피해자 페미니즘은 제2기 페미니즘이 여성을 피해자화(victimization)하여 여성을 피해자 의식을 갖고, 자기주장을 하지 못하는 수동적인 존재로 만들었다고 본다. 또한 '피해자 페미니즘'은 제2기 페미니즘이 엄격하게 규정된 '정치적으로 정당한' 행동과 신념의 고수만을 주장하기 때문에 여성들이 욕망을 표출하지 못하고, 성에 대해서 비판적이고, 심지어는 적대적으로 되었다고 주장한다. 특히 제2기 여성운동의 성과인 성폭력, 가정폭력, 성희롱 금지를 위한 법적 조치들은 모든 여성들을 법의 관점에서 피해자로 만들어 여성 자신의 성적 행위주체자로 인식하지 못하게 한다고 비판한다(Showden, 2009: 173, 175).

포스트페미니스트들은 '피해자 페미니즘'과 상반되는 '파워 페미니즘(Power Feminism)'을 주장한다. 파워 페미니즘은 개인의 선택, 자유, 개성(Individuality), 임파워먼트(Empowerment)를 강조한다. 포스트페미니스트들은 특히 대중문화에 주목하는데, 대중문화에 비쳐진 객체화된 여성성과 아름다움의 기준을 비판하고 제2기 페미니즘의 성적 그리고 이데올로기적 억압으로부터의 해방된 새로운 여성상을 제시한다. 그들은 여성이 자신을 주체적으로 인식하고, 자신을 표현하고, 소비문화에 의해서 제공되는 라이프스타일을 자유롭게 선택하고, 쾌락을 즐기는 파워를 갖자고 주장한다. 나오미 울프(Naomi Wolf)는 '파워 페미니즘'을 다음과 같이 설명한다. "…성적으로 매력이 있고, 좋은 쾌락이 좋은 정치를 만든다는 것을 이해하며… 여성이 관능적이고 아름다움을 지닌 스타들과 여왕들의 자질이 그들의 것이라고 느낄 자격이 있다고 믿는다. …(그리고) 사회변화를 만드는 것과 소녀들이 단지 재미를 원한다는 원칙과 반대되는 것이 아니라는 것을 알고 있다"(Showden, 2009: 174).

포스트페미니즘에서 젊은 여성들이 주축이 되는 이유로 버드전(Budgeon)은 서구사회의 사회적·경제적 변화를 드는데, 즉 신자유주의와 소비문화가 만연된 사회에서 젊은 여성들은 핵심적 수혜자이며 '가장 자신감이 있고, 탄력성이 있고, 파워를 가진' 세대이기 때문이라는 것이다(Budgeon, 2011: 284).

포스트페미니즘은 다양한 의미로 사용되면서 때때로 제3의 물결 페미니즘과 같은 뜻으로 혼용되기도 하고, 혹자에 따라서는 제3의 물결 페미니즘을 포괄적 개념의 포스트페미니즘으로 설명하기도 한다. 그러나 『제3의 물결 어젠다(The Third Wave Agenda)』를 쓴 헤이우드(Leslie Heywood)와 드레이크(Jennifer Drake) 등은 제3의 물결 페미니즘과 포스트페미니즘을 분명하게 차별화한다. 그들은 포스트페미니즘을 "끝장나 버린 페미니즘 운동에 대한 상투적 대안"이라고 비판하는 반면, 제3의 물결 페미니즘은 페미니즘을 재고하는 새로운 방향의 페미니즘이라고 주장한다(조선정, 2014: 61).

제3의 물결 페미니즘은 개인주의적 선택, 쾌락, 욕망을 강조하고, 대중문화에 대한 비판적 참여와 활동을 중시하고, 제2기 페미니즘의 문제점을 비판한다는 측면에서 포스트페미니즘과 공통점이 있다. 그러나 포스트페미니즘이 주디스 스테이시(Judith Stacey)의 주장처럼 "제2기 페미니즘의 중심적 목표들 가운데 많은 것을 동시적으로 결합(incorporation), 수정, 탈정치화"하면서, 페미니스트적 그리고 안티페미니스트적 사고들을 모순적으로 결합하는 반면(Nurka, 2016: 3), 제3의 물결 페미니즘은 제2기 페미니즘을 반성적으로 재고하고 새로운 관점에서 페미니즘을 인식하고 재고한다. 특히 제3의 물결 페미니즘은 제2기 페미니즘이 여성들 간의 차이를 인정하지 않고 여성이 단일한 정체성을 가지고 있다는 페미니즘의 근본주의적 관점을 거부한다. 그리고 인종, 성, 젠더, 계급의 다양한 변수들의 중층적 상호교차성을 수용한다. 다양한 정체성과 교차성의 수용은 다양한 그룹들의 연대와 "활동가들이 누구인가보다는 그들이 원하는 것이 무엇인가"에 기반으로 하는 정치적 어젠다를 제시하면서 페미니즘의 지형을 넓히고 발전시킨다(Showden, 2009: 182, 184).

제3의 물결 페미니스트들이 새로운 관점에서 페미니즘을 인식하게 하는 기회를 제공했지만 이론적·실천적으로 제3의 물결 페미니즘으로 확고한 위치를 차지하기 위해서는 아직도 풀어야 할 과제와 한계가 있다. 그것은 다양한 차이의 인정과 인종, 계급 등의 중층적 상호교차성에 대한 강조가 페미니즘 분석의 주요 대상인 젠더관계와 가부장제의 문제를 소홀히 하거나 무시할 수 있다는 점이다. 또한 아직도 지속되고 있는 젠더불평등 구조에 대한 철저한 비판 없이 제3의 물결 페미니스트들이 개인의 선택과 여성의 자기표현을 강조하는 것은 젠더적 불평등 문제를 개인화시키면서 젠더불평등의 사회구조를 현상유지하기 위한 도구적 역할을 할 수 있다는 것 등도 있다.

3. 독일의 뉴페미니즘의 특징

1) 뉴페미니즘의 등장 배경과 요인들

독일에서 뉴페미니즘과 관련된 논의는 영미권보다 시기적으로 늦은 2000년대 중반부터 신문과 잡지 등 언론을 통해 확산되기 시작했다. 뉴페미니즘은 언론과 미디어 등에서 적극적으로 소개된 반면, 학계에서는 언론과 미디어에 소개된 뉴페미니즘에 부정적이거나 냉담하게 대응했기 때문에 이에 대한 학술적 논의는 활발하게 발전되지 않았다(Dölling, 2008: 38; Holland-Cunz, 2006: 161).

독일에서 뉴페미니즘은 '알파 걸'의 페미니즘, 'F-클래스(F-Klasse)'의 페미니즘, '팝 페미니즘', '엘리트 페미니즘', '스파르텐 페미니즘(sparten-feminismus)' 등으로 지칭되는 것을 모두 포함하며, 그 주장자에 따라서 다양한 특성을 갖는다.

독일에서도 뉴페미니즘의 등장에는 미국 등 서구 여러 국가에서와 같이 지구화와 신자유주의의 확산, 기술혁신의 진보, 인구감소 등의 사회경제적 변화가 영향을 미쳤다. 그뿐만 아니라 특수한 독일의 환경, 즉 1989년 동독과 서독이 통일되면서 정치적·사회경제적 변화가 급격히 일어난 것도 뉴페미니즘의 등장요인이 되었다.

통일 이후 독일에서 급속하게 신자유주의의 사회경제적·정치적 모델이 확산되면서 시장경쟁이 강화되고, 모든 생활영역에서 시장상품화의 침투, 소비주의 문화가 증폭되었다. 또한 복지정책의 감축, 노동의 유연화 등의 정책이 실시되면서 많은 여성이 일자리 축소뿐만 사회적 서비스의 규제완화, 복지의 삭감 등으로 불안한 위치에 처하게 되었다. 특히 독일의 보수적인 가족정책, 부족한 보육시설 등으로 남성과 동등하게 사회생활을 하고자 하는 젊은 여성들은 일과 가정의 양립에 어려움을 겪었다. 게다가 1990년대 이후 서구사회에서 전반적으로 일어나던 '페미니즘의 역풍' 현상은 독일에서도 예외 없이 발생하였다.

그런데 무엇보다 뉴페미니즘의 등장에 직접적으로 영향을 미친 것은 독일사회에서 저출산과 고령화 문제 등이 중요한 사회이슈가 되면서 2006년경 촉발된 소위 '인구논쟁(Demograhiedebatte)'이었다. 인구논쟁에서 보수적 논객들과 정치인들은 저출산의 원인과 책임을 여성에게 돌리고, 부족한 보육시설로 인한 자녀 양육 문제의 해결을 생물학적·기독교적 정당성을 근거로 여성에게 전담시켰다. 그들은 특히 사회질서를 파괴하는 주책임자라고 페미니스트와 페미니즘을 비판하고, 모성애와 가정의 중요성을 주장하였다. 이런 주장은 젊은 여성들의 반감을 불러일으켰고, 뉴페미니즘이 주장되는 계기가 되었다.

뉴페미니스트들은 대부분 젊고 고등교육을 받은 저널리스트, 정치인, 평론가 등의 전문직 엘리트이며, 중산층 출신 35~45세의 백인 여성이다(Scharff, 2011: 266). 또한 이들이 역점을 두는 대상도 신세대 여성, 젊은 여성이다.

그들은 대부분 통일된 이후 성인이 된 세대들로 대부분 남성과 여성이 평등하다는 것을 당연시하면서 자라왔고, 남성과 동등하게 사회적 경력을 쌓아가기를 원하는 세대이다. 또한 탈냉전의 시대에 이들은, 거대담론이나 해방적 이데올로기에 관하여 관심을 가졌던 이전 세대들과는 달리 신자유주의적 가치관과 소비자 문화에 깊이 영향을 받았다.

뉴페미니즘은 이러한 젊은 세대의 문화를 반영하고, 그들의 요구를 대변한다. 뉴페미니즘은 여성의 사회적 진출을 저해하는 많은 제도적 장벽이 사라진 2000년대 젊은 여성들이 아직도 당면하고 있는 성차별적 구조와 문제에 대한 저항과 요구를 변화된 문화적 환경에서 새롭게 문화적으로 접근한다. 그래서 뉴페미니즘은 "독일의 신세대를 위한 대중적 운동으로 재정의된 페미니즘"이라고 지칭되기도 한다(Baer, 2012: 356).

뉴페미니스트들은 제2기 여성운동의 성과로 확산된 성평등 의식과 법적·

제도적 보장으로 남녀차별에 대해서 인식하지 못하고 자랐으나 성인이 되고 사회생활을 하면서 남녀차별을 인식하게 되었다고 주장한다. 그래서 "이 나라에는 실제적으로, 체감되는 평등과 의식되는 평등 사이에 차이가 있다"(Koch-Mehrin, 2007: 8), "우리 사회에서 평등은 일상에서 느껴지는 평등보다 추상적인, 형식적인 평등이다"(Dorn, 2006: 36)라고 하면서, 2000년대 독일 사회에는 법적·제도적 평등, 즉 형식적 평등이 이루어져 있지만 실질적인 평등은 아직 이루어져 있지 않다는 것에 공감한다.

'인구논쟁'은 뉴페미니즘 주장자들에게 사회적인 성차별 문화를 확인시키는 계기가 되었다. 『자매들. 새로운 페미니즘을 위한 논쟁서(Schwestern. Streitschrift für einen neuen Feminismus)』의 저자인 코흐-메린(Koch-Mehrin)은 '인구논쟁'에서 보수주의자들이 자녀가 있는 직장여성들을 '까치엄마(Rabenmutter)'라고 부르고 경력여성을 이기적이라고 낙인찍는 것이 성차별을 인식하게 된 계기가 되었다고 주장하면서, 여성들을 다시 애 낳는 엄마로 규정하거나 인구학적 위기의 원인 제공자로 보는 위협에 대항하기 위해서 뉴페미니즘이 필요하다고 주장한다(Koch-Mehrin, 2007: 13).

특히 젊은 여성들이 당면한 일과 가정의 양립 문제는 모든 뉴페미니즘의 저자들이 다루는 공통된 주제로서, 실질적으로 성불평등을 절감하는 사회적 문제로 보인다. 코흐-메린은 "왜 독일에서 가정과 직업을 양립하는 것이 힘든가?"(Koch-Mehrin, 2007: 8)라고 되묻고 전통적인 여성성, 성 역할에 대한 고정관념에 대해서 비판한다. 그리고 이제 더는 법적인 자유가 아니라, 여성 스스로 결정할 수 있는 자유를 위한 전투로 여성이 가정주부든, 직장 여성이든 자신에게 맞는 생활모델을 선택하는 자유와 남녀, 아이들의 삶을 풍부하게 하는 뉴페미니즘이 필요하다고 주장한다(Koch-Mehrin, 2007: 8~9, 16).

『알파 걸』[2]의 저자들은 뉴페미니즘이 필요한 이유로 두 가지를 들고 있

---

2 이 책의 제목은 『우리 알파 걸: 왜 페미니즘이 삶을 아름답게 만드는가(Wir Alphamäd-

다. 하나는 독일에서 1990년대 페미니즘은 새로운 사회문제를 극복해야 하기 때문이고, 또 다른 하나는 젊은이들의 선호가 변화되어 경력, 소비와 팝문화가 이상주의와 행동주의를 이기면서 다른 안건들이 선두에 서게 되었기 때문이다(Haaf et al., 2008: 193). 그들은 1970년대의 페미니즘, '구'페미니즘은 젊은 여성들이 당면하고 있는 문제, 즉 여성의 저임금, 일상에서의 '섹시즘', 밤거리를 혼자서 걸어다는 것에 대한 공포, 일과 가정 양립의 딜레마 문제들을 해결할 수 없기 때문에, 남녀 동일임금, 동일인정과 동일한 안전보장을 해주고 젊은이들이 흥미가 있는 주제를 다루는 뉴페미니즘이 필요하다고 주장한다(Haaf et al., 2008: 10, 17, 193).

2) 뉴페미니즘의 제2기 페미니즘과 여성운동에 대한 관점들

독일에서는 제2기 페미니즘과 여성운동을 일반적으로 '신(新)여성운동'이라는 용어로 많이 사용한다. 그러나 뉴페미니스트들은 독일의 1970년대의 페미니즘, 여성운동을 자신들의 주장과 대비하면서 시기적으로 오래된 '구' 페미니즘이라고 칭한다. 뉴페미니즘 저자들의 '구'페미니즘에 대한 입장과 페미니즘에 대한 관점들은 차이가 있는데, 크게 세 가지로 구분된다.

첫째는 페미니즘의 목표는 이미 달성되었고, 페미니즘은 이제 더는 필요가 없다고 보는 관점이다. 『새로운 독일 젊은 여성(Neue Deutsche Mädchen)』은 "구페미니즘이 성평등을 위해서 싸운 것은 위대했다. 그러나 그들은 그 이상의 것을 달성할 수 없다. 시간은 지났다. 그들의 수사는 쇠진했다. 그들은 역사가 되었다"라고 주장한다(Hensel and Raether, 2008: 14).

『새로운 F-클래스(Die neue F-Klasse)』의 저자 도른(T. Dorn)은 1970년대의

---

chen: Warum Feminismus das Leben schöner macht)』이다. 이를 편의상 『알파 걸』로 지칭한다.

페미니즘과 여성운동은 "녹이 슨 바퀴"같이 낡고, "죽었다"(Dorn, 2006: 36, 310)라고 주장하면서, 이제 1970년대의 페미니즘이 유효하지 않으며 페미니즘의 시대는 역사적으로 지나간 것이라고 파악한다. 그래서 이들은 현재는 포스트(post)페미니즘의 시대가 되었다고, 페미니즘의 역사적 단절을 주장한다.

둘째로는, 1970년대의 여성운동과 페미니즘에 거리를 두지만 앞의 관점처럼 페미니즘을 죽었거나, 지나간 것으로 보지 않는 관점이 있다. 이 관점은 비록 1970년대 페미니즘이 부정적인 측면이 있지만 페미니즘은 지속적으로 중요하다고 생각한다.

이러한 관점은 1970년대의 페미니즘의 부정적인 면을 수정해서 현 시대적 요구에 맞는, 젊은 여성들의 문제를 해결해 줄 수 있는 뉴페미니즘으로 변화, 발전할 것을 주장한다. 이러한 견해는 페미니즘의 역사적 연속성을 인정하면서 새로운 방식으로 수정된 뉴페미니즘을 요구한다.

『알파 걸』의 저자들은 "여성운동은 우리 앞 세대보다 우리에게 더 쉽고 편한 삶을 사는 것을 가능하게 했다. 그러나 페미니즘은 스스로 쉽지 않는 것으로 비춰졌기 때문에 많은 여성들이 더는 페미니즘에 관심이 없다. 우리는 페미니즘이 특히 오늘날 젊은 여성들의 문제를 해결할 수 없기 때문에 그 역할을 하지 못한다는 말을 자주 듣는다"(Haaf et al., 2008: 16)라고 말한다. 그러나 "우리는 페미니즘을 포기하지 않는다. 페미니즘이라는 부담스러운 개념을 쓰면 우리가 아무것도 이룰 수 없다고 말하는 것은 옳지 않다. 우리는 페미니즘을 사랑한다"(Haaf et al., 2008: 18)라고 말한다.

그들은 젊은 여성들의 문제를 해결해 줄 수 있는 오늘날의 변화된 환경에 적절하고 의미 있는 페미니즘을 요구한다. 이들이 필요하다고 생각하는 페미니즘은 '구'페미니즘과는 차별적인 페미니즘이다. 이데올로기적, 도그마적인 페미니즘이 아니라 젊은 여성들이 흥미 있어 하는 주제를 다루는, 그래서 그들이 "나는 페미니스트는 아니다. 그러나"라는 말을 더는 하지 않고 페미니스트라는 것을 기분 좋게 느낄 수 있게 만들고자 한다(Haaf et al., 2008: 14, 18).

셋째 관점은, 위의 관점과는 조금 달리 1970년대의 페미니즘에 대한 부정적 생각은 페미니즘에 대한 잘못된 고정관념과 오해에서 비롯되었다는 점을 강조하면서 페미니즘에 대한 거부감이나 선입견에서 벗어날 수 있는 새로운 방식으로 페미니즘을 주장한다.

『F-단어: 페미니즘은 섹시하다』라는 책에서 슈퇴커(M. Stöcker)는 1970년대 페미니즘에 대한 고정관념, 즉 "F-단어(F-Wort)에 대한 노이로제"와 거부감, 즉 욕설이 되어버린 페미니즘에 대한 선입견을 지적하고, 페미니즘이 하나의 페미니즘만 있고 페미니스트들이 하나의 페미니스트적 이해를 갖고 있다고 생각하는 것은 오해라고 주장한다(Stöcker, 2007: 9~10).

그녀는 "젊은 동료여성들을 격려하는 성공한 경영인, 파트너와 공정하게 가사를 분담하는 여성, 자신이 스스로 결정하는 것을 자랑스러워하는 영화배우, 자녀를 유아원에 보내면서 자신의 학업을 마치는 여대생과 같은 여성들도 페미니스트로 불리거나 페미니스트로 여겨지는 것을 꺼린다. 그들은 현재의 패러독스(Paradox)를 주장한다: 페미니즘은 죽었다, 그리고 죽었다고 믿었던 것이 실제로 더 오래 살고 있다"라고 주장한다(Stöcker, 2007: 12).

그녀는 "도른이 자신의 책 『새로운 F-클래스』에서 '페미니즘은 독일 기차보다 더 명성이 나쁘다'고 한 것은 옳다. 그러나 페미니즘은 결국 도착한 것으로 보인다"라고 주장한다(Stöcker, 2007: 9~10, 12).

슈퇴커는 페미니즘에 대한 욕설로 표현되는 F-단어에 대한 부정적이고 잘못된 고정관념에 도전하여 F로 시작되는 단어들인 자유(Freiheit), 사실(Fakt), 느낌(Fühlen), 재미(Fun), 미래(Future)을 가지고 페미니즘을 설명하면서 "섹시하고, 즐겁고, 지적인 페미니즘"을 시도한다(Stöcker, 2007: 10~14).

비록 뉴페미니스트들의 1970년대 페미니즘이나 여성운동에 대한 관점들이 차이가 있지만, 이들은 공통적으로 1970년대의 여성운동이 페미니즘의 부정적 측면을 비판하거나 부정적 인상을 남겼다는 사실에 동감한다. 그들의 제2기 페미니즘에 대한 비판에서 독일보다 시기적으로 먼저 뉴페미니즘이 주장된 영미권의 '피해자 페미니즘'의 주요 주장들의 발견된다.

독일의 뉴페미니스트들도 페미니즘을 이기적이고, '강요된 이성애'를 주장하는 레즈비언적이며(Dorn, 2006: 36), 모든 남성을 폭력적인 가해자로 가정하고, 여성을 피해자라고 가정하며, 남성을 악하고 여성을 선하다고 구분하는 남성 혐오적이며(Dorn, 2006: 36~37; Koch-Mehrin, 2007: 16; Haaf et al., 2008: 16, 23), 정치적 정당성만을 주장하고, 이데올로기적이고 도그마적이어서 다른 견해에 대한 관용이 없으며, 권위적(Haaf et al., 2008: 26. 195)이라고 비판한다. 그러나 독일 뉴페미니즘의 제2기 페미니즘에 대한 비판에서 영미권의 포스트페미니즘과는 매우 다른 특징이 발견되는데, 그것은 공통적으로 한 인물을 제2기 페미니즘과 동일시하면서 집중적으로 비판한다는 점이다. 그녀는 독일 제2기 여성운동기의 대표적 페미니스트로서 진보적 여성잡지《엠마(Emma)》의 창설자이며 편집자인 알리스 슈바르처(Alice Schwarzer)이다.

제2기 페미니즘에 대한 비판에서 한 개인을 집중적으로 비판하는 현상은 독일 신여성운동이 미국이나 영국에서와 달리 제도권 정치와 조직과 거리를 둔 자율적 여성운동을 중심으로 전개되었다는 특징을 고려할 때 매우 '독일적' 현상이라고 볼 수 있다. 미국에서 제2기 여성운동을 비판하는 저술들은 '전미여성조직(National Organizations for Woman)'과 '페미니스트 다수 재단(The Feminist Majority Foundation)' 등의 조직을 언급하지 개인을 비판대상으로 하지는 않기 때문이다(Spiers, 2012: 24).

3) 뉴페미니즘에서 '뉴'의 특징들

뉴페미니스트들이 요구하는 뉴페미니즘에서 '뉴'의 구체적인 내용과 특징은 무엇인가? 이를 네 가지로 정리해 볼 수 있다.

첫째, 뉴페미니즘은 자유와 선택, 성과주의와 개인적 책임을 강조한다. 뉴페미니즘 주장자들이 강조하는 자유와 선택은 신자유주의 시대의 소비문화와 밀접하게 연관되어 있다. 신자유주의에서 "소비자의 자유는 특별한 상품들 측면에서뿐만 아니라 생활패턴, 표현방식, 그리고 넓은 영역의 문화적 실천 측면에서 찬미"되는데(Baer, 2012: 359), 코흐-메린도 "현대의 자유는 수많은 가능성에서 자신에게 맞는 생활모델을 선택하는 자유라고 주장하고(Koch-Mehrin, 2007: 11), 슈퇴커는 다양한 페미니즘들이 모두 동의하는 것은 자유에 대한 생각으로서, 결정, 삶의 계획, 사랑과 자신의 몸에 대한 자유라고 주장한다(Stöcker, 2008: 10).

『알파 걸』의 저자들도 각자 자신의 방법으로 세상에 대해서 관심을 갖고, 자유롭고, 자결적으로 살고자 하는 것에 동의하는 모든 젊은 여성을 알파 걸이라고 부르면서 자유롭고, 자결적인 삶을 강조한다(Haaf et al., 2008: 7).

뉴페미니스트들이 주장하는 성과주의와 성과에 대한 개인적 책임에 대한 강조는 신자유주의를 기반으로 한다. 그래서 개인적 성과의 강조는 기회의 평등과 선택의 자유가 주어진 사회에서 성과부족을 구조적 문제에 대한 의문 제기보다 개인적 능력부족으로 책임을 전가시키는 문제점을 갖는다.

그들은 대부분 독일 사회에서 남녀의 형식적 평등, 즉 법적 평등은 일정수준 보장되어 있지만 실제의 생활에서의 실질적 평등은 문제가 있다는 것을 공감하지만, 실질적 평등의 실현을 위하여 사회구조의 개혁을 요구하는 여성들이 집단적 연대나 결속, 집단적 행동을 할 것을 주장하지 않고 개인의 역량에 따른 개인주의적 해결을 주장함으로써, 젠더적 불평등 문제를 개인화시키면서 젠더 불평등의 사회구조적 문제점에 대한 비판을 어렵게 한다는 한계를 갖는다.

'새로운 F-클래스'의 투쟁을 주장한 도른은, F-클래스는 특권을 부여받은 출신에 의해서 특정한 여성으로 정해지는 것이 아니라 오로지 개인적으로 성취한 것과 살아온 것에 따라 결정된다고 주장하면서 성과를 강조한다(Dorn, 2006: 37, 310) 또한 코흐-메린은 개인보다 먼저 구조를 변화할 필요는 없다고 주장하면서 구조적 변화보다는 여성들이 그들의 행동을 변화시킬 준비가 필요하다고 강조한다(Koch-Mehrin, 2007: 15).

한편 『알파 걸』의 저자들은 이 시대의 페미니즘의 문제점으로 "우리는 우리사회의 정의롭지 못한 것들을 개인적인 문제로 보고, 개인적으로 성과를 내고 근면하게 일하면 해결될 수 있으리라고 생각한다. 함께하면 더 빨리, 더 영리하게, 더 강력하게 할 수 있다는 것은 제외하더라도, 함께하면 더 좋고 더 만족스럽다는 것을 잊고 우리는 각개전투를 한다"라고 개인주의화된 여성들의 태도를 비판하면서(Haaf et al., 2008: 196~197), 남녀평등을 실현하기 위해서 여성의 권력(Macht)과 네트워크가 필요하다고 주장한다.

그런데 그들이 요구하는 권력이 역점을 두는 것은 여성 개개인의 사회적 성공을 통하여 성취되는 개별적인 권력증가이다. 그리고 여성들 간의 네트워크도 집단적 결속과 행동을 위한 것이 아니라 개별적인 성공을 지원하기 위한 것으로만 본다(Haaf et al., 2008: 227). 개별적인 성공, 개별적 권력의 증가에 역점을 두면 비록 그들이 네트워크를 통해서 연대를 한다 하더라도 개인적인 선택을 우선으로 하기 때문에 집합적 차원의 정치적 세력화로 발전되기는 어렵다. 더욱이 대부분의 뉴페미니스트들이 제2기 여성운동의 정치적 행동에 대한 거부감 때문에 집단적 행동에 소극적인 태도를 보인다는 점을 감안한다면 개인의 힘의 강화가 페미니즘의 실천을 위한 집단적 정치행동으로서의 여성운동으로 발전되기는 더욱 어렵다는 것을 추측할 수 있다.

두 번째 특징은, 뉴페미니즘의 저자들은 1970년대의 이데올로기적이고 도그마적인 페미니즘을 거부하고 일상에서 개인적으로 경험하는 젠더 불평등에 의해서 의식된 페미니즘, 즉 개인적 경험을 중시하는 '일상의 페미니즘'을 주장한다는 점이다. 그들은 "페미니즘은 일상에서 비롯되고, 일상에 유용한 것"이라고 말한다(Haaf et al., 2008: 9). 또한 아이스만도 페미니즘은 추상적인 개념이 아니고 매일의 생활문화로서 모든 삶의 영역에 퍼져 있다는 점을 강조한다(Eismann, 2007: 12).

『알파 걸』은 "뉴페미니즘 운동의 중심은 사생활이다. 사적인 것이 정치적이라고 주장하던 제2기 여성운동은 '정치적으로 정당한 성(sexualität)만을 고집한다. 그래서 맞지 않다"(Haaf et al., 2008: 195)라고 비판하면서, "페미니스트들은 못생기고, 재미없고 남성혐오적이며, 역설적이지 않고, 섹시하지 않다"(Haaf et al., 2008: 13)라는 선입견을 불식시키고 나는 페미니스트라는 말에 기분 좋게 느낄 수 있는 페미니즘을 주장한다(Haaf et al., 2008: 26).

세 번째 특징으로 뉴페미니즘은 섹스, 아름다움, 쾌락 등을 강조하면서 대중문화에 나타난 객체화된 여성성이나 아름다움의 기준을 비판하고 여성들이 자신을 자유롭게 표현하며, 소비문화에 의해서 제공되는 라이프 스타일을 자신의 선호에 따라서 개인적으로 자유롭게 선택하고, 성적 쾌락을 자유롭게 누리는 주체적 여성성을 주장한다.

『알파 걸』의 저자들은 "뉴페미니즘은 섹스라는 테마를 더 편하게 다룬다. 페미니스트들은 오늘날 섹스를 많이 하고 좋은 섹스를 하기를 원한다"(Haaf et al., 2008: 23)라고 언급한다. 또한 "페미니스트들이 섹시해서는 안 된다는 생각은 잘못된 것이다. 페미니스트들이 육감적인 옷이나 화장을 하는 것을 반대하는 것은 남성들의 미에 대한 전형을 따르지 않기를 원했기 때문이다. 각자는 자신이 원하는 대로 보일 수 있다. 또 여성들은 자신을 꾸밀 수 있다. 어떤 이도 그것이 여성적인 것에 어긋난다고 금지시켜서는 안 된다"(Haaf et al., 2008: 22)라고 대중문화에 비쳐진 객체화된 여성성과 아름다움의 기준을 비판한다.

그러나 그들은 모든 여성이 자신이 즐거운 방법으로, 원하는 대로 보일 수 있다고 개인의 취향과 선택을 강조하면서, 그러한 선택을 규정하고 여성을 성적으로 상품화하는 사회적 구조와 규범의 비판에는 소극적이다. 또한 개인적 취향과 선택을 주장하면서도 이성애적 섹스와 규범만을 주장한다.

그래서 『알파 걸』의 대중문화에 대한 대응방식은, 한편에서는 대중문화에서 훼손된 페미니즘에 대하여 비판하면서도 다른 한편에서는 그들의 주장을 대중문화의 채널들에 반성 없이 맞추는 모순적 태도를 보인다고 지적을 받는다(Spiers, 2012: 3~4).

비록 아이스만과 같이 "적당하게 갖춘 여성적 외견을 가진 팝(Pop)에 페미니즘의 원칙을 매력 있게 보이도록 만드는 것이 아니라, 팝문화가 페미니스트 전략을 통해서 구멍이 뚫리고, 충격을 받도록 해야 한다"(Eismann, 2007, 10)라고 역설을 통한 페미니스트 전략으로 대중문화를 수단화하기를 주장하는 사람도 있기는 하다. 그러나 뉴페미니즘은 전반적으로 21세기의 독일 신세대를 위한 대중운동으로 페미니즘을 재정의하기 위해서 지구적 또는 지역적 팝문화로부터 비롯된 일반적으로 페미니즘에서 인정되는 요소들을 선택해서 재혼합하고 의미를 재부여했으나, 페미니즘과의 모호한 협상 때문에 "현실에 대한 반성(Reflexion)이 아니라 반영"에 그쳐 페미니즘의 주요 기능인 사회변혁을 위한 동력을 상실하고, 현상유지적인 특성을 보인다는 비판을 받는다(Baer, 2012: 356; Scharff, 2011: 268).

네 번째 특징으로, 뉴페미니즘은 1970년대 독일의 페미니즘과 매우 구분되는 특성이 있다. 뉴페미니스트들은 남성과 함께하는 페미니즘을 공통적으로 주장한다. 코흐-메린은 "남성에 반대하는 여성의 페미니즘은 어제의 것이다"라고 하며 남성과 함께하는 뉴페미니즘은 여성이 발전되면 남성에게도 매우 좋은 이유를 설명할 수 있는 페미니즘이라고 주장한다(Koch-Mehrin, 2007: 16~17). 도른도 F-계급이 투쟁해야 하는 적은 남성이 아니고 둔한 남성과 여성 모두라고 언급한다(Dorn, 2006: 310). 『알파 걸』의 저자들도 "여성들과 함께, 남성들과 함께"를 강조한다(Haaf et al., 2008: 24). 슈퇴커의 책에서 호른다슈(Horndasch)는, 페미니즘이 순전히 여성들의 일이라고 믿는 것은 오판이며, 남성 없는 여성운동도 좋으나 남성과 함께하면 훨씬 더 좋다고 주장한다(Stöcker, 2007: 138).

이런 특성은 독일에서 제2기 여성운동은 남성 중심적, 가부장제를 철폐하기 위하여 여성의 자율적 여성운동을 강조하고 철저하게 남성과 거리를 두었다는 점을 고려한다면 매우 차별적인 주장이다.

그런데 이 특성은 한편에서는 뉴페미니즘의 저자들이 제2기 페미니즘을 남성 혐오적인 페미니즘으로 낙인을 찍으면서 남성 친화적 페미니즘으로 변화시키려는 의도로 볼 수도 있지만, 다른 한편에서는 뉴페미니스트들이 21세기에 요구되는 또는 적절한 페미니즘은 이제 여성들만의 페미니즘이 아니라 남성과 함께하는 페미니즘이라는 시대상을 반영한다.

이상에서 살펴본 것과 같이 독일의 뉴페미니즘에는 영미권의 포스트페미니즘, 제3의 물결 페미니즘의 주장과 공통된 점이 많다. 독일의 뉴페미니즘이 시기적으로 먼저 전개된 영미권의 포스트페미니즘이나 제3의 물결 페미니즘의 영향을 직·간접적으로 받은 것으로 보인다. 그러나 독일 뉴페미니즘에서 주목되는 점은 미국의 제3의 물결 페미니즘에서와는 달리 제3의 물결 페미니즘의 중요한 이슈인 여성 내의 차이와 젠더, 계급, 인종, 종교 등의 다양한 변수의 불평등의 다층적 상호교차성(intersectionality)에는 관심이 적다는 사실이다.[3]

뉴페미니즘의 저자들이 젠더, 인종, 종교, 계급 등의 교차성에 관해서는 관심이 적은 이유가 무엇일까?

무엇보다도 첫 번째 이유로 고려될 수 있는 것은 뉴페미니즘 주장자들이 젊은 여성이라는 세대에 역점을 두고 있다는 사실이다. 통일 후 독일에서 세대는 중요한 사회적 이슈였다. 사회주의의 종말과 지구화 확산으로 집단적인 정체성이 위기에 처하고, 새로운 민족적 소속감과 개인적 자아관이 요구되는 시점에 세대는 '비정치적' 특성을 가진 범주로서 다양한 사회적 갈등을 야기할 수 있는 계급, 인종, 종교 등의 사회적 차이를 수면 밑으로 가라앉게 할 수 있는 역할을 하였다(Baer, 2012: 362).

통일 이후 여성들 내에서 동독 출신과 서독 출신 간의, 이주민 여성과 독일 여성 간의 갈등이 증가되어 정치적·사회적 이슈가 되었지만, 뉴페미니즘의

---

3 슈퇴커와 아이스만 등은 그들이 편집한 팝페미니스트 저서에서 이와 관련된 주제를 다룬다.

저자들은 대부분 여성들 내의 다양한 갈등에는 무관심하였다.

예를 들어 『새로운 독일 젊은 여성』은 동독과 서독 출신의 여성 두 명이 서로 자신들의 경험을 서술하고 있다. 그런데 동독에서 태어나 통일 이후 청소년기를 보낸 저자 헨젤(Hensel)은 이 책에서 "우리처럼 나중에 태어난 여성들과 남성들에게 통일 전 서독의 현실이나 동독의 현실은 모두 참고로 사용되지 않는다. 우리가 미래의 생활을 설계할 때, 우리는 두 가지 가운데 어느 것도 이용할 수 없다"라고 주장하며 젊은 세대의 여성의 공감이 중요하다고 강조한다(Hensel and Raether, 2008: 108). 독일에서 통일 후 25년이 지난 오늘날까지 동독과 서독 출신의 여성들이 지역 간의 차별적인 사회구조와 문화로 인하여 내적 통합에 어려움을 겪고 있다는 사실을 고려한다면(전복희, 2017), 『새로운 독일 젊은 여성』에서 동독과 서독 출신의 두 여성은 젊은 세대의 여성이라는 공감대 형성에 역점을 두면서 여성 내의 차이 문제를 소홀히 하고 있다.

뉴페미니즘의 저서들이 교차성의 문제에 관심이 부족한 두 번째 이유로 대부분의 저자들이 독일 주류사회에서 사회적으로 기득권을 가진 백인 여성이기 때문일 수도 있다. 도른과 코흐-메린은 간혹 이주민 여성문제를 거론하나 '이슬람을 여성해방을 막는 강적으로 규정'하고(Dorn, 2006: 26) '악한' 이슬람 남성들의 희생자로 이슬람 여성들은 보는 유럽중심주의적 사고관을 보여준다(Koch-Mehrin, 2007: 67).

『새로운 독일 젊은 여성』에서도 라에터(Raether)는 맞은편 집에 살고 있는 아시아 여성의 생활을 바라보면서 젠더 불평등을 인식하고 공감하지만 아시아 여성을 민족적 타자로 여길 뿐, 인종주의와 섹시즘의 교차성이나 어떤 페미니스트적 연대의식을 갖지 않는 자민족 중심적 경향을 보인다(Hensel and Raether, 2008: 183).

『알파 걸』의 저자들은 페미니즘이 어디 출신이고 어떤 조건에 사는 여성인가에 상관없이 모든 여성의 삶을 더 좋게 만든다고 주장하나(Haaf et al.,

2008: 10), 구체적으로 계급이나 출신이 다른 여성들이 경험하는 불평등한 삶의 조건이나 사회구조에 대해서는 거의 언급하지 않는다. 그들의 페미니스트적 관심사로서 다양한 불평등에 대한 비판적·참여적 관점의 결여는 사회적 불평등과 위계질서에 대한 방관 또는 현상유지적 특징을 보여준다.

뉴페미니즘의 교차성에 대한 관심이 부족한 셋째 이유는, 독일의 뉴페미니즘이 영미권의 제3의 물결 페미니즘의 발전과는 달리 학술적 페미니즘의 이론과 인식론적 기반 없이 그리고 페미니스트적 개입이나 참여가 부족한 가운데 미디어를 통해 대중에게 일방적으로 확산되었기 때문이다.

4. 나오며: 독일 여성운동의 발전을 위한 제언

독일의 여성운동은 통일 이후 독일 사회의 사회경제적·정치적 변동 과정에서 역사적으로 새로운 장으로 들어서게 되었다. 통일은 경제적·사회적 위기 상황에서 정부의 정책이 여성에게 얼마나 불리하게 작용하는가를 절감하게 해주었다. 여성들은 통일 독일의 새로운 정책과 헌법을 수정하는 과정에 참여가 배제되어 여성의 이해를 대변할 수 있는 기회를 가질 수 없었고, 여성문제에 대한 관심과 정책은 긴급한 국가적 과제를 해결해야 한다는 명목 아래 정책적 우선순위에서 뒤로 밀리게 되었다. 그 결과 많은 여성들은 노동시장에서 불안한 위치에 처하게 되고, 복지지원의 삭감과 부족한 보육시설 등으로 인해 남성들보다 더 많은 어려움에 처하게 되었다. 게다가 1990년대 이후 서구사회에서 전반적으로 일어나고 있던 '페미니즘의 역풍' 현상은 독일에서도 예외 없이 발생하였다.

이러한 역사적인 사회변환의 시기에 새로운 정치적·사회경제적 환경의 변화는 기존의 페미니즘과 여성운동을 재고와 새로운 페미니즘의 필요성에 대한 논의를 촉발시켰고, 뉴페미니즘은 이러한 배경에서 등장했다. 뉴페미니스트들은 대부분 통일 이후 사회화되어 성인이 된 1960년대 후반과 1970년대에 출생한 30대와 40대의 여성들이고, 그들의 주장은 2000년대 독일의 사회경제적·정치적 변화에 대응하는 일부 젊은 세대의 입장을 반영한다. 그들은 2000년대 변화된 정치적·사회경제적·문화적 조건에서 젊은 여성들이 아직도 당면하고 있는 성차별적 구조와 문제에 대한 새로운 문화적 접근의 뉴페미니즘을 주장한다.

여성운동의 발전 역사를 살펴보면, 세대갈등과 세대비약이 동반된 여러 번의 세대교체가 있었고 그것은 페미니즘과 여성운동의 새로운 이론적·정치적 변화를 위한 동인이 되었다. 새로운 세대가 페미니즘과 여성운동의 발전을 위한 긍정적인 기능을 하려면 기존의 것으로부터 거리 둠과 반성, 새로운 방식의 접근, 학습과정이 절대적으로 필요하다는 것이 역사적 교훈이다(Gerhard, 1999: 185~186).

그러나 뉴페미니스트들의 제2기 페미니즘과 여성운동에 대한 거리 둠은 1970년대 페미니즘에 대한 고정관념과 선입견에 매몰되어 페미니즘을 왜곡하고, 페미니즘의 역사성을 부정하면서 반성을 기반으로 한 새로운 접근방법을 제시하지 못했다.

뉴페미니즘은 페미니스트적 요소들을 선택해서 재혼합하고 의미를 재부여하면서 페미니즘과 모호하게 협상을 했기 때문에, 페미니즘의 본연의 주안점인 젠더 불평등의 사회구조에 대한 비판과 저항운동으로서 실천적 동력을 갖지 못했다.

비셰르만(Ulla Wischermann)은 뉴페미니즘을 '페미니즘과 미디어의 불행한 결합'으로 표현한다. 그녀는 오늘날 미디어는 신자유주의의 성공 처방이라는 맥락에서 페미니즘을 세련되게 수용하고 사회비판을 어렵게 한다고 지적한다. 또한 미디어는 페미니즘 이론과 실천에는 무지하고, 페미니즘을 다루지도 않는다고 비판한다(Wischermann, 2013: 191).

뉴페미니즘에 대한 학술적·이론적 논의가 부재한 가운데 미디어를 통해서 무비판적으로 확산된 뉴페미니즘은 페미니즘에 대한 왜곡된 지식과 이해를 증폭시키고 세대 간의 갈등을 야기하여 독일 페미니즘과 여성운동의 발전을 저해할 수 있다.

21세기 새로운 역사의 장에 들어선 독일 여성운동의 발전을 위해서 새로운 페미니즘과 관련된 논의와 담론에, 이제까지 뉴페미니즘에 냉담하게 거리를 두던 페미니스트들의 적극적인 참여가 절대적으로 필요하다. 독일의 여성운동 역사를 뒤돌아볼 때 근본적인 정치적 이해와 관점의 차이로 인한 그룹들 간의 갈등과 대립은 양성평등과 사회 정의를 구현하기 위한 여성들의 연대뿐만 아니라 사회적 연대를 이끌어내는 데 어려움이 많았고, 여성운동과 페미니즘의 발전을 지체시켰다.

독일 페미니즘과 여성운동의 발전을 위해서 우테 게하르트(U. Gerhard)가 제안한 '벨벳 삼각(ein samtenes Drieeck)', 즉 여성운동가, 정치·행정 분야 여성, 학계 여성 간의 연대는 매우 유용해 보인다(Gerhard, 2007: 103). '벨벳 삼각'의 연대와 타협을 통한 적극적인 사회비판과 정치적 참여는 독일 사회에서 성평등과 정의를 실현하고자 하는 새로운 페미니즘의 모색과 정치적 실천으로서의 여성운동의 발전에 커다란 기여를 할 수 있으리라고 생각된다.

참고문헌

오영인. 2014.「21세기 전환기 미국 여성사와 뉴페미니즘(New feminism)」.《역사교육논집》, 제52집, 1~25쪽.

이영자. 2002.「페미니즘의 대중화」.《한국여성학》, 제18권 1호, 37~71쪽.

전복희. 2017.「통일 후 동·서독 여성의 갈등과 갈등극복을 위한 '차이의 정치'에 대한 연구」.《정치·정보연구》, 제20권 2호, 307~344쪽.

조선정. 2014.「포스트페미니즘과 그 불만: 영미권 담론에 나타난 세대론과 역사쓰기」.《한국여성학》, 제30권 4호, 47~76쪽.

Baer, Hester. 2012. "German Feminism in the Age of Neoliberalism: Jana Hensel and Elisabeth Raether's New Deutsche Mädchen." *German Studies Review*, Vol. 35, No. 2: 355~374.

Budgeon, Shelley. 2011. "The Contradictions of Successful Feminity: Third-Wave Feminism, Postfeminism and 'New' Feminities." In *New Feminities: Postfeminism, Neoliberalism and Subjectivity*, R. Gill, C. Scharff(eds.), N.Y.: Palgrave Macmillan, pp. 279~292.

Casale, Rita, U. Gerhard and U. Wischermann. 2008. "Einleitung." *Feministische Studien,* Vol. 26, No. 2: 1~5.

Dölling, Irene. 2008. "'Eva-Prinzip'? 'Neuer Feminsmus'. Aktuelle Verschiebungen in Geshclechterbildern im Kontext gesellschaftlicher Umbruchsprozesse." In *Geschlecht Macht Arbeit. Interdisziplinäre Perspektiven und Politische Intervention*, Marburger Gender Kolleg(ed.), Münster: Westfälisches Dampfboot Verlag, pp. 24~41.

Dorn, Thea. 2006. *Die neue F-Klasse: Wie die Zukunft von Frauen gemacht wird*. Munich: Piper.

Eismann, Sonja(ed.). 2007. *Hot Topic: Popfeminismus Heute*. Mainz: Ventil Verlag.

Faludi, Susan. 1991. *Backlash against The Undeclared War Against American Women*. N.Y.: Crown.

Gerhard, Ute. 1999. *Atempause. Feminismus als demokratisches Projekt*. Frankfurt am Main: Fischer Verlag GmbH.

_______. 2007. "Feminismus heute?" *Feministische Studien,* Vol. 25, No. 1: 97~104.

Gill, Rosalind and Christina Scharff(eds.). 2011. *New Feminities. Postfeminism, Neoliberalism and Subjectivity*. New York: Palgrave Macmillan.

Haaf, M., S. Klingner and B. Streidl. 2008. *Wir Alphamädchen: Warum Feminismus das Leben schöner macht*. Hamburg: Hoffmann & Campe.

Hensel, J. and E. Raether. 2008. *Neue Deutsche Mädchen*. Hamburg: Rowohlt.

Holland-Cunz, Babara. 2006. "Der neue Feminismus von 1963 bis heute." http://www.fu-berlin.de/sites/gpo/pol_theorie/Zeitgenoessische_ansaetze/neuerfem1963(검색일: 2016.3.11).

Koch-Mehrin, Silvana. 2007. *Schwestern: Streitschrift für einen neuen Feminismus*. Berlin: Econ.

Nurka, Camille. 2016. "Postfeminism." In The *Willey Blackwell Encyclopedia of Gender and Sexuallity Studies*, Nancy A. Naples(ed.), First Edition. N.Y.: John Wiley & Sons, Ltd.

Scharff, Christina. 2011. "The New German Feminisms: Of Wetlands and Alpha-Girls." In

New Feminities. Postfeminism, Neoliberalism and Subjectivity, R. Gill, C. Scharff (eds.), N.Y.: Palgrave Macmillan, pp.265~278.

Showden, Carisa R. 2009. "What's Political about the New Feminisms?" *Frontiers*, Vol.30, No.2: 166~198.

Spiers, Emily. 2012. ""Alpha-Mädchen sind wir alle": Subjectivity, Agency and Solidarity in Anglo-Amerian and German Popfeminist Writing," *Angermion: Yearbook for Anglo-German Literary Criticism, Intellectual History and Cultural Transfers*, 5: pp.191~217.

Stöcker, M. (ed.). 2007. *Das F-Wort: Feminismus ist sexy*. Königstein: Ulrike Helmer Verlag.

Wischermann, Ulla. 2013. "Feminismus und Medien — eine unglückliche Liaison?" *Feministische Studien*, Vol.31, No.1: 188~193.

2장

1989년 이후 폴란드의 여성운동과 뉴페미니즘의 전개

임신중단 이슈를 중심으로*

김경미

1. 들어가며

1980년대 중반부터 기존의 페미니즘과 다른 새로운 성향과 특성을 가진 페미니즘, 이른바 '뉴페미니즘(New Feminism)'이 영미국가들, 특히 미국에서 나타나기 시작했으며, 1990년대에는 전 세계적으로 인식될 수 있는 하나의 현상이 되었다. 일반적으로 뉴페미니즘은 '포스트페미니즘' 또는 '제3의 물결 페미니즘'으로 불린다. 전복희는 포스트페미니즘을 크게 네 가지 입장으로 구분하고 있다. "첫째, 페미니즘은 이미 그 목적을 성공적으로 달성했기 때문에 더는 필요하지 않다. 포스트페미니즘에서 '포스트'는 페미니즘 이후(post)라는 역사적·시기적 변화를 의미한다. 둘째, 제2기 페미니즘과 여성운동은 사회경제적 조건이 변화된 현재에 더는 적절하지 않다고 보고, 포스트페미니즘은 변화된 사회문화적 환경에 맞는 새로운 방식의 페미니즘을 시도한다. 셋째, 기존의 페미니즘에 대한 '역풍(Backlash)'으로 페미니즘을

---

* 이 장은 《정치·정보연구》 제24권 1호(2021)에 실린 논문을 수정, 보완한 것이다.

공격하는 안티페미니즘(anti-feminism)의 의미를 갖는 뉴페미니즘이다. 넷째, 포스트페미니즘은 포스트구조주의(post-structuralism), 포스트모더니즘(postmodernism), 탈식민주의 이론의 영향 속에서 여성 개인들 간의 차이 및 인종, 계급 등의 중층적 정체성을 강조하는 새로운 페미니즘 인식론을 기반으로 하는 이론이나 작품들을 가리킨다"(전복희, 2018: 147~148). 포스트페미니즘으로서의 뉴페미니즘에 대한 이러한 네 가지 입장에 비추어 1989년의 체제전환 이후 폴란드에서 진행되고 있는 페미니스트 운동과 페미니즘에서 가장 뚜렷하게 나타나는 것은 세 번째인 페미니즘에 대한 역풍과 페미니즘에 대한 안티페미니즘의 공격이다.

뉴페미니즘과 유사어로 사용되는 제3의 물결 페미니즘은 '제3'이라는 용어 자체가 한편으로는 그보다 앞선 제2의 물결 페미니즘과 이론 및 실천에서 구분되는 새로운 페미니즘이라는 의미를 갖지만, 다른 한편으로는 19세기 후반과 20세기 초의 이른바 제1의 물결 페미니즘 그리고 1960년대 후반과 1970년대부터 시작되어 1980년대 어느 시점부터 점차 그 기반이 붕괴되기 시작한 제2의 물결 페미니즘과의 연관성을 여전히 함축하고 있다. 따라서 제3의 물결 페미니즘은 이전의 페미니즘과의 단절성과 연속성을 모두 자신의 이름 속에 담고 있다. 폴란드에 제2의 물결 여성운동과 페미니즘이 존재했는가에 대해서는 논쟁의 여지가 있다. 서구에서 제2의 물결 여성운동과 페미니즘이 시작되고 활성화되던 시기에 폴란드에서는 현실 사회주의체제하에서 국가에 의한 마르크스주의 페미니즘과 여성해방론이 지배하고 있었기 때문이다. 따라서 현실 사회주의가 붕괴되고 자유민주주의로의 체제전환이 이루어지면서 폴란드에서도 서구의 제2의 물결 페미니즘이 유입되었으나, 폴란드의 일반 여성들은 이에 큰 관심을 보이지 않았다. 우호적인 관심은커녕 그녀들은 서구의 페미니즘을 남자와 가정을 혐오하고 브래지어나 태우는 과격함으로 무장된 레즈비언 정도로 알고 있었다.

그러한 상황 속에서 가톨릭국가로서 폴란드[1]에서는 체제전환 이후 교회의 지원하에 안티페미니즘이 노골화되었다. 서구에서 부는 페미니즘에 대한 역풍이 "여성들은 이미 원하던 것을 다 쟁취했다" 내지는 "여성들은 모든 것을 다 가질 수 없다. 남성들이 실제 피해자이다"라는 주장에 기반하고 있다면(전복희, 2018: 148), 폴란드에서 안티페미니즘의 핵심 주장은 페미니즘은 해외에서 유입된 이데올로기로서 폴란드의 문화와 정체성을 파괴하고 오염시킨다는 것이다. 폴란드 안티페미니즘 운동의 강력한 배후세력으로 지목되는 폴란드 가톨릭교회가 특히 큰 관심을 갖고 있는 이슈는 '임신중단', 즉 낙태[2]이다. 흥미로운 것은 체제전환 이후 폴란드에서는 모든 영역과 사회문제에서 보다 많은 관용과 자유가 부여되어 왔으나 유독 임신중단과 관련해서는 정반대 흐름이 나타나고 있는 점이다. 체제전환 직후부터 가톨릭교회는 보수정당과 보수정치인 및 보수단체들을 통해 현실 사회주의체제하에서 자유로이 시행되었던 임신중단을 점차 제한하는 입법, 곧 기존의 낙태법을 태아의 생명권을 강화하는 방향으로 줄기차게 개정을 추진했다. 이러한 시도에 대해 폴란드 여성들은 반대시위와 저항운동을 펼치게 되는데, 체제전환 이후 폴란드의 대중적 여성운동의 시작과 중심에는 합법적 임신중단을 제한하는 방향으로 진행되고 있는 「임신중단법」 개정에 대한 반대가 자리하고 있다.

이 글은 1989년의 폴란드의 체제전환 이후 연대기적으로 폴란드의 여성운

---

1 폴란드는 자타가 공인하는 가톨릭국가로서 폴란드 여론조사기관인 CBOS의 1992년의 설문조사에 따르면, 전체 폴란드 국민 중 95퍼센트가 스스로를 가톨릭신자라고 응답했으며 2퍼센트가 다른 종교(동방정교, 개신교 등)를 믿는다고 응답, 3퍼센트가 종교가 없다고 대답했다(CBOS, 1994: 7). 이러한 현상은 체제전환이 진행되면서도 변함없을 뿐만 아니라 오히려 가톨릭신자가 더 늘어나는 경향이 나타났다. 세기적 전환이 시작되는 2001년의 조사에 따르면 가톨릭신자라고 밝힌 사람은 96.4퍼센트, 다른 종교를 믿는 사람이 2.0퍼센트, 종교 없음이 1.6퍼센트였다(CBOS, 2001: 8).

2 일반적으로 낙태 또는 임신중절, 인공유산이라는 용어가 사용되어 왔지만, 최근에 와서는 그러한 용어들이 갖는 비윤리적이고 부정적인 뉘앙스를 거부하는 차원에서 임신중단이라는 용어를 사용하는 경향이 짙어지고 있다. 이 글에서는 임신중단과 낙태를 가치판단 없이 혼용할 것이다.

동과 뉴페미니즘의 전개에 관해 살펴보려는 데에 목적이 있다. 이를 통해 현실 사회주의체제를 경험했던 그리고 보수적 여성관을 대변하는 강력한 세력이 정치권과 사회에 존재하는 국가에서의 여성운동이 서구 국가들의 여성운동과 어떠한 차이를 보이는지에 관한 인식의 단초가 제공될 수 있을 것이다.

다음 2절에서는 첫째로 현실 사회주의체제하에서 폴란드의 페미니즘과 임신중단 이슈에 대해 살펴보고, 둘째로 1990~2000년대의 체제전환기 폴란드 페미니스트운동의 성격을 규명하면서 임신중단 문제를 둘러싼 사회적 갈등을 고찰할 것이다. 3절에서는 2010년 이후 가시화되는 폴란드의 뉴페미니즘을 분석한다. 한편으로 가톨릭교회의 교의를 중심으로 한 보수적 및 보수적 성격의 여성관과 안티페미니즘이 뉴페미니즘으로 불리기도 하고(Gawkowska, 2017), 다른 한편으로는 2015년 선거를 통해 수립된 극히 보수적인 정부의 매우 제한적인 「임신중단법」 도입에 반대하여 2016년에 있었던 일련의 전국적 차원의 대규모 시위, 이른바 '검은 시위(Czarny Protest, Black Protest)' 이후의 폴란드 여성운동과 페미니즘을 뉴페미니즘으로 부르기도 한다. 이러한 두 흐름에 대해 살펴볼 것이다. 마지막 4절에서는 이를 정리하며 마무리한다.

2. 체제전환기 폴란드의 페미니즘과 여성운동

1) 마르크스주의 페미니즘과 현실 사회주의체제의 유산

1948년 12월에 폴란드노동자당(PPR: Polska Partia Robotnicza)과 폴란드사회주의당(PPS: Polska Partia Socjalistyczna)이 합치면서 마르크스주의와 레닌주의를 표방하는 폴란드공산당인 폴란드통일노동자당(PZPR: Polska Zjednoczona Partia Robotnicza)이 창당되었고, 이 통일노동자당은 1990년 1월에 해체될 때까지 폴란드를 지배했다. 통일노동자당이 지배하는 현실 사회주의체제하에서 여성운동의 진전과 페미니즘의 발전은 국가 지배이데올로기인 마르크스주의의 지대한 영향을 받을 수밖에 없었으며, 이는 자유민주주의를 추구하는 서구에서의 여성운동 및 페미니즘의 전개 양상과는 다르게 진행될 수밖에 없었다. 그러나 마르크스의 주요 관심은 자본주의 생산의 운동법칙을 발견하는 데에 집중되어 있었기 때문에 젠더 갈등을 자신의 변증법적 분석에 합체시키고 있지 못하며,[3] 여성과 관련된 분석은 자본주의 생산과 관련된 경우에 한하여 산발적으로 다루어지고 있다.

통상적으로 마르크스주의 페미니즘에 대한 분석은 엥겔스의 『가족, 사적 소유, 국가의 기원(Der Ursprung der Familie, des Privateigentum und des Staats, 1892)』을 주요 준거로 이루어진다. 여기에서 엥겔스는 남성에 대한 여성 종속의 근본 원인을 사유재산을 기반으로 하는 가족 그리고 가족의 생계부양자로서 공적 노동을 하고 있는 남성에 대한 가사노동자로서 사적 노동을 하고 있는 여성의 의존에서 찾고 있다. 따라서 그는 "여성해방의 전제 조건은 모든 여성이 공적 산업으로 복귀하는 것"이며 "이를 위해서는 사회의 경제적 단위라는 개별 가족의 성격이 제거"되어야 한다고 주장했다(엥겔스, 2018: 125). 이것은 다시 말하면 생산수단에 대한 사적 소유가 철폐되고 "생산수단이 공동 소유로 이행하면서 개별 가족은 사회의 경제적 단위가 아니게 되며, 사적인 가사는 사회적 산업으로 전환된다. 아이들을 돌보고 교육하는 일은 공적인 업무"(엥겔스, 2018: 127)로 된다. 이러한 마르크스-엥겔스 사상에 따라 현실 사회주의국가들에서는 여성을 생산적 노동과정에 편입시키고, 전통적으로 여성이 담당했던 육아노동을 공적 노동으로 사회화하고자 했다. 전자는 여성의 경제활동의 증가로 나타났고, 후자는 공공 탁아시설의 확대

---

3 마르크스와 엥겔스가 젠더문제에 대한 변증법적 분석을 제공하지 못한 또 다른 이유로서 그들은 자신들이 살았던 시대인 19세기의 남성적 편향성을 뛰어넘지 못한 부르주아남자들에 지나지 않았다는 주장도 있다(Armstrong et al., 1983: 9).

로 나타났다.

현실 사회주의가 지배하던 기간 동안 폴란드를 포함하여 동유럽의 모든 국가에서 15세에서 59세까지 노동연령 주민의 80퍼센트 이상이 일을 했다(Rostgaard, 2003: 10). 남녀의 노동참여율은 거의 비슷했는데, 폴란드에서도 여성이 전체 노동력의 거의 절반을 차지했고(Rudolph and Klement, 2006: 14), 이를 통해 폴란드정부는 폴란드에서 남녀평등이 실현되었다고 주장했다. 다른 한편으로 국가사회주의는 공공 아동돌봄센터를 설치함으로써 가정에서 이루어지는 사적 노동을 공적 노동화하고, 동시에 여성들이 전일제 노동에 투입될 수 있도록 했다. 공산당이 권력을 잡기 전인 1939년에는 폴란드에 아동돌봄센터가 전무했다고 할 수 있는 반면, 1954년에는 거의 5만 개소로 증가했으며, 유치원의 정원 수는 8만 명에서 거의 40만 명으로 약 다섯 배 정도 늘어났다(Heinen and Wator, 2006: 194). 그러한 국가이데올로기에 기반한 여성정책을 통해 중·동유럽의 현실 사회주의국가들에서는 1950년대에서 1960년대에 맞벌이가족 모델이 일반화되었다(Oláh and Fratczak, 2004: 217). 당시 서유럽에서는 남성단독생계부양자 모델이 지배적이었고, 사실상 맞벌이가족 모델은 제2기 여성운동의 시작과 함께 1970년대 이후에 형성되었다.

다른 한편으로 마르크스와 엥겔스는 생산과정의 사회적 형태가 어떠하든간에 인간 사회가 존속하기 위한 필수적인 기본요건의 하나로서 인간 개체 자체의 재생산을 언급했다. 엥겔스는 『가족, 사적 소유, 국가의 기원』 1884년 초판 서문에서 "유물론적 인식에 따르면 역사를 최종적으로 규정하는 계기는 직접적 생활의 생산과 재생산이다. 그런데 이것 자체는 다시 이중적인 방식으로 이루어진다. 한편으로는 생활수단들의 생산, 즉 의식주의 대상과 이에 필요한 도구의 생산이며, 다른 한편으로는 인간 자체의 생산, 즉 종의 번식"(엥겔스, 2018: 18)이라고 썼다. 또한 마르크스와 엥겔스가 공동 집필한 『독일관념론(Deutsche Ideologie)』(1846)에서는 인간이 존재하면서 역사를 만들어가기 위한 전제조건의 하나가 다른 인간 개체를 만들어내는 종족번식으로서, 이를 통해 남편과 부인, 부모와 자식 간의 관계, 즉 가족이 만들어진다고 주장한다(Marx and Engels, 1983: 29). 인간 개체의 재생산은 곧 임신과 출산인데, 그러나 이 문제와 관련하여 마르크스와 엥겔스는 그 이상의 진전된 언급을 하고 있지 않다.

임신중단과 관련하여 폴란드는 1932년에 소련 다음으로 세계에서 두 번째로 여성의 생명이나 건강에 대한 위험, 근친상간이나 강간으로 인한 임신의 경우 낙태를 합법화했다(Hussein et al., 2018: 11). 그리고 현실 사회주의 체제하에서 1932년의 법에 '어려운 생활환경'을 이유로도 낙태를 합법적으로 받을 수 있도록 하는 규정을 추가한 「임신중단법(Law on Termination of Pregnancy)」이 1956년에 통과되었다. 합법적인 임신중단 사유를 이처럼 사회경제적인 요인으로까지 확대한 목적은 불법낙태로 인한 부작용으로부터 여성의 건강을 보호하려는 데에 있었다(WHO, 1971: 55). 무엇보다도 어려운 생활환경을 이유로 낙태를 원하는 여성은 상담을 통해 얻은 임신중단 허가증을 의사에게 제출해야 했는데, 임신중단 허가증을 얻지 못하면 — 임신기간이 길어서 태아의 성장이 상당히 진행되었거나, 임신부의 건강상 문제가 있을 때 또는 이미 임신중단 수술을 받은 지 얼마 되지 않았을 때 — 불법낙태수술을 받는 경우가 비일비재했기 때문에 1960년부터는 여성의 구두설명만으로도 낙태가 가능하도록 허용되었다. 요컨대, 1956년 법을 통해 현실 사회주의체제하에서의 폴란드는 매우 진보적이고 자유주의적인 임신중단 관련법을 보유하고 여성의 자기 결정권을 극도로 넓게 보장했다.

1968년의 통계에 따르면 이 해에 12만 1700건의 임신중단 수술이 시행되었고, 이 중에서 의학적 사유로 시행한 수술은 겨우 1700건뿐이었으며, 나머지 12만 건은 사회적 이유에 의한 것이었다(WHO, 1971: 55). 반면에 낙태수술로 인한 사망은, 1959년의 76명에서 1965년에 29명으로 불법낙태의 감소와 함께 사망자 수가 크게 감소했는데(WHO, 1971: 55), 이는 1956년 법 제정의 목적이 어느 정도 타당했음을 보여준다. 현실 사회주의하에서 폴란드의 이러한 임신중단 관련 정책은 일반적으로 진보좌파가 여성의 자기 결정권을 기반으로 임신중단을 지지하는 경향이 있다는 점에서 이해될 수 있다.

현실 사회주의체제하에서의 진보적인 「임신중단법」에 가장 격렬하게 반대한 집단은 가톨릭교회였다. 국민의 90퍼센트 이상이 가톨릭신자인 폴란드에서 가톨릭교회는 사실상 '국민교회(Volkskirche)'였으며, 외래이념인 공산주의에 대항하여 민족전통을 수호하는 기관으로서 또 정부 권위에 반대할 수 있는 유일한 합법적 기구로서 반(反)사회주의 체제 운동에서 핵심적인 역할을 했다(이규영·김경미, 2010: 240~241). 본디 가톨릭교회는 기본적으로 자연법에 의거하여 생명은 모든 가치에 선행하는 기본 조건으로 생명에 대한 개인의 권리는 시민적 내지는 사회적 권위에 의해서 박탈될 수 없다는 입장을 고수하고 있다. 즉, 그 어떤 사람이나 권위체도 다른 사람의 생명에 관해 결정하는 객관적인 권리를 갖고 있지 않으며 이는 태아의 생명에 대해서도 마찬가지라는 것이 교회의 주장이다. 그렇기 때문에 가톨릭교회는 임신중단은 물론 피임도 금지하고 있을 뿐만 아니라 성적 자제와 모성을 요구했다.

이러한 교회의 입장에 발맞춰 1958년에 팍스가톨릭단체(PAX Catholic Association)는 한편으로는 1956년 「임신중단법」의 폐지를 호소했으며, 다른 한편으로는 의사와 의료보조 스태프들에게 낙태 집행의 거부를 요청했다(Małgorzata, 1991: 122). 1980~1981년에 다시금 1956년 법에 대한 비판이 일어났는데, '생명의 기쁨(Gaudium Vitae)', '프로 파밀리아(Pro Familia)', '생명 돌봄(Care for Life)'과 같은 가톨릭 활동주의단체들은 1956년 법의 폐지를 요구하는 캠페인을 벌였다. 그러나 공산당 일당지배체제의 현실 사회주의하에서 그러한 요구는 공론화되기 어려웠다. 1981년에 보건부(the Ministry of Health)는 '어려운 생활환경'을 사유로 합법적 임신중단 수술을 받으려는 경우 어려운 생활환경에 대한 보다 자세한 정당한 사유를 제공하도록 했으며, 12주 이상 진행된 임신에 대해서는 임신중단을 금지시켰다. 이러한 변화가 있었음에도 1956년 「임신중단법」은 전반적으로 체제전환이 일어날 때까지 기본이 유지되었다고 볼 수 있다.

지금까지 살펴본 바와 같이 현실 사회주의체제하에서 폴란드는 "역사의 시대적 변화는 자유를 향한 여성의 진보와 비례하며, 여성해방이 이루어진 정도가 인간의 보편적 해방을 측정하는 자연적 척도"(엥겔스, 2018: 144)라는 푸리에의 인식을 공유하는 마르크스주의에 입각해 여성의 경제활동 참여와 육아노동의 사회화 및 여성의 자기 결정권을 전폭적으로 인정하는 「임신중단법」 등을 통해 사실상 그때까지의 서구 여성운동이 추구했던 목표들을 상당부분 실천했다. 그러나 그러한 정책은 여성들의 자발적 요구에 의한 것이라기보다는 국가에 의해 일방적으로 결정되고 시행되었기 때문에 개인적 차원에서 남성에 대한 여성의 의존을 줄이기는 했지만 여성을 국가에 의존적으로 만드는 경향이 강했다. 따라서 여성의 이익과 해방에 온전히 부합하지는 않았다.

현실 사회주의체제하에서 노동은 거의 대부분 전일제로 행해졌으며 파트타임 고용의 가능성은 거의 없었고 일상적으로 노동시간은 매우 길었다 (Rudolpf and Klement, 2006: 10). 그러면서도 서구자본주의 사회에서처럼 사적 영역, 즉 가정 내에서 요구되는 재생산노동에 대해서는 여전히 여성들이 전적으로 책임을 지고 부담하고 있었기 때문에 결과적으로 이 시기 폴란드 여성들은 직업 활동과 가사의 이중부담을 지고 있었다. 여성에게 일방적으로 가사노동을 부담시키는 상황은 이미 마르크스주의에 그 맹아가 내재되어 있는데, 마르크스는 가족 내에서의 성별 노동 분업을 자연적이고 당연한 현상으로 치부하고 있기 때문이다(김경미·이규영, 2011: 191).

반면에 임신중단과 관련한 1956년 법은 폴란드 여성들의 상당한 지지를 받았다. 1960년대와 1980년대에 취해진 전국적 차원의 무작위 샘플조사에서 여성이 임신중단수술을 원하는 데에도 의사가 양심상의 이유로 낙태 시행을 거부하는 것에 대해 응답자의 70퍼센트 이상이 그것을 옳지 못한 것, 부적절한 것, 심지어 비인간적인 것으로 생각하고 있었으며, 1980년대에 17세에서 30세 사이의 미혼여성에게 실시한 비슷한 설문조사의 결과도 1960년대

조사결과와 유사했다(Małgorzata, 1991: 118). 현실 사회주의체제하에서 임신중단을 둘러싼 이러한 이념적 및 실천적 상황은 현실 사회주의 몰락 이후 특히 가톨릭교회와 폴란드 여성들 간에 임신중단 문제를 둘러싼 갈등이 첨예화될 수 있음을 암시한다.

2) 1990~2000년대의 폴란드 여성운동

1989년에 폴란드에서 현실 사회주의체제가 붕괴하고 자유민주주의체제로 전환되면서, 지금까지와는 질적으로 다른 새로운 차원의 여성운동이 시작되었다. 무엇보다도 제도적 차원에서 모든 시민집단에게 이익표출의 기회를 보장하는 개방적 정치구조가 형성되었고, 이 속에서 여성들도 수시로 단체를 조직·동원할 수 있는 기회구조를 갖게 되었다. 현실 사회주의체제하에서는 국가에 소속되지 않은 단체나 조직 및 정당 등은 금지되었기 때문에 1945년에 공산당이 만든 '폴란드 여성연맹'만이 단일 대중여성조직으로 존재했으며, 자율적이고 자발적인 여성단체가 조직되어 활동할 수 없었다. 다른 한편으로, 민주화와 같은 국가적 대의를 위한 투쟁에 종속되는 것에서 벗어나 진정으로 여성이슈를 제기하면서 여성의 이익과 권리를 추구하는 자율적인 여성운동이 추진될 수 있는 기반이 마련되었다. 현실 사회주의체제가 지배했던 1980~1981년에 폴란드에서 '연대노조(Solidarność)' 운동이 시작되면서 풀뿌리여성단체가 조직되었지만, 1981년 12월에 계엄령이 선포되면서 이들 여성단체들은 여성 고유의 권익보다는 반체제운동에 중점을 두고 여성문제는 부차적인 것으로 치부되었다(김경미·이규영, 2011: 195).

체제전환기 1990년대 폴란드의 페미니즘은 '초국적 연대(transnational solidarity)'를 통한 여성운동으로 명명될 수 있다. 이 시기의 폴란드 여성운동에 대한 초국적 기구나 해외단체의 영향은 매우 지대했는데, 무엇보다도 유엔(UN)과 유럽연합(EU)의 여성 관련 결의안이나 정책은 폴란드 페미니즘 운동에 커다란 영향을 미쳤다. 이 시기 여성단체들의 시위와 요구는 초국적 연대의 페미니스트운동에 준거해서 조직되었고 종종 유엔의 여성인권담론('여성이 배제된 민주주의는 절반의 민주주의이다' 등)을 사용했다. 폴란드 여성단체들은 통상 유엔이나 유럽연합의 결의안이나 지침의 이행을 요구하는 방식으로 여성운동을 이끌었고, 페미니즘이 해당 국가의 틀 속에서만 이야기될 수 있는 것이 아닌, 세계적인 이슈라는 인식을 갖고 있었다(Ramme, 2019: 471). 해외단체의 영향을 보여주는 하나의 예로서 1990년에 미국에서 조직된 '동서여성네트워크(NEWW: the Network of East-West Women)'를 들 수 있다. 동서여성네트워크의 목적은 중·동유럽 국가들의 신생 여성단체들을 지원하는 데에 있었으며, 이 단체에는 2005년 현재 국경과 지역을 초월하여 자원과 지식, 기술을 공유하기 위해 30개국 약 2500명의 여성이 함께하고 있다(Fuszara, 2005: 1068). 폴란드에서는 '동서여성네트워크 폴란드(NEWW-Poland)'가 독립단체로서 동서여성네트워크의 목적과 과제를 공유하고 있었다. 해외단체들이 폴란드의 자매단체에 재정지원을 하는 경우 폴란드 여성운동에 대한 효과는 보다 직접적으로 나타났다. 일례로 1989년에 폴란드 연대노조는 수년 동안 연대노조를 재정적으로 지원해 온 국제노조연합이 연대노조가 여성문제에 매우 소극적이라는 지적을 하자 곧바로 여성분과를 설립했다.

해외단체들과의 연대나 이들의 재정 지원은 사회적 지반이 여전히 확고하지 않을 뿐만 아니라 재정적 어려움을 겪고 있는 폴란드 여성단체들에게 다각도로 힘을 실어주고 운동의 전략과 노하우를 전수해 줌으로써 여성단체의 세력화를 가속화하는 긍정적 측면을 가진다. 그러나 부정적 측면도 간과할 수 없는데, 무엇보다도 폴란드 일반 여성들의 필요를 인지하고 이들을 동원할 수 있는 이슈들을 추구하기보다는 재정지원을 하는 해외단체의 관심에 따라 주제가 설정되고 주도되기 쉽다는 점이 그것이다(Sloat, 2004). 폴란드 내에서 여성단체와 일반 여성들 사이의 괴리를 심화시킬 수 있기 때문에 장기적으로 이는 오히려 폴란드 여성운동에 악영향을 미칠 수 있다는 비판이 제기되었다. 동시에 이는 극우보수파들로부터 해외에서 유입된 페미니즘이 폴란드 고유의 문화와 정체성을 훼손한다는 비난을 받게 되는 근거를 제공하기도 했다.

폴란드는 2004년에 유럽연합에 가입했다. 폴란드의 유럽연합 가입은 폴란드 페미니스트들에게 폴란드 여성의 지위를 향상시킬 수 있는 절호의 기회를 제공했다. 폴란드가 유럽연합 가입을 위해 행동을 개시한 이후 폴란드의 페미니스트 활동가들은 폴란드가 유럽연합 회원국이 되면 폴란드에서 여성의 권리와 관련된 기준이 대부분의 유럽연합 국가들의 기준과 상응하는 수준으로 귀결될 것이라고 믿었다. 그러나 이러한 기대는 큰 실망으로 끝났다. 왜냐하면 재생산 관련 이슈들은 유럽연합의 감시에서 배제되어 온전히 국내문제로 정의되었기 때문이다. 바르샤바의 한 여성단체는 폴란드에서 재생산권에 대한 개방적이고 민주주의적인 논의를 요구하는 항의서 「여성 100인의 편지(100 Women's Letter)」를 유럽의회에 보내기 위해 작성했다. 항의서에는 노벨문학상 수상자인 비스와바 심보르스카(Wisława Szymborska), 영화감독 아그니에슈카 홀란드(Agnieszka Holland) 등 폴란드의 유명한 여성인사들이 서명했다(Graff, 2003: 110). 폴란드의 저명한 페미니스트로서 페미니즘에 관한 많은 학술서적과 대중적인 책을 저술한 아그니에슈카 그라프(Agnieszka Graff)는 「여성 100인의 편지」를 폴란드 여성운동에서 매우 중요한 하나의 분기점으로 평가하는데, 이것은 유명한 여성인사들이 만든 최초의 여성문제에 관한 공적 성명이며, 또한 여성문제와 관련해 좁은 페미니스트 집단을 넘어서는 폴란드 여성들의 자매애를 보여주는 사건이기 때문이라고 한다(Graff, 2003: 110).

1990년대 동안에 폴란드의 페미니스트들은 초국적 페미니스트운동의 이념과 담론을 주로 이야기했으나, 유럽연합 가입 이후에는 '폴란드 국가'가 페미니스트 담론의 중심 준거점이 되었다. 국가와 민족이 담론의 준거점이 되면서 이른바 민족 페미니즘이 등장하는데, 민족 페미니즘은 인권이나 유럽적 규범, 유럽인으로서의 자기정체성을 갖고 있음에도 국가 소속성을 강조하고, 민족역사에 대한 준거가 보다 강한 요소로 작용한다. 특히 민족신화에서 여성의 역할을 재발견함으로써 남성 중심적인 민족사 기술과 민족주의에 반대한다.

다른 한편으로, 1989년에 민주주의로 이행할 때 현실 사회주의체제하에서 연대노조의 반체제운동을 지지했던 가톨릭교회는 연대노조 출신 정치인들이 정치적 기반을 획득하면서 그 배후에서 곧바로 국가구조에 깊이 침투했다.[4] 의회를 포함해 공공장소에 십자가를 매달도록 한다든지 대부분의 공공행사에서 성직자가 참석한다든지, 또 공립학교에서 종교수업을 시행하거나 헌법과 미디어법에 기독교적 가치를 규정하는 등 이러한 것들은 체제전환 이후 폴란드에서 교회의 영향력을 보여주는 매우 분명하게 외부적으로 드러난 사안이다. 그와 함께 재생산의 자유에 관한 문제가 곧바로 주요 논쟁점이 될 것이라는 점이 명확해졌다.

현실 사회주의 붕괴 이후 민주적으로 선출된 최초 정부인 마조비에츠키(Tadeusz Mazowiecki) 정부는 1989년 9월에 정권을 잡은 직후 이미 낙태를 불법화하고 낙태를 행한 여성과 의사에게 최대 5년 이하의 징역에 처할 수 있

---

4 사실상 가톨릭교회는 폴란드 유권자들에게 거의 아무런 실질적이고 직접적인 영향을 미치지 못하고 있다는 연구조사도 있다. 폴란드 여론조사기관인 CBOS가 2019년에 최근의 선거들에서 투표를 결정하는 데에 영향을 미친 사람에 관한 설문조사를 실시했는데, 여기에서 "다른 사람의 의견을 듣지 않았다"는 응답자가 42퍼센트로 가장 많았으며, 41퍼센트가 배우자, 파트너, 부모, 자녀 등 가장 가까운 가족이었고, 교구나 기타 성직자라고 응답한 사람은 1퍼센트 미만이었다(CBOS, 2019a: 2). 선거 전 기간에 최소 한 번 이상 예배에 참석한 사람 중에서 성직자가 신도들에게 선거에서 어떻게 투표해야 하는지를 언급하는 것을 들었다고 밝힌 사람의 비율은 9퍼센트였다. 또한, 응답자의 24퍼센트는 교회가 선거 캠페인을 하고 있다는 이야기를 가족이나 친구 또는 이웃으로부터 들은 적이 있다고 답변했다(CBOS, 2019a: 2). "폴란드 가톨릭교회가 직면한 문제는 무엇인가"라는 2019년의 또 다른 설문조사(다중선택)에서는 37퍼센트가 교회의 정치 간여라고 응답했는데, 이는 두 번째로 높은 수치였다. 2013년의 동일한 설문조사에서는 28퍼센트였다(CBOS, 2019b: 3).

는 법을 기안했다. 또한 1990년 초에 연대노조는 연대노조전국대회에서 태아의 법적 보호의 필요성에 대한 결의안을 통과시켰고 낙태에 대한 전면적 금지에 찬성했다. 연대노조 여성국은 낙태를 시술한 의사와 여성 모두에 대해 엄격한 제한과 처벌을 담은 입법초안에 반대했는데, 그 결과 1991년에 여성국은 해체되었다. 임신중단과 관련한 이러한 일련의 사건으로 여성들은 폴란드의 새로운 민주주의가 젠더문제와 관련해 극도로 보수화되고 있다는 것 그리고 새로 태어난 폴란드의 민주주의는 여성의 권리를 전혀 보장하지 못하고 있다는 것을 깨닫게 되었다(Graff, 2003: 109).

재생산 자유에 대한 위협은 많은 시민들을 거리로 나오게 했다. 시위자들은 '나의 자궁은 나의 것', '교회가 줄어들수록 유아원은 늘어난다', '신이여, 우리를 교회로부터 구해주소서'와 같은 슬로건을 외쳤다. 이에 여성단체들은 폴란드인의 다수가 합법적 낙태를 지지한다는 점을 인지하고 120만 명의 서명을 얻어 낙태에 대한 국민투표운동을 벌였다. 폴란드 여론조사기관 CBOS가 1997년에 실시한 설문조사(CBOS, 1997: 4)에 따르면, 사회경제적인 사유에 따른 낙태의 합법화에 찬성한다는 비율은 71퍼센트(강력 찬성 41퍼센트, 찬성 30퍼센트)에 달했으며, 반대는 18퍼센트(강력 반대 6퍼센트, 반대 12퍼센트), 모름 11퍼센트였다. 또한 낙태 문제 관련 국민투표 실시를 찬성하는 비율은 63퍼센트(강력 찬성 41퍼센트, 찬성 22퍼센트)였고, 당국이 결정할 문제라고 보는 비율은 19퍼센트(강력 찬성 8퍼센트, 찬성 11퍼센트)였다. 1997년의 여론조사가 이러한 상황이라면 현실 사회주의 시대의 「임신중단법」에 여전히 익숙해져 있는 1990년대 초에는 그 결과가 1997년보다 찬성 비율이 더 높거나 최소한 비슷할 것으로 추측할 수 있다. 또한 1992년에 여성의 재생산권과 합법적이고 안전한 낙태권 수호를 위해 5개 여성단체가 '여성문제·가족계획연합'이라는 연합체를 형성하기도 했다.

결국 마조비에츠키 정부는 교회의 압박하에 낙태 관련 국민투표를 거부하고 타협적인 법안을 제안했으며, 마침내 1993년 「가족계획, 태아보호 및 낙태 허용 조건에 관한 법」(약칭: 「가족계획법」)이 의회를 통과했다. 「가족계획법」은 산모의 건강과 생명이 위험한 경우, 태아의 생명을 위협하는 심각한 이상이 있는 경우, 성폭행과 근친상간에 의한 임신 등 세 가지 경우에 한해서만 낙태를 합법적으로 허용함으로써 1956년 「임신중단법」에 규정된 사회경제적인 이유에 의거한 임신중단을 불법화했다. 특히 산모와 태아의 생명 또는 건강에 대한 위험으로 임신중단을 해야 하는 경우 수술을 담당한 의사 이외에 다른 한 명의 의사가 그 사실을 인증해야만 한다. 또 성폭행이나 근친상간에 의한 임신을 중단하려는 경우에는 임신 12주 안에 시행되어야만 합법이며, 검사가 임신상태를 확인해야만 임신중단이 허용된다. 1996년에 사회경제적 사유에 의한 임신중단의 합법화를 담은 개정법이 여성의 자기 결정권을 찬성하는 사회민주당의 크바시니에프스키(Aleksander Kwaśniewski) 대통령의 서명을 받아 1997년에 발효되었으나, 헌법위원회의 위헌판정으로 무효화되었다(Bystydzienski, 2001: 506). 사실상 1956년 법을 지지하는 것은 종종 공산주의에 찬성하는 것으로 인식되었고, 1956년 법에 비해 합법적 임신중단을 제한하고 있는 1993년 법에 대한 지지는 과거의 억압적 체제에 대한 반대로 여겨졌기 때문에 여성들이 1993년 법에 지속적이고 적극적으로 대항하기는 쉽지 않았다.

가톨릭근본주의자들은 재생산 자유에 대한 제한을 '죽음의 문화(the culture of death)'에 반대되는 '생명의 문화(the culture of life)'를 위한 초석으로 본다(Graff, 2003: 111). 2002년 3월 21일에 폴란드주교단은 「유럽통합에 즈음한 폴란드주교」라는 문서를 작성했는데, 여기에는 유럽연합 가입과 관련하여 폴란드에서의 노동 분업이 언급되고 있다. 즉, 폴란드정부는 유럽연합 가입을 위해 최선의 가능한 조건들을 협상하면서 경제와 정치적 이슈를 담당하는 반면, 교회는 유럽통합의 영혼 및 윤리적 측면에 관여하는 정부와 교회의 노동 분업을 제시하고 있다. 이것은, 다시 말하면, 교회는 영혼, 도덕, 양심 그리고 재생산 문제를 담당하겠다는 의미로서 구체적으로 임신중단과 안락사 금지, 학교에서 성교육 추방, 동성애자에 대한 차별,[5] 이혼 금지 등의 사안을 교회에 맡길 것을 뜻한다. 가톨릭교회가 이러한 계획을 가졌음에도 주민의 절반 이상이 안락사 합법화에 찬성하며, 91퍼센트는 학교에서의 성교육을 지지하고, 69퍼센트는 국가보조금이 지급되는 피임약을 갖기를 원한다고 한다(Graff, 2003: 112).

요약하자면, 1990년대와 2000년대에 폴란드 페미니스트 운동은 한편으로 주로 유엔과 유럽연합 및 서구의 인권사상에 따른 초국적 담론과 연대를 따르고 이를 폴란드에 적용하고자 노력했으나 이는 폴란드 일반여성들에게까지 공감을 얻고 널리 확산된 대중적 여성운동이었다기보다는 여성단체를 중심으로 한 소수의 엘리트 여성운동이었다. 다른 한편으로, 가톨릭교회의 보수적 담론에 의거하여 안티페미니즘이 뿌리를 내리고 교회의 지원하에 공공연히 주장되었는데, 이는 특히 제한적인 낙태 허용 기준을 담은 낙태법 개정으로 나타났다. 그러한 전반적인 보수화의 흐름에 폴란드 여성들은 효과적으로 대응하지 못했는데, 이러한 상황은 2010년대, 특히 2015년 이후에 변화한다.

3. 2010년대 이후 폴란드의 뉴페미니즘

1) 뉴페미니즘으로서의 안티페미니즘

거의 대부분의 동유럽 체제전환국가들에서는 현실 사회주의가 붕괴되는

5 이와 관련하여 2019년에 "폴란드 가톨릭교회가 직면한 문제는 무엇인가"라는 폴란드 여론조사기관 CBOS의 설문조사(다중선택) 결과는 매우 흥미롭다(CBOS, 2019b). 이 질문에서 1위를 차지한 것은 성직자의 소아성애(60퍼센트)였으며, 성직자의 동성애가 20퍼센트로 4위를 차지했다. 2013년에는 동일한 질문에 대해 성직자의 소아성애가 43퍼센트로 마찬가지로 1위를 차지했으며, 성직자의 동성애는 29퍼센트로 2위를 차지했다.

과정에서 현실 사회주의 체제 성립 이전에 존재했던 과거의 방식으로 가부장적 젠더관계가 재조합되는 이른바 '재전통화(retrationalisation)'의 흐름이 나타났다. 폴란드에서는 여성에 대한 극히 보수적 규범과 가치관을 갖고 있는 가톨릭교회의 영향력이 특히 강하기 때문에 전통적인 보수적 여성관으로의 회귀가 더욱 뚜렷하다. 보수적 여성관은 여성과 남성의 생물학적 차이를 근거로 어머니로서의 여성의 역할, 즉 모성을 강조하기 때문에 일반적으로 낙태를 반대하고 태아의 생명권(pro-life)을 옹호한다. 또한, 사회주의 지배하에서 폴란드인들은 '정치' 내지는 공적 영역에 대한 깊은 불신과 통제를 느끼게 되었고, 그에 대한 역작용으로 가정에 대한 애착과 소속감이 더욱 강해졌다. 사적 영역으로서의 가정은 개인이 자유와 안락을 느낄 수 있는 유일한 영역이었으며, 그 바탕에는 전통적인 가족관과 여성관이 자리 잡고 있었다. 가정은 어디에나 존재하는 타락하고 교시적인 사회주의적인 공적 영역으로부터 안전한 천국을 제공했다(Graff, 2003: 101). 따라서 '사적인 것은 공적인 것' 내지는 '개인적인 것이 정치적인 것'이라는 서구 페미니즘의 주장은 현실 사회주의체제에서 사적인 것과 공적인 것의 대립을 경험했던 폴란드 여성들에게 그다지 설득력을 갖지 못했다(김경미·이규영, 2011: 205).

이러한 상황에서 폴란드에서는 페미니즘을 '젠더 이데올로기(gender ideology)'로 지칭하면서 안티페미니즘이 가톨릭교회를 중심으로 전개되었다. 젠더 이데올로기는 1990년대 중반에 바티칸에서 만든 용어인데, 이는 여성과 LGBTQ(Lesbian, Gay, Bisexual, Transgender, Queer/ Questioning)에 대한 차별을 정당화하기 위해 페미니스트, 동성애자 그리고 젠더 관련 이론을 왜곡하려는 의도에서 사용되었다(Kane, 2018). 이 당시 바티칸의 교황은 폴란드 출신의 요한 바오로 2세(재위기간: 1978.10.16~2005.4.2)였다. 그는 129개의 교리교수법을 발표했는데 여기에서는 '몸의 신학(theology of the body)' 내지 '성의 신학(theology of sexuality)'으로 이야기되는 인간의 성적 차이가 갖는 의미가 분석되고 있다.

그 주요 내용을 살펴보면, ① 남성과 여성은 인간이라는 본성에서는 평등하지만, 성의 문맥에서는 다르며 상호보완적이고, ② 그러한 상호보완적 차이는 갈등으로 정의될 수 없으며 오히려 미묘하고 서로 사랑하는 유대를 위한 것이고, ③ 이러한 유대는 특히 결혼에서 가시화되지만 어떤 식으로든 모든 사회적 관계에 스며들고 있으며, ④ 사랑의 자연스런 유대는 성적 행위에서 강하게 그리고 현실적으로 표현되고 있지만, 최소한 하나님의 자기희생적인 사랑의 행동 속에서 구해지고 있는 삼위일체의 유대, 예수와 교회의 유대, 하나님과 인간의 유대를 경험할 수 있게 한다(Gawkowska, 2017: 79)는 것이다. 한마디로, 여성은 남성과는 본유적으로 또 생물학적으로 차이가 있으며, 이러한 남녀 간의 차이는 상호보완적이라는 전통적인 여성관을 피력하고 있다. 이러한 전통적 여성관은 '뉴 가톨릭 페미니즘(New Catholic Feminism)'이라는 이름으로 2010년 이후 폴란드에서 젠더 이데올로기에 대항하는 뉴페미니즘으로 등장했다. 2014년에는 자연적인 젠더정체성을 보호하고 가족의 전통적 권리를 수호하며 가족친화정책을 지원하는 것을 목적으로 의회 내에 '젠더 이데올로기는 그만!(Stop Gender Ideology!)'이라는 단체가 조직되기도 했다(HRW, 2019: 15).

2013년 12월에 폴란드주교회의는 「목회자의 편지」를 작성하여 교회에서 대중들에게 낭독했는데, 그 내용은 다음과 같다: "젠더 이데올로기는 일부 페미니스트운동이 지지하는 마르크스주의와 네오마르크스주의에 뿌리를 깊게 두고 있는 수십 년에 걸친 이념적 및 문화적 변화의 산물이며 성적 혁명이다. 젠더 이데올로기에 따르면, 생물학적 성은 사회적으로 중요하지 않고 문화적 성, 즉 생물학적 조건과는 무관하게 인간이 자유로이 발전시킬 수 있고 결정할 수 있는 성이 훨씬 더 중요하다. 이러한 젠더 이데올로기가 가진 위험은 이것이 개인적 차원에서나 사회적 차원에서 인류에 대해 매우 파괴적인 성격을 갖는다는 데에 있다. 인간이 자신의 성적 정체성에 대해 불확실성을 갖게 되는 경우 결혼, 가족, 사회생활과 경제활동에서 주어지는 과업을 제대로 완수할 수 없게 된다"(Korolczuk, 2014: 1에서 재인용). 가톨릭교회는 그동안 젠더 이데올로기라는 개념화를 통해 명시적으로든 묵시적으로든 페미니스트와 페미니즘을 악마화해 왔다.

극우 근본주의적 가톨릭단체들은 낙태 반대, 이성애자로 구성된 가족에서 여성의 전통적 위치를 주장하는데, 이는 극우 페미니즘으로 범주화되고 있다. 극우 페미니즘은 폴란드민족가톨릭국가(a Catholic State of the Polish Nation, 이른바 Endecja)를 주장한다. 그에 따르면 폴란드민족이 어떠한 외국의 지배를 받더라도 민족적 생존을 보장케 하는 것은 오로지 폴란드민족을 재생산하는 전통적인 이성애 가족이라고 한다(Ramme, 2019: 471). 여성은 민족의 상징이며 출산자로서 진정한 여성상은 이른바 '폴란드 어머니(Polish Mother)'라고 한다. '폴란드 어머니'는 고국을 위해 자신의 사랑하는 남편과 자식을 사지로 보내는 애국적 어머니이며 순교자적 자세로 모든 사람을 돌보면서 그 누구에게도 불평하지 않고 혼자 있을 때에만 눈물을 흘리는 어머니로서 희생을 통해 승리를 얻는다. '폴란드 어머니'에 대한 찬양은 임신한 여성은 태아와 미래의 국가 존속을 위해 순교자적 자세로 스스로를 희생해야 한다는 논리로 귀결된다.

극우 민족주의 여성단체 '민족을 위한 여성(Kobiety dla Narodu)'의 지도자였던 안나 홀로헤르(Anna Holocher)는 페미니스트들을 '페미-나치(Femi-Nazi)'로 묘사한다. 그녀에 따르면 나치는 폴란드 인민의 낙태를 허용했는데, 오늘날 페미니스트들이 바로 똑같은 것을 원하고 있기 때문이다(Ramme, 2019: 477). 극우민족주의 계열의 여성들은 페미니스트와 좌파만이 여성에 대해 말할 권리가 있는 것처럼 주장하고 일반여성들은 무시되고 있는데, 이것은 짜증나는 일이라고 강변하면서 2018년에 "나는 여성이다, #페미니스트가 아니다!(#NotAFeminist!)"라는 캠페인을 시작했다(Ramme, 2019: 478). 폴란드 극우단체 '폴란드민족공동체'의 부의장인 야누시 보베르(Janusz Bober)는 낙태에 대한 법적 제한을 열광적으로 지지하면서 자유낙태를 "수백만 명의 폴란드인을 살해하려는 유대인의 스키마(Schema)"로 해석하기도 했다(Ramet, 1994: 129). 한마디로, 그들은 페미니즘을 국가의 전통과 가족적 가치에 대한 사악한 위협으로 본다.

폴란드의 가톨릭 극우민족주의는 남성 중심적이고 가족 중심적이며 따라서 젠더 평등의 관점을 거의 통합하지 못하고 있다. 그것은 국가를 영광스럽게 하기 위해서는 언제나 여성의 이해가 남성의 이해에 종속되어야 하며, 여성들은 그들의 삶의 중요한 목적으로 아이를 낳아야 할 의무를 받아들여야 한다는 요지로 귀결시키고 있기 때문에 여성을 국가의 재생산을 위한 도구로 환원시켜 버리는 가부장적 쇼비니즘을 보여준다(Ramet, 1994: 132). 흥미로운 것은 민족의 재생산을 위해서는 여성만이 아니라 반드시 남성도 필요하지만 극우 페미니스트 중 그 누구도 남성의 주요 목적과 기능이 민족의 재생산이라고 말하지는 않는다는 점이다.

2) '검은 시위'와 폴란드 뉴페미니즘

2015년에 자궁외임신, 즉 시험관임신과 성폭행에 의한 임신을 포함해 임신중단에 대한 거의 전면적인 금지와 임신중단을 시행한 의사와 여성에 대해 징역 5년의 형벌을 담고 있는 법 초안(「낙태 중지(Stop Abortion)」)이 보수적이고 가부장적 이념을 체화하고 있는 가톨릭교회의 지원을 받아 극우보수단체들에 의해 발의되었다. 법안이 의회에 상정되기 위해서는 해당 법안에 대해 10만 명 이상의 서명이 필요한데, 교회와 임신중단금지네트워크는 45만 명의 서명을 모아 의회에 매우 제한적인 「임신중단법」을 '국민발의'로 제출했다. 이에 대해 총리를 포함해서 지도적 정치가들은 임신중단중지법안을 지지할 것이라고 선언했는데, 당시 총리는 베아타 슈드워(Beata Maria Szydło)로 여성이었다. 이러한 반(反)여성적인 엄격한 「임신중단법」 초안에 대해 폴란드 여성계는 「여성을 구하라(Save Women)」라는 이름이 붙은 임신중단의 자유를 보장하는 법 초안을 25만 명의 서명을 얻어 의회에 제출했다. 폴란드의회는 2개의 「임신중단법」 초안(「낙태 중지」와 「여성을 구하라」)을 함께 논의했지만 「여성을 구하라」 법 초안은 누락시키고, 「낙태 중지」 법 초안은 다음 독해로 이송했다.

이러한 의회의 행태에 대해 아무도 예상치 못했던 거센 반발이 여성들에게서 나왔는데, 폴란드 여성들은 '검은 월요일'로 명명되는 2016년 10월 3일 월요일에 대규모 시위를 조직했다. 폭우가 내렸음에도 폴란드뿐만 아니라 해외에서도 수십만 명의 여성들이 140개 이상의 도시와 지방에서 검은 옷을 입고 손으로 직접 만든 플래카드를 들고 거리로 뛰쳐나왔다. 플래카드에는 "나의 몸, 나의 선택", "나는 존재한다, 나는 생각한다, 나는 결정한다!", "나의 자궁에서 너의 묵주를 치워라!" 등의 슬로건이 쓰여 있었다(Korolczuk, 2017: 92). 이 시위는 낙태에 대한 전면적 금지를 내용으로 하는 입법 발의에 대항하는 대중운동으로 검은 옷을 입은 시위자들이 폴란드 전역의 여러 도시와 마을 및 촌락에서 항의시위를 벌였기 때문에 '검은 시위(Czarny Protest, Black Protest)'로 불린다. 검은 색의 옷은 19세기에 폴란드 자유독립투사의 미망인들이 입었던 옷으로 국민적 영웅주의를 상징한다. 검은 시위 결과 「낙태 중지」 법 초안은 철회되었다(European Parliament, 2018: 58).

2003년에 폴란드의 저명한 페미니스트인 아그니에슈카 그라프(Agnieszka Graff)는 1990년대 초에 있었던 임신중단 관련 국민투표청원을 위한 서명 수집과 같은, 여성의 권리를 위한 거대한 시민운동이 향후에 가능할지에 대해 회의적이라고 쓴 바 있다(Graff, 2003: 113). 그러한 주장의 근거로 그녀는 임신중단에 대한 여성의 자기 결정권을 요구했던 많은 활동가들이 당시에 타협과 수동성에 빠져들었다는 점을 지적했다. 그러나 그라프의 예상과 달리 2016년에 여성의 권리를 수호하려는 대규모 시위가 일어났다. 여기에서 특히 주목할 것은 이 시위를 조직한 사람들이나 여기에 참여한 시위자의 다수가 페미니스트나 여성운동 활동가로서의 정체성을 거의 갖고 있지 않았던 일반여성들이었다는 점이다. 이 여성들은 이념과 이론을 떠나서 그저 "이제 더는 안 된다"라고 느꼈으며, 모든 여성들의 건강과 생명에 대한 심각한 위협에 직면해서 오로지 행동만이 있을 뿐이라고 생각했다.

일반 여성들이 대거 시위에 참여하는 과정을 살펴보면, 보수단체인 '오르도 이우리스(Ordo Iuris)'가 '임신중단중지네트워크(the Stop Abortion network)'의 지원을 받아 임신중단불법화 관련 입법안을 제안할 것이라는 계획을 고지한 뒤 며칠 이내에 '여성을 위한 여성(Dziewuchy Dziewuchom, Gals for Gals)'이라는 페이스북단체가 만들어졌다(Hall, 2019: 1504). 이 페이스북단체는 곧 가장 젊은 연령대(10대)를 위한 특별 플랫폼이 되었는데, 요컨대 소셜 미디어 플랫폼들은 여성이 자신들의 목소리를 다른 일반 대중 및 정치인들에게 들리게 만드는 주요 수단이 되었다. 예를 들어, 2016년 4월에 수천 명의 여성이 당시 총리였던 슈드워의 페이스북 계정에 조직적인 캠페인 놀이 형식으로 "힘든 시간(hard time)"이라는 해시태그를 단 메시지들을 살포했다. 온라인에서의 대화와 캠페인에 더해서 '여성을 위한 여성'은 폴란드 전역 도시에 45개 지역그룹을 구성했다. 2016년 봄부터 이 단체들은 가톨릭교회의 조직적인 반여성적 행동에 대응하는 시위를 지역에서 조직하고 자선행사 및 다른 시민단체들과의 연합을 위해 소셜 미디어 플랫폼들을 활용했다. 2016년 9월에는 '폴란드전국여성파업(Ogólnopolski Strajk Kobiet)' 네트워크가 등장했고, 이것은 폴란드 여성들에게 시위에서 파업으로 갈 것을 요구했다(Hall, 2019: 1505). 파업에 대한 이러한 요청은 '검은 월요일(Czarny Poniedziałek)'로 별칭이 지어지면서 페이스북에서 활발하게 나타났고, 그와 함께 오프라인에서 곧바로 폴란드의 모든 도시와 마을에서 지방조직위원회가 형성되었다.

'검은 시위'는 아래로부터의 정치적 실천의 새로운 활력에 커다란 영향을 미쳤으며, 이전의 폴란드 페미니스트 운동의 언어와 담론 전략들과 명백한 차이를 보인다(Ramme, 2019: 469). 2016년의 여성들의 저항이 정부여당에게 압박을 가함으로써 임신중단을 엄격히 제한하는 법안의 입법화를 막는 데에

그림 2-1 폴란드 시민의 합법적 임신중단 원인에 대한 견해(2016)

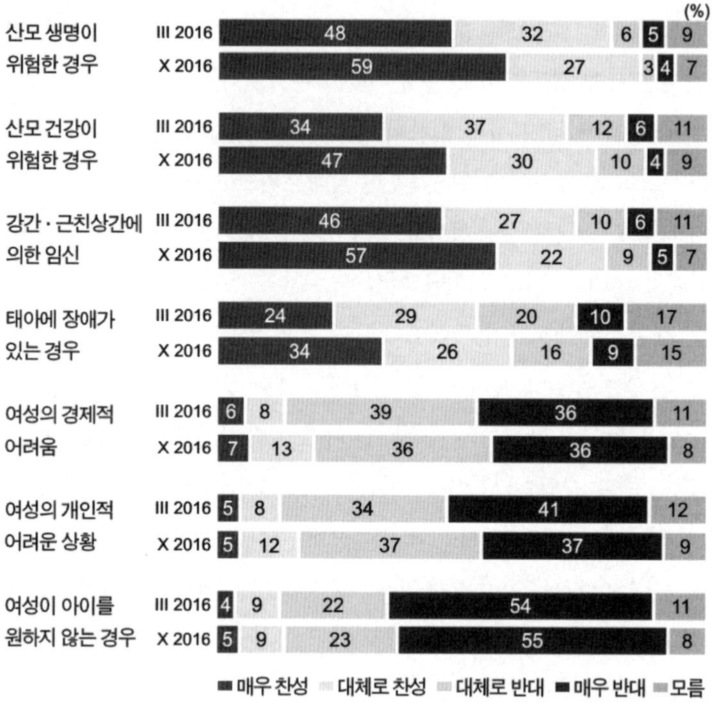

* 자료: CBOS(2016: 2).

성공했던 이유는 무엇보다도 시위 참여자들이 대중적 규모의 동원을 통해서 그리고 스스로를 '평범한 여성들'로 위치시킴으로써 우파 포퓰리즘에 대항해 응전했기 때문이다(Ramme, 2019: 475).

폴란드 여론조사기관 CBOS는 2016년에 '검은 시위'가 일어나기 전(3월)과 후(10월)에 낙태 합법화에 관한 설문조사를 실시했다(CBOS, 2016). '산모의 생명이 위험한 경우', '산모의 건강이 위험한 경우', '강간 또는 근친상간에 의한 임신', '태아에 장애가 있는 경우', '여성이 경제적으로 어려운 경우', '여성이 개인적으로 어려운 상황에 있는 경우', '여성이 아이를 원하지 않는 경우' 등 일곱 가지 경우에 대해 임신중단 허용 여부가 질문되었다(그림 2-1 참조). '검

그림 2-2 폴란드 시민의 합법적 임신중단 원인에 대한 연도별 지지 추이(1992~2016)

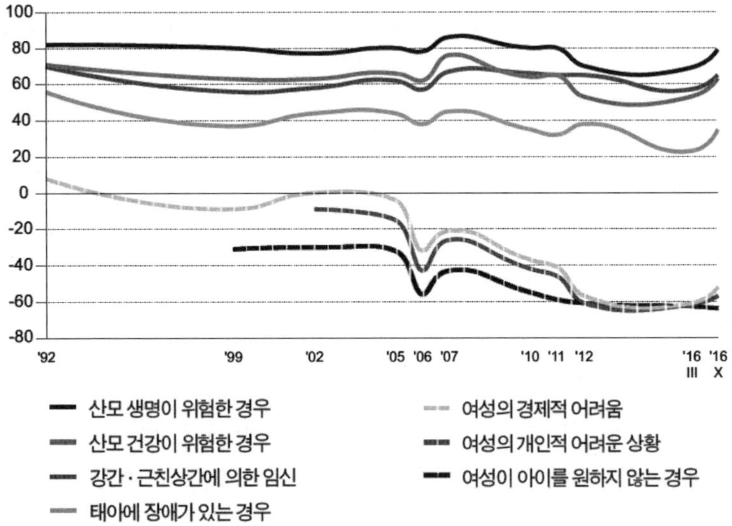

* 자료: CBOS(2016: 2).

은 시위' 전과 비교해서 시위 후에 폴란드시민들의 합법적 임신중단에 대한 관용이 전반적으로 증가함을 보여주고 있다. 특히 2015년의 「낙태 중지」 법 초안에서 불법낙태로 규정했던 강간에 의한 임신과 관련하여 3월 조사에서는 합법화 찬성이 73퍼센트(매우 찬성 46퍼센트, 찬성 27퍼센트)였는데, 10월 조사에서는 79퍼센트(매우 찬성 57퍼센트, 찬성 22퍼센트)로 매우 찬성이 11퍼센트 증가했다. 사실상 폴란드 가톨릭교회는 임신중단 문제를 공론화하기보다는 조용히 그리고 은밀히 정치적 압력을 통해 제한적 낙태법을 추진해 가려는 의도를 갖고 있었다. 이것은 기본적으로 산모의 생명이 위험한 경우, 산모의 건강이 위험한 경우, 성폭행 또는 근친상간에 의한 임신, 태아에 장애가 있는 경우에 대해서는 폴란드인들의 다수가 지속적으로 합법적 낙태를 찬성하고 있었기 때문에(그림 2-2 참조), 임신중단 문제의 공론화가 가톨릭교회의 의도와는 다르게 전개될 수 있기 때문이었다. 그러나 '검은 시위'를 통해 낙태문제가 공론화되었고 그동안 무관심과 침묵 속에 있었던 많은 일반인들이 지대한 관심을 보이면서 자신들의 견해를 공개적으로 표출하게 되었던 것이다.

2016년의 설문조사는 폴란드인들이 기존의 낙태법, 즉 산모의 건강과 생명이 위험한 경우, 태아에 이상이 있는 경우, 강간과 근친상간에 의한 임신 등 세 가지 경우에 한해 낙태를 합법적으로 허용하고 있는 1993년의 낙태법의 틀을 유지하기를 원하고 있음을 보여준다. 그러나 2012년 8월과 2016년 10월에 1993년의 낙태법 개정과 관련하여 동일한 내용의 설문조사가 있었는데, 2016년 10월의 설문조사에서는 응답자의 다수인 62퍼센트가 1993년 법이 변화되어서는 안 된다는 의견을 제시했으며, 보다 진보적으로 변해야 한다는 의견은 23퍼센트, 보다 엄격하게 낙태를 제한하는 방향으로 변화해야 한다는 의견은 7퍼센트였다. 반면에 2012년 8월의 여론조사에서는 법이 변화되어서는 안 된다는 의견이 49퍼센트, 보다 진보적으로 변화해야 한다는 의견은 34퍼센트, 보다 엄격하게 낙태를 제한하는 방향으로 변화해야 한다는 의견은 9퍼센트였다(CBOS, 2016: 4). 이러한 여론조사를 참조하면 폴란드 사회는 낙태문제 내지 큰 범위에서 젠더문제에 대해 점차 보수화되어 왔다는 평가를 내릴 수 있다.

2018년 1월에 다시금 '태아에 심각한 이상이 있는 경우'에 임신중단을 허용하는 현 낙태법의 조항을 삭제하려는 새로운 반(反)임신중단법안이 의회에 제출되었고, 하원은 법안검토를 위해 상임위원회에 동 법안을 이송하기로 투표했다. 이로 인해 2018년 3월에 더 큰 규모로 다시금 '검은 시위'가 재현되었다. 마침내 2020년 10월 22일에 폴란드 최고법정인 폴란드헌법위원회는 1993년 법에서 규정하고 있는 세 가지 합법적 임신중단 사유 중에서 태아의 심각한 기형과 치유될 수 없는 병리적 근거에서 임신중단을 허용하는 것은 헌법에 위배된다는 판결을 내렸고(*Liberation*, 2020.11.02), 이는 2021년 1월 27일부터 효력을 발했다. 사실상 이 판결은 임신중단에 대한 거의 전면

그림 2-3 2020년 10월 22일 헌법재판소 판결 이후 폴란드 시민의 합법적 임신중단 원인에 대한 견해(2020)

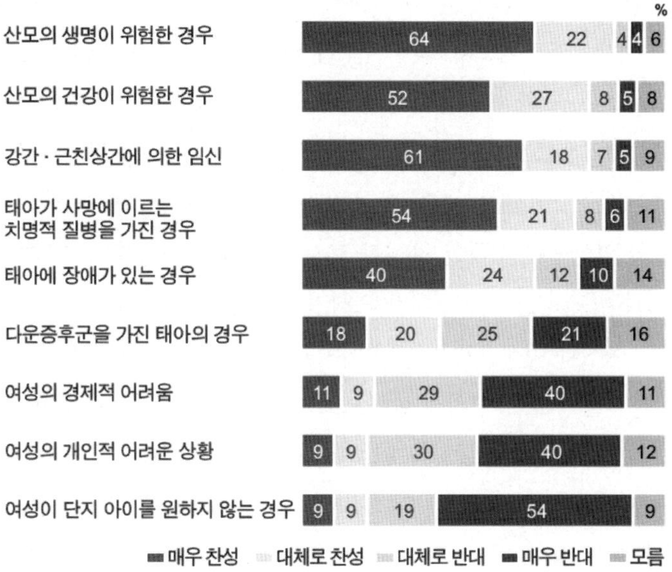

* 자료: CBOS(2020: 3).

적인 금지로 여겨졌는데, 왜냐하면 그동안 폴란드에서 합법적으로 시행된 임신중단의 약 96퍼센트가 태아의 기형에 근거한 것이었기 때문이다(Kapelańska-Pręgowska, 2021: 215). 또한 이 판결로 인해 의사들은 임신중단 수술 이후에 혹여 자신에게 발생할 수 있는 부정적 파급효과와 피해에 대한 두려움으로 인해 낙태수술에 대해 매우 소극적인 모습을 보일 것이기 때문에 합법적 임신중단은 더욱 어려워질 것이었다. 폴란드 헌법재판소의 판결은 노골적으로 임신한 여성의 건강과 생명보다는 태아의 생명보호에 우선성을 부여한 것으로, 유럽의회는 그것을 "인권에 대한 훼손이며 성 특화적 폭력의 한 형태"를 의미한다고 비판했다(*Die Zeit*, 2021.11.11).

헌법재판소의 판결 직후인 같은 해 11월에 CBOS가 실시한 설문조사에 따르면(그림 2-3 참조), "태아가 사망에 이르는 치유될 수 없는 병을 가지고 있다는 것을 태아검사로 알게 된 경우" 임신중단이 합법적으로 허용되어야 한다는 데에 동의하는가라는 질문에 대해 응답자의 54퍼센트가 매우 동의, 21퍼센트가 동의로 75퍼센트의 절대 다수가 태아의 기형에 따른 임신중단에 찬성하고 있었다. 또한 아이가 장애를 갖고 태어날 것으로 예상되는 경우에는 응답자의 40퍼센트가 매우 동의, 24퍼센트가 동의로 64퍼센트가 임신중단에 찬성했다. 이는 2016년에 실시된 설문조사에서 태아가 장애를 갖고 태어나는 경우의 임신중단에 대한 찬성이 53퍼센트 내지 60퍼센트였다는 것(그림 2-1 참조)과 비교하면 찬성 수치가 오히려 증가한 것이다.

폴란드 여성과 여성단체들은 헌법재판소의 판결에 반대하고 여성의 임신중단 결정권을 수호하기 위해 한편으로는 국내적으로 거리에서 항의시위를 벌였으며, 다른 한편으로는 국제인권기관과 유럽인권재판소에 청원활동을 벌였다. 헌법재판소의 판결이 내려진 직후 10월 30일에 코로나 팬데믹의 와중에서도 50만 명이 바르샤바를 위시하여 600개 이상의 도시와 마을의 거리에서 대규모 항의시위를 펼쳤다(Graff and Korolczuk, 2022: 2). 이는 공산주의 시절에 있었던 연대노조의 반체제시위 이래 최대 규모로 평가되며 폴란드 역사상 처음으로 가톨릭교회가 시위의 목표가 되었다. 이 시위에는 주로 젊은 이들이 참여했는데, 18~24세 연령대의 28퍼센트, 25~34세 연령대의 15퍼센트가 참여했으며, 여성의 참여율은 11퍼센트로 남성의 참여율 6퍼센트의 거의 두 배에 육박했다(CBOS, 2020: 3). 따라서 연령과 젠더를 고려하면 시위에 참여한 사람들은 주로 젊은 여성들이다. 또한 "심각한 회복될 수 없는 태아의 기형이나 사산을 위협하는 병의 경에도 임신중단은 비헌법적이라는 헌법재판소의 판결 이후 벌어진 사회적 시위를 지지하는가"라는 질문에 강력 지지가 43퍼센트, 지지 20퍼센트, 반대 10퍼센트, 강력 반대가 22퍼센트, 모름 5퍼센트로, 시위를 지지한다는 응답이 63퍼센트로서 절반을 크게 넘었다(CBOS, 2020: 3).

임신중단에 대한 거의 전면적인 금지를 가져온 헌법재판소의 판결 이후 시위가 끊이지 않고 지속적으로 이루어졌지만 시위에 다시 기름을 부은 것은 2021년 9월에 의사들이 중대한 기형의 생존할 능력이 없는 태아를 즉각적으로 낙태시키지 않고 태아가 죽을 때까지 낙태를 지연시킴에 따라 결국 임신 22주의 여성 이자벨라(Izabela)가 패혈증으로 사망한 사건이었다. 그녀는 헌법재판소 판결 이후 강화된 임신중단 금지로 인해 사망한 첫 번째 희생자였다. 그녀의 변호인은 간단히 "태아 사망, 환자 사망, 패혈증 쇼크"라고 발표했다. 그녀가 사망한 이후 그녀를 추모하고 엄격한 「임신중단법」에 반대하는 시위가 다시 크게 일어났다. 11월에 있었던 전국적 시위에서는 "그녀만이 아닐 것이다"라는 슬로건하에 그녀를 추모했으며 바르샤바 시위에서는 묵념 대신에 몇 분 동안의 외침과 절규의 시간을 가짐으로써 정점을 이루었다(MDR, 2021.11.07).

다른 한편으로, 폴란드 여성단체는 폴란드의 제한적이고 엄격한 「임신중단법」에 도전하고 여성의 인권을 보호하려는 노력의 일환으로 폴란드의 「임신중단법」이 여성들에게 심각한 해악을 유발하고 프라이버시에 대한 존중 및 고문과 학대로부터의 자유에 대한 권리를 위반한다고 유럽인권재판소에 제소했다. 또한 9개의 지도적인 대표적 국제인권단체들[6]은 극도의 엄격한 낙태법이 여성과 재생산연령의 소녀들의 생명과 건강에 미치는 중대한 의미를 개요하면서 유럽인권재판소에 '제3자 개입(the third-party interventions)'을 요청했다(Human Rights Watch, 2022). 이들 단체들은 폴란드의 낙태법과 같은 제한적 낙태법은 국제적인 그리고 유럽적 인권기준과 공중건강지침에 위배되며, 여성의 자유와 존엄, 건강 그리고 생명에 위험이 될 수 있기 때문에 폴

6 대표적 국제인권단체는 Amnesty International, the Center for Reproductive Rights, Human Rights Watch, the International Commission of Jurists(ICJ), the International Federation for Human Rights(FIDH), the International Planned Parenthood Federation European Network(IPPF EN), Women Enabled International, Women's Link Worldwide, and the World Organisation Against Torture(OMCT) 등 아홉 곳이다.

란드의 낙태법이 가진 인권 위반의 측면에 초점을 맞추고 이에 대해 폴란드가 책임 있는 노력을 보이기를 촉구하는 차원에서 제3자 개입을 한다고 주장했다. 유럽의회는 2021년 11월 11일자 권고안에서, 폴란드에서의 사실상의 임신중단 금지는 법치와 기본권에 대한 명백한 침해이며 폴란드에서 '성·재생산 건강 및 권리(SRHR: Sexual and Reproductive Health and Rights)'의 실현을 제한하고 있다고 언급했다(European Parliament, 2021). 동시에 그 권고안은 폴란드정부가 성·재생산 건강 및 권리 및 임신중단을 포함하여 여성과 소녀들의 삶에 영향을 미치는 법과 정책을 수립하는 데에 이들의 참여를 보장할 것을 요구했다.

'국경 없는 임신중단(Abortion Without Borders)'[7]의 보고에 따르면 동 단체는 2020년 10월의 폴란드 헌법재판소 판결 이후 6개월 동안 약 1만 7000명의 폴란드 여성에게 해외에서의 임신중단 관련 도움을 주었으며, 지속적으로 한 달에 800통 정도의 상담전화를 받고 있다고 한다(Human Rights Watch, 2021). 심지어 여성단체들은 매년 약 20만 명의 폴란드 여성이 불법적으로 임신중단 수술을 받거나 해외로 나간다고 추측한다(MDR, 2021.11.07). 코로나 전염병 이후에는 각국의 봉쇄정책에 따라 임신중단과 관련해 폴란드 여성들은 이동의 제한과 비용 증가로 많은 어려움을 겪고 있다. 이처럼 폴란드 여성단체와 페미니스트들은 폴란드의 제한적이고 엄격한 낙태법을 바꾸기 위해 많은 다양한 노력을 기울이고 있지만, 극우 포퓰리스트적 성향의 보수정부와 가톨릭교회의 연합전선에 마주해서 현재까지 뚜렷한 성과를 보이고 있지 않은 듯하며 앞으로의 전망도 그다지 낙관적이지 않다.

---

7 '국경 없는 임신중단'은 여러 국가에서 온 6개의 단체로 구성된 국제시민단체로서, 여성들이 폴란드나 다른 나라에서 임신중단 시술을 받을 수 있도록 도움을 제공한다(https://abortion.eu).

4. 나오며

평균적인 일반 폴란드인은 페미니스트의 이웃집에 사느니 차라리 공산당원의 옆집에 사는 것을 더 좋아한다는 이야기도 있지만, 그만큼 폴란드는 보수적인 여성관이 강하게 지배하는 국가이다. 현실 사회주의체제를 거치면서 서구적 의미에서의 페미니스트운동이 부재했던 폴란드에서 체제전환 초기의 여성운동은 유엔이나 유럽연합을 위시한 국제적 차원의 기구 및 해외재단과 후원자들의 지원을 받아 서구적 페미니즘의 수용에 집중했다. 그러나 재전통화의 흐름 속에서 그리고 교회의 막강한 영향력하에서 전통적 여성관이 점차 사회에 확산되었고, 특히 가톨릭교회는 낙태의 불법화를 집요하게 그리고 단계적으로 추진했다. 1993년의 낙태법 개정을 통해 낙태의 가능성을 보다 엄격하게 제한하는 데에 성공했으며, 이후 1995년과 2001년의 낙태자유화 시도를 좌절시키는 데에 가톨릭교회와 보수우파는 성공을 거두었다. 이러한 상황에서 여성단체들은 낙태법 개정에 적극적인 반대를 펼쳤지만, 사실상 세력에서 교회의 지지를 받는 우파 포퓰리스트들에게 밀렸었다.

2015년에 극히 보수적 정당인 '법과정의당(PiS)'이 정권을 잡으면서 여성문제는 더욱 보수화되었고, 안티페미니즘의 경향은 더욱 강해졌다. 이러한 강한 보수적 분위기 속에서 교회는 보수단체를 앞세워 다시금 더욱 제한적인 낙태법을 추진했다. 그러나 이번에는 소셜 미디어의 발전으로 단지 페미니스트 내지 활동가들을 중심으로 한 반대에만 직면했다기보다는 일반 대중 여성을 포괄하는 거의 전 폴란드 여성들의 저항에 부딪쳤다. 일단 온라인 속에서 대화와 조직화가 이루어지면서 오프라인 공간에서 지역협의체를 구성하는 등 온라인과 오프라인 공간의 연속성과 교차성을 보이면서 반대시위가 이루어졌다. 이렇게 볼 때, 2016년 이후 '검은 시위'를 계기로 활성화된 폴란드의 뉴페미니즘은 페미니즘의 역풍에 대한 역풍의 성격을 가진다고 할 수 있다. 한국에서 2016년의 강남역 살인사건을 통해 새로운 여성운동이 시작되었다고 한다면(김민정, 2020: 82), 폴란드에서는 2016년의 이른바 '검은 시위'를 통해서 새로운 차원의 여성운동이 시작되었다고 할 수 있다.

폴란드 여성들의 이러한 저항에도 가톨릭교회와 극히 보수적인 정부여당은 마침내 2020년 말에 태아의 이상을 이유로 임신중단을 합법적으로 할 수 없도록 헌법위원회의 판결을 이끌어냄으로써 합법적 임신중단을 더욱더 제한하는 입법을 위해 근거를 다졌다. 안티페미니즘으로서의 뉴페미니즘이 오늘날 세계적인 현상이기는 하지만 특히 폴란드에서 우파 포퓰리스트 정권과 가톨릭교회의 연합을 통해 강력한 지지를 받고 있는 안티페미니즘은 폴란드를 말타와 함께 유럽에서 가장 엄격한 「임신중단법」과 정책을 가진 국가로 만들었다. 이러한 사실은 전통적 여성관을 강력히 지지하는 세력이 사회에서 막강한 힘을 갖고 있을 때 여성의 자율권과 자유권을 확대하기는커녕 기존에 향유하던 여성의 권리를 유지하는 것조차 어렵다는 것을 보여주며, 동시에 안티페미니즘과 젠더를 둘러싼 갈등과 투쟁은 민주주의의 미래를 위한 우파 포퓰리즘에 대한 투쟁으로 자리매김될 수 있다.

참고문헌

김경미·이규영. 2011. 「체제전환 이후 폴란드 여성문제와 여성운동」. 《국제정치논총》, 제51집 3호.

김민정. 2020. 「2015년 이후 한국 여성운동의 새로운 동향」. 《정치·정보연구》, 제23권 2호.

엥겔스, 프리드리히. 2018. 『가족, 사적 소유, 국가의 기원』. 김경미 옮김. 서울: 책세상.

이규영·김경미. 2010. 「폴란드 가톨릭교회: 체제전환 이후 20년」. 《유럽연구》, 제28권 2호.

전복희. 2018. 21세기 독일의 뉴페미니즘과 독일 여성운동의 과제」. 《21세기정치학회보》, 제28집 2호.

Armstrong, Pat & Hugh Armstrong. 1983. "Beyond Sexless Class and Classless Sex: Towards Feminist Marxism." *Studies in Political Economy*, Vol. 10, No. 1: 7~43.

Bystydzienski, Jill M. 2001. "The Feminist Movement in Poland: Why So Slow?" *Women's Studies International Forum*. Vol. 24, No. 5.

CBOS. 1994. *Religijność Polaków: 1984-1994*. Warszawa.
_____. 1997. "Attitudes Towards Abortion after the Verdict of the Constitutional Tribunal." *Polish Public Opinion*. August. Warszawa.
_____. 2001. *Religijność Polaków Na Przełomie Wieków*. Warszawa.
_____. 2016. "Expectations about Abortion Law." *Polish Public Opinion*. October. Warszawa.
_____. 2019a. "Church and elections." *Polish Public Opinion*. November. Warszawa.
_____. 2019b. "Situation of the Roman Catholic Church in Poland." *Polish Public Opinion*. July-August. Warszawa.
_____. 2020. "Legality of abortion and the protests after the judgement of the Constitutional Tribunal." *Polish Public Opinion*. November. Warszawa.
European Parliament. 2018. *Backlash in Gender Equality and Women's and Girl's Rights. Women's Rights & Gender Equality*. Policy Department for Citizens' Rights and Constitutional Affairs.
European Parliament. 2021. "The first anniversary of the de facto abortion ban in Poland." https://www.europarl.europa.eu/doceo/document/TA-9-2021-0455_EN.pdf(검색일: 2022.01.11).
Fuszara, Małgorzata. 2005. "Between Feminism and the Catholic Church: The Women's Movement in Poland." *Sociologický časopis(Czech Sociological Review)*. Vol.41, No.6.
Gawkowska, Aneta. 2017. "Post-secular Sex-Gender Reconciliation according to New Feminism." *Przeglad Religioznawczy-The Religious Studies Review*. Vol.4, No.266.
Graff, Agnieszka. 2003. "Lost between the Waves? The Paradoxes of Feminist Chronology and Activism in Contemporary Poland." *Journal of International Women's Studies*. Vol.4, No.2.
Graff, Agnieszka & Elżbieta Korolczuk. 2022. *Anti-Gender Politics in the Populist Moment*. London & New York: Routledge.
Hall, Bogumila. 2019. "Gendering Resistance to Right-Wing Populism: Black Protest and a New Wave of Feminist Activism in Poland?" *American Behavioral Scientist*. Vol.63, No.10.
Heinen, Jacqueline & Monika Wator. 2006. "Child Care in Poland before, during and after the Transition: Still a Women's Business." *Social Politics: International Studies in Gender, State & Society*. Vol.13, No.2.
HRW(Human Rights Watch). 2019. *The Breath of the Government on My Back. Attacks on Women's Rights in Poland*. https://www.hrw.org/report/2019/02/06/breath-government-my-back/attacks-womens-rights-poland(검색일: 2020.12.10).
_______. 2021. "Poland: A Year On, Abortion Ruling Harms Women." https://www.hrw.

org/news/2021/10/19/poland-year-abortion-ruling-harms-women.

_______. 2022. "Regression on Abortion Harms Women in Poland. Rights Groups Intervene in Cases Before the European Court of Human Rights." https://www.hrw.org/news/2022/01/26/regression-abortion-harms-women-poland.

Hussein, Julia, Jane Cottingham, Wanda Nowicka & Eszter Kismodi. 2018. "Abortion in Poland: politics, progression and regression." *Reproductive Health Matters*. Vol. 26, No. 52.

Kane, Gillian. 2018. "Right-Wing Europe's War on "Gender Ideology"." http://feature.politicalresearch.org/right-wing-europes-war-on-gender-ideology-(검색일: 2020.12.10).

Kapelańska-Pręgowska, Julia. 2021. "The Scales of the European Court of Human Rights: Abortion Restriction in Poland, the European Consensus, and the State's Margin of Appreciation." *Health and Human Rights Journal*, Vol. 23, No. 2: 213~224.

Korolczuk, Elżbieta. 2014. "'The War on Gender' from a Transnational Perspective - Lessons for Feminist Strategising." Heinrich Böll Stiftung. Warsaw. September.

Korolczuk, Elżbieta. 2017. "'Explaining mass protests against abortion ban in Poland: the power of connective action." *Zoon Politikon*. Vol. 7.

Małgorzata, Fuszara. 1991. "Legal Regulation of Abortion in Poland." *Journal of Women in Culture and Society*. Vol. 17, No. 1.

Marx, Karl & Friedrich Engels. 1983. "Die deutsche Ideologie." *MEW*, 3.

Oláh, Livia Sz. & Ewa Fratczak. 2004. "Becoming a Mother in Hungary and Poland during State Socialism." *Demographic Research*. Special Collection. Vol. 3, No. 9.

Ramet, Sabrina Petra. 1994. "Triple Chauvinism in the New Eastern Europe." *Acta Slavica Iaponica*. Vol. 12.

Ramme, Jennifer. 2019. "Framing Solidarity. Feminist Patriots Opposing the Far Right in Contemporary Poland." *Open Cultural Studies*. Vol. 3.

Rostgaard, Tine. 2003. *Family Support Policy in Central and Eastern Europe - A Decade and a Half of Transition*. Early Childhood and Family Policy Series No.8-2004. Copenhagen: The Danish National Institute of Social Research.

Rudolph, Brigitte & Carmen Klement. 2006. "Arbeitsmarktpartizipation von Frauen im Transformationsprozess: Sozio-ökonomische Realität in den EU-Beitrittsländern Polen, Tschechien und Ungarn." *Forschungsbericht*. Nr. 13. Institut für Arbeitsmarkt- und Berufsforschung.

Sloat, Amanda. 2004. "Legislating for Equality: The Implementation of the EU Equality Acquis in Central and Eastern Europe." Jean Monnet Working Papers 8. Jean Monnet Chair.

WHO(World Health Organization). 1971. *Abortion Laws. A Survey of Current World Legislation.*
"Over 100,000 Polish women march against right wing's latest attack on reproductive rights." *Liberation,* 2020.11.02.
MDR Aktuell. 2021.11.07. "Großdemo nach Tod einer Schwangeren." https://www.mdr.de/nachrichten/welt/osteuropa/politik/polen-abtreibung-demo-100.html.

3장

제4의 물결 페미니즘을 넘어

아르헨티나 페미니즘의 확산*

이순주

1. 들어가며

라틴아메리카의 정치경제적 변화는 지난 반세기 동안 페미니즘의 이슈와 전략에 중요한 영향을 미쳤다. 1970년대와 1980년대는 정치적으로는 과두제와 독재체제 그리고 경제적으로는 국가주도의 산업화의 시대였다. 그리고 1990년대 이후부터 현재까지는 민주주의가 공고화하고 시장 중심의 신자유주의 체제가 확산하였다. 이러한 변화들은 여성 개인이나 집단의 관심과 행동전략들이 변화하는 배경이 되었다. 1990년대 이후 라틴아메리카 사회운동은 신자유주의가 심화하면서 야기한 극심한 사회적 불평등에 맞서 사회 전반의 자원재분배를 주장했다. 또한 사회운동은 다양한 집단의 정체성과 권리를 인정할 것을 요구하였다. 경제적 맥락과 정치기회 변화에 따라 때로는 자원 재분배, 혹은 정체성과 권리인정이 더 강하게 주장되었다. 이를 여성으로 적용해 보면, 재분배에 대한 요구는 여성의 계급성이 반영되어 노동자와 빈

---

* 이 장은 《이베로아메리카연구》 제31집 1호(2020)에 실린 논문을 수정한 것이다.

곤 여성들을 중심으로 나타났다. 또한 정치적으로도 보다 평등한 성별 권력 분배가 요구되었다. 정체성과 권리인정에 대한 요구는 지금까지 소외되어 왔던 아프리카계 라틴아메리카 여성, 원주민 여성, 레즈비언, 노동자 여성, 빈민 여성, 그리고 노조 여성이 각 집단의 특성을 반영한 목소리로 나타나고 있다.

라틴아메리카에서 1970년대 이후 여성운동과 페미니즘은 사회의 변화에 매우 중요한 요소였다. 여성들은 정치·문화적 선두에서 젠더 권력의 차이에 관심을 두면서 사회정의와 보다 포괄적인 시민권을 위해 투쟁해 왔다. 같은 맥락에서 아르헨티나 여성운동과 페미니즘도 오랜 투쟁의 역사를 가지고 있으며 최근 20년간 아르헨티나에서는 페미니즘 이슈가 사회적 논쟁과 변화를 이끌고 있다고 해도 과언이 아닐 것이다. 서구 페미니즘과 유사한 시기에 진행되었던 참정권 획득에서부터 1970년대 군사독재에 대한 저항 아이콘이었던 '5월 광장의 어머니들'이 있었다. 2000년대 이후 신자유주의 실패에 대한 저항으로 주민자치위원회에서 목소리를 내기 시작하면서 다시 페미니즘이 '재정치화'(다트리, 2013: 160)했다. 2015년부터 지속적으로 전개되고 있는 여성 혐오살해(Femicidio)와 여성에 대한 폭력반대운동인 #NiUnaMenos[1] 운동이 라틴아메리카 전역으로 확산하였다. 이 운동이 민주화 이후 제도화하고 탈정치화했던 라틴아메리카 페미니즘을 재활성화하는 전환점이 된 것으로 평가되고 있다(Natalucci and Rey, 2018; Nijensohn, 2017). 그리고 #NiUnaMenos 운동은 마초중심문화를 가진 아르헨티나 사회에서 젠더폭력에 대한 경종을 울렸을 뿐만 아니라, 세계여성의 날에 '8M'[2]이라는 이름으로 라틴아메리카 전역에 여성파업이 확산하는 등 그 영향이 상당하다.

또 페미니즘은 아르헨티나 민주주의의 질적 변화를 촉발시키고 있다. 남녀

1 단 한 명이라도 더는 살해되어서는 안 된다는 의미의 해시태그.

2 3월 8일의 약자.

동수제와 같은 정치의제에 대해 역사적으로 극렬하게 대립해 온 아르헨티나 정치권이 극적인 합의에 도달하는 기회를 만들어내기도 한 것이다(Osborn, 2019).

그런데 여기서 주목할 것은, 최근 핵심이슈로 다루어지고 있는 여성 살해 반대나 낙태 합법화라는 의제는 새로 등장한 것이 아니라 이미 오래전부터 페미니즘의 주요 이슈였다는 점이다. 그리고 이 이슈들을 남녀동수제 입법과 연결시켜 가부장적 정치사회 체제의 변화, 민주주의의 질적인 변화로 이끌어낸 것이 아르헨티나 페미니즘의 중요한 성과라고 할 것이다.

그렇다면 주변부에 머물렀던 페미니즘 이슈가 현 단계에서 핵심 정치의제로 부각하게 된 배경은 무엇이었는가? 어떠한 전략과 운동방식이 페미니즘 이슈를 주요 정치적 의제로 드러나게 했는지를 파악하는 것이 이 글의 첫 번째 목적이다. 그리고 이러한 논의를 확산하는 과정에는 인터넷을 바탕으로 다양한 온라인 플랫폼과 SNS가 활용되었다. 해시태그(#)로 대표되는 온라인 언어가 중요한 도구로 등장했으며, 다양한 상징의 색이 등장하면서 메시지의 전달과 확장을 꾀하는 수단으로 활용되기도 했다. 이러한 인터넷을 이용한 운동방식을 최근 세계적으로 확산하고 있는 소위 '제4의 물결 페미니즘'의 맥락으로 본다면, 현재 아르헨티나에서는 어떻게 나타나고 있는지를 파악하는 것이 이 글의 두 번째 목적이다. 이를 위해 2절에서는 라틴아메리카 페미니즘을 서구 페미니즘과 간략히 비교하고, 최근 나타나는 제4의 물결 페미니즘의 특징을 살펴볼 것이다. 3절에서는 최근 아르헨티나 페미니즘 운동의 양상이 어떻게 확장되고 있는지 그 수단과 전략을 중심으로 살펴보고자 한다.

이 논문은 필자의 최근 「아르헨티나 동수민주주의 도입에 관한 연구」(2019)의 후속 연구에 해당한다. 아르헨티나에서 남녀동수제와 같은 제도적 변화가 가능하게 된 배경을 아르헨티나 페미니즘의 정치사회적 영향력 확대임을 파악하고, 페미니즘의 영향이 어떠한 양상으로 확대해 오고 있는지를 파악하는 것이 이 연구의 출발점이었다. 그럼에도 이 글은 현재 아르헨티나 페미니즘의 차별성을 명확하게 부각하기에는 한계가 있으며 더 많은 연구가 필요하다는 점을 미리 밝힌다.

2. 라틴아메리카 페미니즘의 발전

1) 라틴아메리카 페미니즘의 서구 페미니즘에 대한 시각

서구의 페미니즘은 주로 3단계로 '물결'[3]이라는 표현을 통해 그 시기와 주요 이슈들이 구분된다. 디지털 시대가 도래하면서 최근에는 페미니즘도 온라인으로 연결행동이라는 방식을 통해 대중 운동을 일으키는 단계인 '제4의 물결'이라는 새로운 단계로 접어들었다고 평가되고 있다(김은주, 2019).

제1의 물결은 19세기와 20세기 전반까지 시민권으로서 여성참정권을 획득하기 위한 시대이다. 이 시기에 페미니즘은 정치, 경제, 교육 등의 분야에서 여성 권리를 보장할 것을 요구하였다. 제2의 물결은 1960년대 등장한 급진적 페미니즘의 시기로, '모든 개인은 정치적'이라는 모토 아래 확장하였다. 가부장제의 뿌리에 대한 강력한 집단적 성찰이 시작되었고, 가부장적 억압으로부터 여성해방의 필요성을 강조하였다. 이 시기의 주요 의제는 가사노동과 가정폭력, 피임과 낙태에 대한 권리, 임금차별 철폐 등이 핵심을 이루었다(조선정, 2014: 51). 제3의 물결은 1990년대부터 나타난 변화로, 제2의 물결이 보여준 한계에 대한 비판과 함께 새로운 운동방식을 강조하였다. 제3의 물결에서는 제2의 물결 시기에 중상층 백인 여성의 경험이 지나치게 강조되

---

3 '물결'이라는 표현은 리어(Martha Weinman Lear)가 1968년 《뉴욕 타임스(New York Times)》(March 10, 1968)에서 처음 사용하였다. 그가 "두 번째 페미니스트 물결(The Second Feminist Wave)"이라는 기사에서 제2차 세계대전 이후 페미니스트 운동 결집을 위해 처음 사용하면서 '물결'은 각 시기를 구분하는 용어로 자리 잡았다.

었다고 보고, 제2의 물결이 정의한 '여성성'의 정의에 도전하였다. 제3의 물결은 여성의 삶을 인종, 민족, 종교, 계급, 성별, 국적 등 다양한 요소가 교차(intersectional)되는 지점으로 보고, 그러한 요소들이 여성의 삶에 영향을 주는 매우 중요한 요소임을 강조하였다(Drucker, 2018). 스나이더(Snyder, 2008, 175~176)는 1990년대 이후 페미니즘이 1980년대까지의 페미니즘과 전략적으로 세 가지 면에서 다르다고 보았다. 첫째, 여성의 범주가 붕괴된[4] 것에 대응하여 페미니즘의 교차적이고 다양한 관점을 보여주는 개인의 증언들에 토대를 둔다는 것이다. 둘째, 이론을 정당화하고 행동으로 연결 짓는 것을 넘어 다의성(multivocality)을 포용한다는 것이다. 셋째, 성별 전쟁의 분열에 대응하여 포괄적이고 단정적이지 않은 접근법을 통해 페미니스트를 정치적으로 규정하는 것을 거부한다. 즉, 광범위한 논쟁지점들 내에서 비판적으로 작동하는 페미니즘의 거대담론을 거부하고, 포괄적이고 다양한 목소리를 가진 페미니즘의 연대를 환영하는 역동적인 결속으로 대체하려고 시도한다는 점이다.

서구 페미니즘에 관한 비서구 페미니즘의 비판은 1980년대와 1990년대 국제회의를 통해 부각되었다. 미국과 유럽을 중심으로 한 페미니즘의 흐름이 라틴아메리카, 아프리카 등 다른 지역과는 다르다는 점을 강조하면서 비서구 페미니즘은 주변부 페미니즘, 탈식민주의 페미니즘, 혹은 제3세계 페미니즘 등을 통해 나타났다. 이러한 비판을 정리해 보면, 첫째, 서구는 제3세계 여성들의 주요 문제가 성별 간 불평등이라고 인식하고 있다는 점, 둘째, 여성

---

4 제2의 물결 동안 급진 페미니즘에서 성적으로 억압받는 계급으로서 여성을 심도 있게 이론화함으로써 여성운동과 페미니즘은 정치적 동의어처럼 사용되었다. 따라서 자연스럽게 페미니즘의 주체가 '여성'이 되었다. 그러나 흑인, 레즈비언, 사회주의 여성은 페미니즘에서 '여성'이 강력한 균질화 요소를 가지고 있다고 인식하였다. 또한 여성 내에서도 백인, 앵글로색슨 및 교육받은 여성의 현실과 다른 인종이나 계급 혹은 문화권에 속한 여성을 동질화하는 경향을 보였다. 급진적 페미니즘에서 퀴어 이론과 LGBT+ 운동을 함께 다루기 시작하면서 페미니즘에서 다루는 '여성' 개념이 불안정해졌다.

의 지위를 분석할 때 가부장적 권력을 우선적인 것으로 본다는 점, 셋째, 인종이나 계급 혹은 국가구조 내 위치 등 다른 분석 범주들을 젠더보다 덜 중요한 것으로 인식한다는 점, 넷째, 제1세계와 제3세계 그룹들 간의 연대가 성평등을 진전시키기 위한 효과적인 수단이 될 것이라는 관점, 그리고 마지막으로 여성 행동주의와 페미니스트 동원화가 정치 시스템을 통해 여성권리에 대한 양보를 이끌어낼 수 있게 된다는 점이다(Bruno, 2006).

라틴아메리카에서도 이러한 페미니즘의 흐름에 대한 설명이 미국을 중심으로 한 페미니즘 역사라는 관점이 지배적이다. 가르가요(Gargallo, 2007)는 「우리 아메리카의 페미니즘(feminismo nuestro-americano)」에서, 젠더 투쟁과 여성해방을 이해하려면 라틴아메리카 지역의 지정학적 특징과 역사적 특징을 살펴보고, 그 구체성을 통해 미국이나 유럽에서 인식되는 자유의 준거로부터 벗어나 라틴아메리카 지역의 페미니즘을 보다 잘 이해할 수 있다고 보았다.

마르티네스(Pilar Rodríguez Martínez)는 '주변부 페미니즘(feminismos periféricos)'을 탈식민주의 페미니즘이나 제3세계 페미니즘으로 확장하기 위해 활용하였다. 주변부 페미니즘에서는 성, 계급, 인종, 종족 등의 요소가 중요한 관계로 연결된다. 하지만 주변부 페미니즘은 다양한 유형의 차이가 나타나는 교차투쟁에서 접합되어 페미니즘은 보다 다양하고 복잡한 표현으로 나타난다고 보았다. 주변부 페미니즘은 서구의 역사적 투쟁에서 나타난 참정권자 페미니즘이나 급진주의 페미니즘과 시기적으로 겹쳐지지도 않는다. 오히려 주변부로서 라틴아메리카 지역의 페미니즘 투쟁전통은 계급, 종족, 토지 등의 역사와 더 관련될 수 있다는 점을 부각하고 있다. 따라서 주변부 페미니즘은 주류 페미니즘의 변화로부터 어떠한 이익도 받지 못하면서 가부장제, 계급, 종족, 피부색 등에 따른 차별에 불만이 있는 사람들로 구성된 페미니즘으로 다루어지기도 한다. 이러한 관점에서 미국과 유럽이 헤게모니를 가지고 있는 페미니즘의 역사적 모델 안에서 라틴아메리카 페미니즘의 역사를 조명하는 것은 상당히 어렵다고 보는 경향이 강하다.

2) 라틴아메리카 페미니즘의 발전단계

학자마다 라틴아메리카 페미니즘의 단계 구분은 조금씩 다른데, 베루스(Stephanie Rivera Berruz)는 라틴아메리카 페미니즘을 다섯 단계로 구분한다. 1단계는 20세기 이전의 라틴아메리카 페미니즘이 페미니스트 작가들을 통해 나타났던 시기이다. 이 작가들은 여성의 역할과 사회문화적 변화의 필요성,[5] 토착민의 자율성과 과학에서의 여성권리,[6] 여성의 평등과 노동자로서의 권리와의 관계,[7] 교육과 철학교육을 통한 여성의 도덕적·지적 해방,[8] 여성 교육기회의 확대 등을 주장하였다(Berruz, 2018). 하지만 당시 사회에서는 대다수 여성이 문맹이었으며 큰 관심을 받지는 못하였다.

2단계는 1940년대까지로 여성의 정치·경제적 권리를 찾기 위한 투쟁을 벌였던 시기이다. 유럽과 미국에서 첫 번째 물결 시기로 분류되는 참정권[9] 투쟁은 라틴아메리카에서도 매우 광범위하게 나타났다. 1929년 우루과이에서 처음으로 여성참정권을 획득했고, 아르헨티나는 1947년에 여성참정권을 갖게 되었다.

3단계는 1950년에서 1970년대까지로, 칠레의 페미니스트 학자 키르쿠드(Julieta Kirkwood)가 침묵의 시대(los años del silencio)라고 평가한 시기이다. 이는 여성이 참정권을 획득한 후 정당 활동이나 대중운동 등에 활발하게 참

---

5 Sor Juana Inés de la Cruz(1651~1695), 멕시코.

6 Teresa Margarida da Silva e Orta(1711~1793), 브라질.

7 Flora Tristán(1803~1844), 페루.

8 Juana Manso(1819~1875), 아르헨티나.

9 라틴아메리카에서 여성참정권을 갖게 된 연도는 다음과 같다. 에콰도르(1929), 우루과이(1932), 브라질(1934), 엘살바도르(1939), 파나마(1941),도미니카공화국(1942), 과테말라(1946), 아르헨티나(1947), 베네수엘라(1947), 칠레(1949), 코스타리카(1949), 볼리비아(1952), 멕시코(1953), 콜롬비아(1954) 페루(1955), 온두라스(1955), 니카라과(1955), 파라과이(1961). http://womensuffrage.org/?page_id=109.

여했지만, 이를 페미니스트 의제와 연결하지 못했던 시기였다(Kirkwood, 1986). 침묵의 시대는 라틴아메리카 전체에서 군부정권이 장악하고 있던 시기이며 국가에 따라 1980년대까지 연장되기도 한다. 한편, 같은 시기의 유럽과 미국에서는 두 번째 물결의 시기로 낙태권이 강력하게 요구되었다. 하지만 라틴아메리카에서는 페미니즘적인 여성권리요구보다 민주화에 대한 요구가 더 컸던 시기이며 오히려 이 과정에서 전통적인 여성의 역할 — 어머니, 아내 등 — 이 더욱 부각되었다(이순주, 2005).

4단계는 1980년대부터 1990년대까지 라틴아메리카의 군부체제가 민주주의로 전환되는 시기로, 라틴아메리카 전체에서 여성운동이 등장하고 페미니스트 슬로건이 급진화하는 특징을 보였다. 민주화 이후 각 국가에서 여성 정책전담기구가 생겨나거나 주요 페미니스트 NGO 활동가들이 정부 관료로 영입되는 등 페미니즘이 제도화하는 경향이 나타났다. 한편 라틴아메리카 역내 국제여성대회와 학술적 페미니즘이 활성화되기도 했다. '라틴아메리카 카리브 페미니스트 만남(EFLAC: Encuentro Feminista Latinoamericano y del Caribe)'이 대표적인 사례인데, 1981년 콜롬비아 보고타에서 처음 개최된 이래 현재까지 2~3년마다 개최되고 있다.[10] EFLAC에서는 라틴아메리카 각 국가들의 페미니스트 학자와 NGO 등이 참여하여 각 국가들의 상황과 경험을 분석하고 공유하며 연대전략 등을 논의했다. EFLAC는 역내 페미니스트 활동의 연대와 강화에 크게 기여해 왔다(Valdivieso y García, 2005: 44~45).

제5단계 페미니즘은 21세기에 들어 나타나고 있는 페미니즘으로 가부장제, 인종주의, 식민주의, 신자유주의 정책에 대한 반대와 연계되어 있다. 특히 아르헨티나에서는 사회 전역에서 페미니즘이 강력하게 성장하는 현상이 목도되고 있으며, 미국과 유럽의 제2의 물결에서 등장한 낙태에 대한 권리[11]

10 제15차 EFLAC는 2020년 11월 22일에서 25일까지 엘살바도르에서 개최될 예정이다.

11 2003년에서 2004년 사이에 '합법적이고 안전한 무료 낙태권을 위한 전국 캠페인(la Campaña

를 강력하게 요구하고 있다.

3) 라틴아메리카 페미니즘 발전의 특수성

라틴아메리카에서는 '물결'로 표현되는 페미니즘의 발전단계 구분은 주로 백인여성의 경험에 바탕을 둔 서구 페미니즘의 분류이다. 이러한 일반화로는 라틴아메리카의 페미니즘 발전단계를 잘 나타내지 못한다고 보는 경향이 강하다. 이는 1970년대 이후 유엔(UN)을 중심으로 초국가적인 여성운동이 전개되면서 가시화된 제1세계 여성들과 제3세계 여성들 간의 이해와 관심의 차이와 무관하지 않다.

참정권 획득을 위한 라틴아메리카 페미니즘 운동은 서구와 유사한 시기에 전개되었고, 참정권도 비슷한 시기에 획득하였다. 하지만 라틴아메리카 페미니즘은 지속적으로 발전하기보다 역사적·세대적 단절을 경험하였다. 중앙아메리카에서는 혁명과 반혁명이 대치하고 아르헨티나, 우루과이, 칠레, 브라질 등에서 잔혹한 군부독재를 경험하면서 페미니즘은 약화하였다(다트리, 2013: 158). 이후 민주화와 사회적 화해과정을 통해 인권 관련 의제들이 부각되면서 페미니즘이 다시 부상하였다.

라틴아메리카 페미니즘은 1970년대 말부터 다양화되었고 확대여성운동이 등장하며 의회, 정당뿐 아니라 여성이 포함되어 있는 모든 부문과 연대하여 실

Nacional por el Derecho al Aborto Legal, Seguro y Gratuito)'이 시작되었고, 2005년 5월 28일 '국제여성보건행동의 날(International Day of Action for Women's Health)'에 대중으로 확산되었다. 이러한 캠페인을 통해 페미니스트들은 임신의 자발적 중지를 합법화하는 법안을 수차례 의회에 제출하였고, 2018년 의회에 격렬한 논쟁을 일으켰다. 결국 하원에서 통과되었으나 상원에서는 거부되었다. 현 알베르토 페르난데스 대통령(Alberto Fernández, 2019~)은 낙태 합법화를 선거공약의 하나로 제시하였고, 행정부가 임신초기 낙태를 허용하는 법안을 의회에 제출하는 것은 이번이 처음이며 법안이 실현될 가능성이 매우 높은 것으로 평가된다(Paulon, 2020).

질적인 요구들에 집중하였다. 확대여성운동은 중단기적으로 확고한 목적을 달성하기 위해 개인, 정당, 학계, NGO 등과 연계하여 파급력을 최대로 끌어올려 원하는 공공정책을 이끌어내려는 데 목적을 가진다(García and Valdivieso, 2005: 43).[12]

유엔을 중심으로 페미니즘이 초국적 운동으로 확산되면서 국제적으로 페미니즘이 제도화하였다. 이에 라틴아메리카의 페미니즘도 제도화하고 국제적 흐름의 영향을 상당히 많이 받았다. 1975년 멕시코시티를 시작으로 5년마다 코펜하겐, 나이로비, 베이징에서 개최된 세계여성회의와 '1975년 세계 여성의 해'와 이후 '유엔 여성 10년(1975~1985)' 등은 다양한 여성이슈를 전 지구적으로 확산하고 정부대표자, 여성 NGO, 여성 활동가 등이 연대할 수 있는 기회를 제공했다.

특히 1995년 베이징 세계여성회의를 통해 채택된 「베이징 행동강령」은 이에 서명한 189개국 정부에서 여성 정책전담기구를 수립하고 성평등과 성주류화를 적용한 법, 정책, 프로그램, 개발계획 등을 마련하고 지속적으로 모니터링하도록 하였다. 라틴아메리카 여러 나라 정부에서 여성 정책전담기구가 신설되었고 이 과정에서 많은 페미니스트들이 제도권으로 편입되었다. 연구센터를 중심으로 한 전문가 그룹은 여성 정책전담기구의 기술 관료가 되었고, 비정부기구는 전문적이고 비정치화되어 갔다. 제도권으로 편입된 페미니스트는 정부정책의 틀 내에서 정책을 수립하거나 실시하는 경향이 짙었고 상당히 보수화되는 모습을 보였다. 한편 페미니즘 NGO는 하층민 여성의 필요충족에 대한 요청에 따라 정부나 후원자와 수혜자를 중재하는 역할을 하였다. 따라서 이러한 역할을 통해 힘을 키우려는 여러 NGO들의 경쟁이 심화되면서 페미니즘 운동은 파편화되었다. NGO들은 전 지구적 활동의 틀 속에

12 확대여성운동은 1990년대 라틴아메리카 카리브 여성대회를 통해 라틴아메리카 페미니즘 강화와 확산의 핵심전략으로 다시 공고화된다.

서 정부가 해결하지 못하는 문제를 해결하기 위한 능력을 입증하면서 점차 유엔의 국제정책을 실행하고 조력하는 하청업자가 되었다(Flaquet, 2003; 다트리, 2013: 159 재인용). 결과적으로 페미니즘은 여성권한강화를 위한 정치운동이라는 역할을 제대로 수행하지 못하였다(Kauppert and Kerner, 2016: 82).

아르헨티나에서는 이러한 페미니즘 제도화에 반대하고 독자적으로 활동하는 '자율적 페미니즘'이 등장했다. 대표적인 사례가 2003년 결성된 '빵과 장미(Pan y Rosas)'이다. 아르헨티나의 '빵과 장미'는 2001년 시작된 극심했던 아르헨티나의 정치·경제·사회적 위기의 여파가 지속되는 가운데 2003년 중반에 결성되었다. 경제위기로 도산기업이 늘어나자 노동자들이 공장을 점거하고 자주적으로 관리하고 운영하는 '고용주 없는 노동자들'[13]과 같은 운동이 급속도로 확산되었다. 가장 대표적인 사례가 브루크만(Brukman)이라는 의류회사였는데, 마지막까지 투쟁했던 56명의 근로자 중 46명이 여성근로자였다. 이후 브루크만은 아르헨티나의 노동운동뿐 아니라 신자유주의 시대 페미니즘의 표상으로 등장하였다. '빵과 장미'는 민주화와 신자유주의 도입 이후 거리에서의 페미니즘 투쟁이 학계와 제도권, 그리고 국제기구의 영향력 아래로 편입되면서 크게 퇴색했다고 판단했다. 이러한 맥락에서 자신들을 '브루크만 여성노동자들의 딸들'이라고 규정했다. 또한 신자유주의 시대에 들어 가부장제제에 대한 투쟁은 필연적으로 자본주의에 대한 투쟁이 포함되었음을 분명히 하였다. 이들은 제도화의 문제를 벗어나기 위해서는 특정 기관의 지원을 받지 않고 책, 포스터, 영화제작 등 다양한 콘텐츠 제작과 판매를 통한 수익으로 스스로 재원을 조달하는 것을 원칙으로 해오고 있다

---

13 당시 '근로자에 의한 공장회복 전국운동(El Movimiento Nacional Fábricas Recuperadas por los Trabajadores)는 공장을 점거한 후 노동조합 및 사회운동과 연대하여 자주적으로 공장을 관리하는 운동으로 신자유주의 경제위기에 따른 실업위기에 처한 다른 노동자들에게도 새로운 투쟁모델을 제공한 것으로 평가된다. 당시 부에노스아이레스에 이러한 형태로 노동자들이 운영하는 회사가 30여 개에 달했다(Waisberg, 2002).

(D'Atri, 2007). 이와 같이 '자율적 페미니즘'은 페미니즘 의제를 독자적으로 선점하고 주도해 나가기 위해 정부나 정당 그리고 가부장적이라고 간주되는 모든 단체로부터의 후원을 받거나 함께 일을 하는 것을 거부하는 흐름으로 나타났다(다트리, 2013: 159; García and Valdivieso, 2005). 이러한 과정은 또한 아르헨티나의 페미니즘을 대중화하고 탈엘리트화하였다. 특히 외채위기 이후 라틴아메리카 각국에 도입된 신자유주의 정책의 확산으로 인한 기존의 불평등이 심화하고 빈곤의 여성화나 사회계급 및 종족차이로 인한 불평등이 심화되었다. 이러한 자율적 페미니즘의 확산은 제도화된 페미니즘이 정부의 정책과 유엔의 보편화된 정책을 수행하는 데 집중하고 이러한 다양한 불평등의 근원에 관한 관심이 적은 데 대한 실망이 반영된 것이었다.

4) 제4의 물결 페미니즘?

앞서 베루스의 시기구분에 따르면 라틴아메리카에서는 제5단계에 해당하고, 서구 페미니즘 혹은 세계적으로 제4의 물결 페미니즘 시기는 21세기 이후의 페미니즘에 해당된다. 현 단계의 페미니즘을 제4의 물결 페미니즘이라고 할지 제5단계 페미니즘이라고 할지는 논외로 한다고 하더라도, 디지털 환경을 기반으로 하는 소통수단이 급속도로 확산하면서 나타난 변화들은 이전의 페미니즘과 상당한 차이를 보이고 있다.

최근 디지털 환경은 멀티미디어 정보를 제공하는 네트워크를 확산하는 것을 너머 조직과 동원이 가능한 특징을 가지고 있다. 이러한 환경에서는 시민 간의 소통과 연대가 수평적·다면적으로 확대하면서 시민의 위상과 역할이 더욱 증대되고 이를 통해 시민참여와 사회운동 양식에도 상당한 영향을 준다(장우영 외, 2009). 이러한 시민의 위상과 역할변화는 전 세계 페미니즘 확산뿐 아니라 아르헨티나 페미니즘의 대중화와 탈엘리트화의 가능성을 설명하는 데 유용할 수 있다. 또, 네그리와 하트는 최근 온라인 기반 사회운동에서 나타나는 저항행동주의(protest activism)의 자발적 주체를 '다중(Multitude)'이라는 개념으로 설명하고 있다. 여기서 다중이라는 개념은 하나로 통일되거나 단일성, 혹은 동일성으로 환원될 수 없는 매우 다양한 내적 차이로 구성되기 때문에 기존의 민중, 인민, 그리고 계급적 관점에서 노동자와 다른 의미를 지닌다고 본다(장우영 외, 2009: 7 재인용). 여기서 페미니스트 다중은 다시 특이성과 다양성을 생산하는 주체이며, 측량화 혹은 계량화를 통해 교환하거나 대체가능한 요소가 아니라 대체할 수 없는 고유성과 독특성을 가진다(윤지영, 2019: 10). 페미니스트 다중은 디지털 기술을 통해 페이스북, 트위터, 인스타그램 그리고 유튜브 등 다양한 소셜 미디어 방식을 통해 사적 공간을 가시화하고 개인의 경험을 정치화한다. 이를 통해 정치가 공적인 공간의 것이라는 관점을 지속적으로 변경한다. 일상의 경험을 공유하고, 다른 이의 경험을 탐색하고 소통하며, 서로 다른 젠더 이슈들에 대해 공유하면서 '개인적인 것이 정치적인 것(The personal is political)'이 된다. 신자유주의 맥락에서 공유되는 개인의 사생활은 개인성을 지속시키는 상품이 됨과 동시에 '개인적인 가상공간'은 개별화된 세력화의 공간[14]이 된다(Rottenberg, 2014; Rogan and Budgeon, 2018: 19 재인용). 결과적으로 신자유주의시대의 페미니즘은 개인적인 가상공간과 같은 모든 요소들을 스스로 외부와 연결하여 공공재로 변모하였다. 소셜 미디어 환경의 확대는 개별화된 여성의 다양한 경험을 공유하고 공감하며 연대감을 만들어내는 최적의 여건을 제공했다.

특히 가상세계의 확장은 소통 비용을 축소하고 속도를 높이며 개인과 그룹 간의 의견교환을 원활하게 할 뿐 아니라 물리적 거리를 축소한다(Sorj and Sergio, 2016: 10). 이러한 소통방식은 공적인 것과 사적인 것의 구분을 희미하

14 예를 들어 파워 블로거나 1인방송국 등 개인의 관심사나 생활 등을 인터넷을 통해 지속적으로 공유하면서 구독자를 확대하게 되면, 이는 온라인에서 상품화가 되는 동시에 해당 플랫폼에서 상당한 영향력을 갖는 효과를 지니게 된다.

게 만들고, 개인적인 것과 집단적인 것의 구분도 약화시킨다. 즉 개인의 고통과 이에 대한 고발이 주는 메시지가 집단의 메시지로 승화되기도 한다. 기존의 시민사회가 사회 전체의 비전을 가진 정치이데올로기를 바탕으로 구축되었다면 디지털 시대의 새로운 시민사회는 보다 다양화된 권리의 옹호에 더 집중한다. 두 시민사회는 보다 바람직한 사회의 비전을 위해 노력하지만, 가상세계에서 이루어지는 새로운 형태의 커뮤니케이션은 반응적 행동과 감정을 움직이는 맥락이 오프라인 행동으로 연결되는 데 중요한 요소가 된다. 따라서 온라인에서 다양한 시각과 요구를 가진 페미니즘이 활성화한다고 하더라도 오프라인과 적절한 연계를 만들어내는 전략과 방법이 없다면 실질적으로 정치사회적 변화로 추동해 내기에는 제한적인 영향력을 가질 수밖에 없다. 이러한 점을 고려한다면, 아르헨티나의 현 단계 페미니즘은 온라인과 오프라인의 긴밀한 연계를 통해 시너지를 확보하고 실제 정치·사회 변화를 추동해 가고 있는 주요사례라 할 수 있다.

3. 아르헨티나 페미니즘 운동의 수단과 전략

최근 아르헨티나에서 페미니즘 이슈는 곧 보편적 정치사회이슈가 되었다. 페미니즘의 주요 이슈는 여성에 대한 폭력과 살해 반대, 남녀동수제, 낙태 합법화가 그 중심에 있다. 21세기 아르헨티나의 페미니즘은 온라인과 오프라인의 상호 보완과 연계가 실제 정치사회의 변화를 이끌고 있다. 남녀동수제 입법의 실현과 낙태법 합법화의 가능성 증대는 아르헨티나 사회에서 페미니즘 영향력의 확대를 나타내는 중요한 근거로 볼 수 있다. 최근 아르헨티나 페미니즘 운동의 도구와 전략은 다분히 제4의 물결 페미니즘 발전의 토대라 할 수 있는 디지털 환경에 기반하고 있으며, 이를 오프라인 운동과 연계하고 있다.

1) 색상과 해시태그(#)

민주화 과정에서 실종된 자녀와 가족을 찾기 위한 시위를 주도했던 '오월 광장의 어머니들(할머니들)'이 자녀와 손자·손녀들을 의미하는 흰색 기저귀로 만든 흰 스카프가 민주화와 여성운동의 상징이 되었다. 최근 색상과 스카프가 다시 페미니즘의 도구로 적극 활용되고 있다.

2015년 6월 3일 #NiUnaMenos라는 슬로건과 함께 여성에 대한 폭력과 살해금지에 대한 국가의 조치를 요구하는 첫 대규모 시위가 전개되었다. 이 시위는 임신한 어린 여성이 남자친구에게 잔혹하게 살해당하여 매장되었던 사건을 계기로 시작되었다. 당시 하루에도 수백 건 이상씩 여성에 대한 폭력과 살해가 만연한 상황에서 2016년 10월에 발생한 루시아 페레스(Lucía Pérez)라는 여성이 폭행당하고 살해된 사건 이후 시위는 보다 강력한 정치운동으로 확산되었다. 2016년 10월 19일 대규모 여성파업이 아르헨티나에서 실시되었고, 여성 살해 반대운동은 남녀동수제에 대한 요구로 이어졌다.[15] 2017년에는 폴란드와 아르헨티나에서 국제여성의 날을 기념하고 낙태권을 옹호하는 3월 8일 여성파업으로 연결되었다. 3월 8일을 의미하는 8M 캠페인이 대규모로 확산되었고, 전 세계에서도 50개국 이상에서 200개 도시가 참여하였다. 여성폭력과 살해에 반대하는 #NiUnaMenos와 보라색 물결은 역내 국가들 즉 우루과이, 에콰도르, 페루, 볼리비아, 콜롬비아, 베네수엘라, 칠레, 파라과이, 과테말라, 코스타리카, 온두라스, 그뿐만 아니라 유럽의 스페인과 이탈리아, 포르투갈 등으로도 확산하였다.

#NiUnaMenos 슬로건과 함께 사용된 보라색[16] 스카프는 아르헨티나 내에

15 자세한 내용은 이순주(2019) 참조.

16 보라색이 페미니즘의 상징이 된 것은 1911년 미국 뉴욕의 한 섬유공장에서 발생한 화재로 146명의 여공이 사망했는데, 이 공장에서 발생했던 연기가 보라색이었던 것과 관계가 있다. 이 사건을 기리고 여성노동자의 권리를 주장하면서 보라색을 사용했고, 이것이 페

서 페미니즘에 대한 이해를 대폭 확산시키는 역할을 하였다. 페미니즘과 동떨어졌다고 여겨왔던 많은 여성들과 페미니즘의 존재를 알지 못하는 청소년들이 페미니즘에 대한 논쟁의 공간을 찾기 시작했다. 정치적 대표를 포함하여 사회 모든 분야에서 남녀평등에 대한 요구가 페미니스트 슬로건을 다양하게 만들어나갔다. 그 결과 다양한 분야에서 페미니스트 여성이 대중적으로 노출되기 시작했다. 이 슬로건은 아르헨티나 사회 내에서 남녀평등의 개념과 투쟁의 이유가 무엇인지에 대한 이해를 증진시키고, 수년간 해왔던 요구를 더 잘 드러내고 영향을 미치는 데 중요한 역할을 한 것으로 평가될 수 있다.

#NiUnaMenos의 여성 살해 반대 이슈가 #MujeresALaPolítica(여성들을 정치로)의 정치에서 남녀평등과 남녀동수제 이슈와 함께 나타났고, 여기에 '합법적이고 안전한 그리고 무료 낙태(Campaña Nacional por el Derecho al Aborto Legal Seguro y Gratuito)'에 대한 입법요구가 더해지면서 낙태 합법화를 의미하는 초록색 스카프가 사용되었다.[17]

아르헨티나 페미니즘의 요구가 세 가지로 연결되는 논리는 이렇다. 여성에 대한 폭력 및 살해를 단절하기 위해서는 강력한 처벌이 가능한 입법부와 사법부의 힘이 필수적이므로 이를 결정할 수 있는 의회와 법원에서 남성과 여성이 동등한 비율로 권한을 갖는 것이 필수적이라는 것이었다. 이에 남녀동수제가 요구되었다. 그리고 아르헨티나에서 낙태 합법화는 보다 구체적으로는 '합법적이고 안전하고 무료로 낙태시술을 받을 권리'를 뜻한다. ECLAC(유엔 라틴아메리카경제위원회)에 따르면, 아르헨티나에서는 매년 50만 건 이상의 불법낙태가 이루어진다(Telesur, 2018). 불법낙태를 선택하는 여성은 치명적인 결과를 무릅쓰게 된다. 페미니스트들은 이 문제를 가부장제, 신자유주의, 여성의 신체에 대한 자기 결정권 등 여성의 삶에 관여되는 다양한 시스

미니즘을 상징하는 색이 되었다(Arbat, 2018).

17 http://www.abortolegal.com.ar/category/actividades/.

템과 가치가 복합되는 문제로 인식한다. 아르헨티나는 보수적인 가톨릭 종교의 가치관과 가부장적 전통을 가진 사회이며, 신자유주의 경제사회시스템이 복합적으로 구조화되어 있다. 여기에 여성은 폭력과 살해로부터 자유롭지 않으며, 신체에 대한 자기 결정권이 보장되어 있지 않다. 따라서 불가피하게 불법낙태를 선택해야 하는 경우가 발생하고, 열악한 낙태시술을 받게 되는데 이는 결국 사회계급 문제로 귀결된다는 것이다.

이러한 논리를 가진 페미니스트들의 해시태그와 색상스카프의 활용은 시민사회뿐만 아니라 입법부와 정치인들에게도 낙태 합법화에 대한 요구를 가시화하는 수단이 되었다. 비록 낙태 합법화 법률제정 시도가 실패했어도 사회 전체에서 논의되면서 전통적 미디어와 소셜 네트워크를 잠식했다.

이 외에도 오렌지 색상과 빨강 색상이 등장하였다. 낙태법이 통과되지 못한 데에는 가톨릭교회가 미친 영향력이 크다고 보고, 교회와 국가의 분리를 요구하는 상징색으로 오렌지색이 등장했으며,[18] 빨강색은 새로운 입양법 도입을 주장하는 색상으로 사용되었다.

#ParidadYa, #50-50, #UnayUno #Planeta5050[19]는 남녀동수제 추진을 위해 확산되었으며, #NiUnaMenos, #MiPrimerAsalto, #VivasNosQueremos[20]

---

18 아르헨티나는 여전히 가톨릭의 영향이 강한 국가이기 때문에 낙태 합법화 추진을 적극적으로 반대하는 시민들도 상당히 많다. 낙태반대론자들은 하늘색 스카프를 사용한다. 이들은 하늘색 스카프에 '우리는 두 생명을 구합니다(Salvamos 'Las 2 Vidas')'라는 로고를 새겨두고 낙태반대를 주장한다. 낙태반대운동도 상당하다. 특히 종교단체의 반대가 강하게 나타나고 있는데, 이들은 하늘 혹은 하늘색을 의미하는 'Celestre'당(Partido Celestre)을 설립했다. 이들은 정당명칭과 같이 하늘색을 상징색으로 사용하고 인권으로서 태아의 생명권을 존중하고 낙태를 반대하는 것이 주요 설립목적이다(Clarín.com, 2018).

19 #ParidadYa는 '이제는 동수제'를, #50-50은 '여성과 남성 50:50'을 의미한다. #UnayUno는 '여성 한 명과 남성 한 명'으로 동수제의 남성과 여성 교호순번제를 의미하며, #Planeta 5050은 '지구 50:50'으로 동수제의 세계적 확산을 의미한다.

20 #MiPrimerAsalto는 '나의 첫 공격'으로 성불평등에 대한 첫 공격을 의미하는 말이며, #VivasNosQueremos는 '우리는 살고 싶다'로 여성혐오살해를 멈추라는 메시지이다.

는 여성에 대한 폭력과 살해 반대를 상징하는 해시태그들이다. 2016년 5월에는 #Rompamoseltechodecristal(유리천장을깨자)라는 해시태그가 등장했다. 이는 #NiUnaMenos를 시작한 몇몇 단체들이 젠더 불평등과 직접적으로 연계된 권력 공간에서 여성 대표성 부족, 임금격차, 돌봄 정책의 부재, 직장과 가정에서의 이중노동부담 등의 문제를 부각시키기 위해 만들었다. 이에 대한 논의는 에비타 박물관 오디토리움에서 이루어졌다. 여기에는 공공정책 연구기관, 아르헨티나 국제사면위원회, 대학교수, 언론 등에서 참여하였다. 이들은 페미니즘의 전통적 방식을 답습하는 것이 아니라 다양한 다른 형태와 분야 — 커뮤니케이션, 네트워크, 예술, 문학, 스포츠 등 — 에서 새로운 방식을 더해가고 있다(Fernández Irusta, 2016).

2) 영역과 방식의 확장

아르헨티나에서 페미니스트 운동은 예술과 미디어, 그리고 스포츠에까지 광범위하게 영향을 미치고 있다. 이는 가톨릭 전통이 강하게 지배하는 국가에서는 혁명적 변화로까지 평가되기도 한다. 이러한 변화는 전통적인 젠더 역할에 도전하고 여성의 문제를 입법부의 핵심의제로, 혹은 사회문화적 논쟁 주제로 만들고 있으며 대규모 낙태 합법화 지지운동과도 연계되고 있다. '무상, 안전, 합법 낙태권을 위한 전국 캠페인(Campaña Nacional por el Derecho al Aborto Legal Seguro y Gratuito)'이 대표적 단체인데 2018년 낙태법 제정에 실패하자 2019년 이 단체의 14주년 기념일에 다시 법안을 제출했다. 이를 홍보하기 위한 방법의 하나로 '페미니스트 탱고의 밤'에서도 여성들이 초록 손수건이나 스카프를 매고 춤을 추기도 했다.

아르헨티나의 전통댄스로 유명한 탱고 분야에서도 페미니즘 운동이 일고 있다(Lodoño, 2019). 탱고는 꽉 끼는 옷에 높은 하이힐을 신고, 남성이 리드하는 방식대로 매우 불편하고 힘든 자세를 견뎌야 한다. 탱고 페미니스트 운동은 국립탱고아카데미의 릴리아나 프리오(Liliana Furió)와 탱고댄서 빅토리아 베이티아(Victoria Beytia)가 탱고 무대에서 가부장적 문화를 배제하기 위한 새로운 탱고 규칙을 만들어내고 실험에 들어갔다. 이와 함께 탱고 무대에서 성추행을 저지르는 경우 다시 무대에 서지 못하도록 하는 규제도 만들어냈다.

NP(Nosotras Proponemos)는 예술페미니스트 단체로 2017년에 예술세계의 여성차별에 대응하는 것을 목적으로 설립되었다(Christensen, 2019). 이 단체는 홈페이지에서 총 5장 37개 항목으로 구성된 조항에 서명한 2742명의 전 세계 회원으로 출범하였다. 핵심회원은 100여 명이며 매월 정기적인 모임을 갖고 있다. 이들의 활동방향은 관심 유도하기와 재교육하기이며, 페미니스트 행진참여 등이다. 2018년 3월 8일 여성파업과 행진에 참여했으며 2019년 여성파업에 참여하면서 진행한 세 가지 프로젝트는 해당 행사의 핵심이 되었다. 그중 하나는 '깃발 걸기(banderazo)'로, 수백 개의 깃발을 여성운동의 색인 초록색으로 칠하고 도시전역의 발코니에 내거는 캠페인을 벌였다. 3월 7일 밤은 '프로젝터 쏘기(proyectorazo)'라는 이름으로 부에노스아이레스의 페미니스트 그룹과 공동작업으로 프로젝터를 사용하여 문장들을 전시함으로써 도시 전체를 페미니스트 메시지를 전하는 캔버스로 사용하였다. 또한 '밧줄 펼치기(trenzazo)'는 세계 여성의 날 행진에서 20미터의 초록색 대형 밧줄을 만들어 사용하면서 페미니스트의 연대와 확장을 상징화하였다.

또 '페미니즘 짜기(Tejiendo Feminismos)'라는 단체는 니트를 짜서 자신들의 주장을 가시화하고자 하는 단체로 지난 10여 년 동안 고의로 살해당한 2630명의 성인과 청소년 여성희생자의 이름을 니트에 새기는 활동을 한다. 이들은 여성 살해 반대를 홍보하기 위해 아르헨티나 페미니즘의 상징색인 초록색 네모모양으로 니트를 짜서 희생자의 이름을 실로 새긴 다음 이를 이어 붙여서 커다란 장막으로 만든다. 그와 동시에 이들은 낙태 합법화를 지지하고 있다. 이와 함께 '페미니즘 짜기'는 이들은 10월에 아르헨티나 라플라타에서 개최된 제34차 '전국여성의 만남(ENM: Encuentro Nacional de las Mujeres, 이하

ENM)'에 전시하였다(Hellerstein, 2019).

이와 같이 아르헨티나 페미니즘은 전통 문화에서 현대 예술에 이르기까지 다양한 영역 내에서 다양한 방식으로 젠더 평등의 개념을 제고하고 있다.

3) 전국적 연대 플랫폼

앞에서 본 바와 같이 오랫동안 언론에서 관심을 받지 못하던 여성이슈가 최근 들어 미디어에서 주기적으로 최고 중요도로 다루지고 있다. 이러한 현상은 전례가 없을 정도이다. 신문과 웹사이트에서는 젠더폭력, 성폭력, 여성살해, 경제적 차별 등에 관한 기사가 계속 게재되고 있으며, 노동조합들도 젠더위원회를 만들고 있다. 여성음악가들은 음악콩쿠르에서 30퍼센트의 할당을 요구하고 있으며 사회 전면에서 페미니스트의 요구가 포함되어 있다. 현재 아르헨티나 사회의 변화는 정치적 변화로 이어지고 있다.

아르헨티나 여성의 연대는 정계, 학계, 시민사회, NGO, 국제기구, 국제NGO 등 다양한 집단과 개인이 지속적인 교류와 소통을 통해 이루어지고 있다. ENM은 아르헨티나 모든 분야의 여성들이 상호 의견을 교환하고 경험을 공유하고 구체적인 대안을 모색하는 매우 강력한 오프라인 플랫폼이라 할 수 있다. 1986년 부에노스아이레스에서 첫 회의가 개최된 이후 매년 다른 도시에서 ENM을 개최한다. 이는 여성의 연대를 강화하는 세계 유일의 전국 규모 여성대회이다. 특히 ENM은 자율적 페미니즘의 대표적 사례로 볼 수 있다. ENM은 매년(anual) 아르헨티나 연방(federal) 전체를 대상으로 개최되며 다원적, 민주적, 자치적, 수평적, 자족적, 자체소집, 다민족, 페미니스트, 대중, 다양성(plural, democrático, autónomo, horizontal, autosostenido, autoconvocado, plurinacional, feminista, popular, diverso)을 바탕으로 한다. 2019년에는 라플라타시(市)에서 10월 12~14일에 개최되었는데, 총 87개의 세션이 열렸고 20만 명 정도가 참가하였다. ENM은 보통 3일간 개최되며, 참가자가 경제적 조건 때문에 참여하지 못하는 경우를 고려하여 사전 신청자에게 무료로 숙박과 식사가 제공된다. 각 세션은 아르헨티나의 여성 관련 세부 주제들로 구성되어 있으며, 각 세션에서 다양한 발표와 토론이 진행된다. 이 세션들에서는 조용히 듣기보다 참여자들이 자신의 견해를 밝히는 것이 중요하며, 내용의 결론은 투표로 이루어지지 않는 것을 특징으로 한다. 좌장은 진행을 돕는 코디네이터로 역할하며, 서기를 정하여 논의된 내용을 기록하고 세션 종료 시에 세션에서 논의된 내용을 요약하고 제안사항을 포함하여 본부에 제출한다. 본부는 이를 취합하여 발간한다(김민정 외, 2019). 2019년 ENM에서는 빈곤의 여성화, 청소년 부모(엄마), 일상에서의 마치스트 폭력, 불법낙태시술로 인한 사망, 여성 살해, 성전환자 살해 문제 등 다양한 내용이 주제로 다루어졌다. 이러한 문제들이 의제로 부각된 이유는 마우리시오 마크리 대통령(Mauricio Macri, 재위 2015~2019)의 시장중심 경제정책과 사회복지정책이 적절한 해결책을 제시하지 못했기 때문이라고 보았다.[21] ENM은 온라인 페미니즘을 오프라인과 연계하여 페미니즘 내 다양한 요구를 실현가능하도록 하는 매우 강력한 플랫폼으로서 작동하고 있다고 볼 수 있다.

4. 나오며

최근 아르헨티나 사회의 변화 한가운데에 페미니즘이 있다. 페미니즘의 이슈는 이제 주변부의 이슈가 아니라 아르헨티나 정치사회의 핵심이슈로 등장한 것이다.

현 단계 아르헨티나의 페미니즘의 활성화는 라틴아메리카 페미니즘의 발전 속에서 페미니즘의 제도화와 신자유주의 토대가 실질적인 페미니즘의 요

---

21 http://encuentrodemujeres.com.ar/.

구를 반영하여 실제 변화로 이끌어내지 못하는 한계에 대한 인식에서 출발한다. 이러한 인식은 국제기구나 정부, 그리고 제도권의 어떠한 지원도 받지 않는 자율적 페미니즘을 활성화하였고, 세계 유일의 전국규모 여성대회인 ENM도 이러한 정신에 토대를 두고 있다.

아르헨티나 페미니즘은 #NiUnaMenos 이전과 이후로 나뉜다고 할 수 있을 만큼 #NiUnaMenos 이후 페미니즘이 아르헨티나 사회에 미친 영향은 지대하다. 아르헨티나에서 본격적으로 선거에서 남녀동수제를 도입하였으며, 입법부를 포함하여 행정부와 사법부에서도 동수제를 지향하고 이를 모니터링하는 체제가 도입되었다. 또한 교황의 모국이며 가톨릭문화의 전통이 뿌리 깊은 아르헨티나에서 낙태 합법화의 실현을 앞둔 상황이다.

이러한 변화는 우선 온라인 소통이 활성화된 기술적 환경 속에서 개인과 집단의 경험과 메시지가 빠르게 확산되고 공유될 수 있었다. 하지만 이를 오프라인에서 페미니즘 운동으로 확대하고 실질적인 변화를 이끄는 압력으로 작용하는 여론을 형성할 수 있었던 데에는 다양한 도구의 활용효과가 컸다고 볼 수 있다. 해시태그는 짧은 단어들로 페미니즘의 요구를 간단하고 명료하게 각인시키고 확산시켰으며, 색상스카프는 높은 활용도와 상징성이 빠른 메시지의 확산을 도울 수 있었다.

여기에 아르헨티나 페미니즘 운동의 역동성과 차별성의 기반은 전국적인 연대를 형성하는 플랫폼인 ENM이라고 볼 수 있다. 매년 개최되는 ENM은 사회, 경제적 지위와 직업, 거주지, 인종 등 모든 경계를 벗어난 광범위한 소통과 연대의 장이다. 이는 페미니즘의 요구가 구체적인 성과로 나타나도록 실제 사례를 수집하고, 논거를 구축하며 세부행동전략을 구축하는 공간으로서 기능한다. 오프라인 플랫폼은 다양한 소셜 네트워크와 매체를 통해 실시간으로 공유되고 확산되고 있다. 이러한 확산은 성별, 연령, 국적, 종족을 가리지 않고 파급효과를 지니면서 정치적 메시지가 담긴 유연하지만 강력한 투쟁 방법의 하나로 활용된다. 아르헨티나에서는 ENM과 함께 자율적이고 수평적인 다양한 페미니즘 단체들의 활동 등이 서로 어우러져 강력한 시너지 효과를 얻고 있다.

참고문헌

김민정 외. 2019. 「남녀동수 실현을 위한 추진기구 연구」. 한국여성의정.

김은주. 2019. 「제4물결로서 온라인-페미니즘: 동시대 페미니즘의 정치와 기술」. 《한국여성철학》, 제31호, 1~32쪽.

다트리, 안드레아. 2013. 「라틴아메리카 페미니즘 투쟁의 10년(2000~2010): 21세기 벽두에 거둔 성과와 과제」, 『2012년 라틴아메리카: 정치안정과 경제회복』. 서울대학교 라틴아메리카연구소, 57~193쪽.

윤지영. 2019. 「페미니즘 지각변동: 새로운 사유의 터, 페미니즘 대립각들」. 《문화와사회》, 제27권 1호, 7~75쪽.

이순주. 2005. 「남미 민주화 과정과 여성의 역할: 아르헨티나와 칠레의 사례를 중심으로」. 《국제지역연구》, 제9권 4호, 189~210쪽.

______. 2019. 「아르헨티나 동수민주주의 도입에 관한 연구」. 《이베로아메리카연구》, 제30권 3호, 199~229쪽.

장우영 외. 2009. 「디지털 융합시대 온라인 사회운동 양식의 변화와 의미」. 정보통신정책연구원.

조선정. 2014. 「포스트페미니즘과 그 불만: 영미권 페미니즘 담론에 나타난 세대론과 역사 쓰기」, 《한국여성학》, 제30권 4호, 47~76쪽.

Arbat, Sandra. 2018. "Por qué el color violeta es el verdadero símbolo de la marcha feminista del Día de la Mujer." https://www.lavanguardia.com/de-moda/feminismo/20180306/441315715416/dia-mujer-8-marzo-huelga-feminista-color-violeta.html.

Berruz, Stephanie Rivera. 2018. "Latin American Feminism." In The Stanford Encyclopedia of Philosophy, edited by Edward N. Zalta, Winter edition. Stanford, CA: Metaphysics Research Lab, Stanford University. https://plato.stanford.edu/archives/win2018/entries/feminism-latin-america/.

Bruno, Javier Perira. 2006. "Third World Critiques of Western Feminist Theory in Post-development Era," The Univ. of Texas at Austin.

Christensen, DeAnna. 2019. "The Women of Nosotras Proponemos: Art Feminism in Argentina," https://plas.princeton.edu/news-events/news/women-nosotras-proponemos-art-feminism-argentina.

Clarín.com. 2018. "Por las dos vidas: Se lanzó el partido Celeste, la primera fuerza en contra del aborto," https://www.clarin.com/politica/lanzo-partido-celeste-primera-fuerza-aborto_0_S1yRU-QPQ.html.

D'Atri. Andrea. 2007. "Chap.2, Re-politicization of the Women's Movement and Feminism in Argentina: The Experience of Pan y Rosas" in Alpízar Durán, Lydia, Payne, Noël D., & Russo, Anahi. (Eds). *Building Feminist Movements and Organizations. Global perspectives.* London/New York: Zed Books.

Drucker, Sally Ann. 2018. "Betty Friedan: The Three Waves of Feminism." http://www.ohiohumanities.org/betty-friedan-the-three-waves-of-feminism/.

Fernández Irusta, Diana. 2016. "El feminismo se reinventa, entre la Red y la calle." https://www.lanacion.com.ar/opinion/el-feminismo-se-reinventa-entre-la-red-y-la-calle-nid1902777.

Flaquet, Jules. 2003. "La ONU ¿Aliada de las mujeres? Un análisis feminista del sistema de las organizaciones internacionales," en *Multitudes*, No.1, Paris.

Gargallo, Francesca. 2007. "Feminismo Nuestro Americano," *Revista Venezolana deestudios de la mujer*, Vol.28, Caracas, pp.17~34.

Hellerstein, Erica(none), 2019. "Some say Argentina is in the midst of a feminist revolution. Activists are gaining ground in the fight to legalize abortion," https://www.thelily.com/some-say-argentina-is-in-the-midst-of-a-feminist-revolution-activists-are-gaining-ground-in-the-fight-to-legalize-abortion/.

Kauppert, Phillip y Ina Kerner. 2016. "Un feminismo político para un futuro mejor." *Nueva Sociedad*, No.265, septiembre-octubre, pp.77~88.

Kirkwood, Julieta. 1986. *Ser política en chile: Las feministas y los partidos*, Santiago de Chile: FLASCO.

Londoño, Ernesto. 2019. "'A Caricature of the Patriarchy': Argentine Feminists Remake Tango," https://www.nytimes.com/2019/10/05/world/americas/argentina-tango-gender. html.

Martínez, Pilar Rodríguez. 2006. *Feminismos periféricos: discutiendo las categorías sexo, clase y raza* (y etnicidad), Alhuila.

Natalucci, Ana y Julieta Rey. 2018. "¿Una nueva oleada feminista? Agendas de género, repertorios de acción y colectivos de mujeres(Argentina, 2015-2018)," *Revista de Estudios Politicos y Estratégicos*, Vol.6, No.2, pp.14~34.

Nijensohn, Malena. 2017. "Por un feminismo radical y plural: Repensando las coordenadas teóricas y políticas de un nuevo feminismo desde una lectura cruzada de Judith Butler, Ernesto Laclau y Chantal Mouffe," *Cadernos pagu*, Vol.54, e185411.

Osborn, Catherine. 2019. "Feminism Is Uniting Argentina's Left and Right," Foreign Policy.com, https://foreignpolicy.com/2019/10/23/argentina-elections-left-and-right-empowerwomen-address-economic-problems/.

Paulon, Esteban. 2020. "Ahora sí el aborto será ley," https://www.infobae.com/opinion/2020/03/16/ahora-si-el-aborto-sera-ley/.

Rogan, Frances & Shelley Budgeon. 2018. "The Personal is Political: Assessing Feminist Fundamentals in the Digital Age," *Social Science*, 7, 132, https://www.mdpi.com/journal/socsci.

Rottenberg, Catherine. 2014. "The rise of neoliberal feminism." *Cultural Studies*, Vol.283: 418~437.

Snyder, R. Claire. 2008. "What Is Third-Wave Feminism? A New Directions Essay." *Signs*, Vol.34, No.1, pp.175~196.

Sorj, Bernardo y Sergio Fausto. 2016. *Activismo político en tiempos de internet*, São Paulo: Edições Plataforma Democrática.

Telesur. 2018. "5 Significant Women-led Social Movements in Latin America in 2018," https://www.telesurenglish.net/news/5-Significant-Women-Social-Movements-in-Latin-America—in-2018-20190308-0020.html.

Tomé, Danila Suárez. 2019.2.28. "El mar proceloso del feminismo: ¿En qué ola estamos?" https://economiafeminita.com/en-que-ola-estamos/.

García, Carmen Teresa y Magdalena Valdivieso. 2005. "Una aproximación al Movimiento de Mujeres en América Latina. De los grupos de autoconciencia a las redes nacionales y trasnacionales," *OSAL, Observatorio Social de América Latina*(año VI no.18 sep-dic 2005), CLACSO: Buenos Aires.

Waisberg, Pablo. 2002. "ARGENTINA: Workers Take Factories into Their Own Hand," https://corpwatch.org/article/argentina-workers-take-factories-their-own-hands.

"34º Encuentro Nacional de Mujeres | La Plata 2019," http://encuentrodemujeres.com.ar/.

"Campaña Nacional por el Derecho al Aborto Legal Seguro y Gratuito." http://www.abortolegal.com.ar/category/actividades/.

http://womensuffrage.org/?page_id=109.

4장

육체적 페미니즘

미국 페미니즘의 새로운 경향*

김욱 · 이정진

1. 들어가며

페미니즘이 새로운 변화를 경험하고 있다. 이러한 변화는 전 세계에서 동시다발적으로 진행되고 있지만, 그 변화를 주도하는 것은 미국이다. 이 글의 목적은 미국 페미니즘의 새로운 경향을 소개하는 데에 있다. 사실 미국 페미니즘의 최근 변화는 여러 각도에서 다양한 영역에서 진행되고 있기 때문에 그 모든 것을 담는 데에는 한계가 있다. 따라서 이 글에서는 다양한 새로운 변화 중에서도 몸, 육체, 물질을 중시하는 소위 육체적 페미니즘 혹은 물질주의 페미니즘을 중점적으로 소개하고자 한다.

페미니즘 이론에서 몸과 육체는 항상 중심적인 역할을 수행해 왔다. 많은 사회이론가들이 몸의 부상을 근대의 특징으로 파악하고 있는데, 실제로 몸이 이성보다 열등한 것으로 취급되던 근대 이전의 관행에서 벗어나 몸을 사유의 중심에 놓고 진지하게 고찰하기 시작한 데에는 페미니즘이 크게 기여했

* 이 장은 《정치·정보연구》 제23권 1호(2020)에 실린 논문을 수정한 것이다.

다고 볼 수 있다. 특히 제2의 물결 페미니스트들은 낙태, 피임, 출산 등과 관련하여 여성의 몸의 자율권을 주장하였고, 여성 건강권 및 여성 몸의 독자적 쾌락을 위한 권리 등을 주장하였다(전혜은, 2008).

그런데 1990년대에 들어 미국을 중심으로 소위 포스트모던(post-modern) 페미니즘 혹은 제3의 물결 페미니즘이 번성하면서, 몸과 육체의 중요성은 오히려 경시되는 경향을 보여왔다. 포스트모던 페미니스트들은 몸, 육체, 물질, 현실 자체보다는 이러한 물질이 어떻게 문화, 언어 등을 통해 사회적으로 구성되는가에 초점을 맞추어왔던 것이다. 예를 들어, 대표적인 포스트모던 페미니스트인 주디스 버틀러(Butler, 1990; 1993)의 경우 (그녀가 의도했건 안 했건) 문화, 언어, 사회적 구성, 재현을 강조하면서 육체, 물질, 현실 등을 주변부에 위치하게 만들었다는 비판을 받고 있다(Alaimo and Hekman, 2008).

이에 대한 반향으로서 최근 20여 년 동안 몸과 육체 그 자체의 중요성을 강조하는 페미니스트들이 미국에서 부상하고 있다. 그렇다고 이들이 근대로의 회귀를 주장하는 것은 결코 아니다. 이들은 탈근대주의 혹은 포스트모던 페미니즘의 성과를 부분적으로 인정한다. 다만 사회적 구성을 지나치게 강조하면서 육체의 중요성을 간과한 것을 비판하면서, 육체와 사회적 구성 양자가 서로 상호작용하고 있음을 다시 한 번 강조하는 것이다. 이들이 아직 페미니즘의 새로운 이론이나 모형을 만들어냈다고는 할 수 없지만, 이들이 페미니즘이 앞으로 나아가야 할 새로운 방향성을 모색하고 제시한다는 점에서 기여하는 바가 크다고 할 수 있다.

이 글은 다음과 같이 구성되어 있다. 다음 2장에서는 1990년대에 등장한 몸과 육체를 강조하는 대표적인 페미니스트 이론 두 가지를 소개한다. 이 두 이론은 뒤에 소개할 최근의 동향과 논의를 위한 출발점이 된다고 할 수 있다. 3장에서는 최근 20년간 미국 페미니즘의 가장 두드러진 특징이라고 할 수 있는 육체와 물질의 재강조 동향을 소개한다. 이러한 새로운 움직임을 주도하고 있는 이들의 주요 특징을 소개하고, 또한 주요 연구 결과 몇 가지를 간략하게 소개한다. 4장에서는 이러한 새로운 이론적 경향이 미국 페미니스트 운동 및 주요 이슈에 미치는 영향력을 논의한다. 마지막 5장에서는 이 글의 주요 내용을 요약하고 한국의 페미니즘과 페미니스트 운동에 주는 시사점을 논의한다.

2. 1990년대 육체적 페미니즘 이론: 버틀러와 그로츠

1990년대에 들어 몸과 육체를 강조하는 페미니스트 이론가들이 등장했다. 대표적인 두 이론가로 버틀러(Butler, 1990; 1993)와 그로츠(Grosz, 1994)를 꼽을 수 있다. 두 사람 모두 몸의 중요성을 강조했다는 점, 그리고 인간의 몸이라는 물질과 사회문화적 요인이 상호작용하고 있다는 사실을 인정하고 있다는 점에서 공통점이 있다. 그러나 일반적으로는 버틀러가 몸 자체보다는 사회적 구성에 더 초점을 맞추고 있으며, 반면에 그로츠는 몸과 육체가 가지고 있는 본질적인 물질성과 그에 따른 생물학적 과정의 독자성에 더 많은 무게를 싣고 있다고 평가된다(Fausto-Sterling, 2001). 여기서는 두 사람의 이론을 간략히 소개하고 비교하고자 한다.[1]

1) 버틀러의 이론

버틀러는 몸이라는 물질이 페미니즘 사상에서 차지하는 중요성을 다시 되

1 버틀러의 이론과 그로츠의 이론을 비교한 국내 연구로는 전혜은(2008)을 들 수 있다. 그녀는 두 이론을 새롭게 재해석하면서 두 이론에 대한 기존의 평가에 대한 재평가를 시도하고 있다. 특히 그녀는 그로츠에 비해서 버틀러가 육체보다 사회적 구성에 무게 중심을 두고 있다는 일반적인 평가에 대해 의문을 제기하면서, 두 이론가를 평면적으로 비교하는 것이 적절하지 못하다는 의견을 제시하고 있다.

찾고자 하였다. 그녀는 왜 물질성이라는 개념이 환원 불가능한 것(irreducible)을 의미하게 되었는지 반문하면서, 물질성이 사회적 구성을 도와줄 뿐만 아니라, 물질성 그 자체가 사회적으로 구성될 수 있음을 강조하였다.

일단 버틀러는 물질적 몸에 대해서 논의할 필요성이 있음을 역설한다. 인간의 몸에는 호르몬, 유전자, 전립선, 자궁 등이 분명히 존재하며, 이러한 몸의 부분들을 통해 우리는 여성과 남성을 구분할 수 있으며, 더 나아가 이러한 측면에서의 차이가 다양한 성적 경험과 욕망이 발생하는 근거를 부분적으로 마련해 주고 있다는 것이다.

그러나 버틀러의 핵심 주장은 이러한 인간의 몸이란 물질이 사회화 혹은 남성과 여성에 대한 담론 '이전'에 존재하는 것이 아니라는 것이다. 그녀에 따르면, 몸이라는 물질 그 자체가 이미 "성과 섹슈얼리티에 대한 사회적 담론에 의해 침전되어 있으며, 이러한 담론이 이러한 생물학적 용어들이 사용되는 방식을 미리 결정하고 제한한다"라는 것이다(Butler, 1993: 29).

이처럼 물질이 이미 성과 섹슈얼리티에 대한 개념을 포함하기 때문에, 성적 발전과 분화에 대한 과학적이고 객관적인 이론을 세울 수 있는 중립적인 근거가 될 수 없다는 것이다. 그러나 버틀러는 몸과 관련된 물질성이 가지는 유용성을 인정하면서, "생물학, 해부학, 생리학, 호르몬, 화학적 구성물, 질병, 노화, 체중, 신진대사, 삶과 죽음 등과 같은 영역을 부정할 수 없다"라고 말하고 있다(Butler, 1993: 66).

몸과 물질에 대한 버틀러의 관점을 요약하자면 다음과 같다. 인간의 섹슈얼리티를 논하는 데에서 물질 개념을 제외할 수 없으나, 물질 개념 그 차제가 이미 훼손되어 있으며 성적 차이에 대한 기존의 생각들을 포함하고 있다는 것이다. 따라서 그녀에 따르면, 몸과 육체는 사회적 의미를 생산하면서 동시에 그에 의해 생산되는 하나의 체제로 이해되어야 한다는 것이다(Fausto-Sterling, 2001: 23). 즉 자연(nature)과 양육(nurture) 혹은 물질과 사회적 구성은 분리할 수 없으며, 서로 상호작용하고 있는 하나의 체제라는 것이다.

2) 그로츠의 이론

엘리자베스 그로츠(Elizabeth Grosz)는 물질과 사회적 구성이 상호작용하고 있음을 인정한다는 점에서 버틀러와 공통점이 있지만, 사회적 의미 이전에 존재하는 생물학적 과정의 독자성을 어느 정도 인정하고 있다는 점에서 차별성을 갖는다. 그녀는 생물학적 본능과 욕구가 섹슈얼리티의 발전을 위한 일종의 원자료(raw material)를 제공한다고 생각한다. 그러나 이러한 원자료만으로는 불충분하며, 이는 일련의 사회적 의미를 제공받아야만 성적 발전이 이루어질 수 있다는 것이다. 그로츠는 분명히 인간의 몸 밖에서 기원하고 있는 사회성과 의미가 어떻게 생리적 태도와 의식적, 무의식적인 행태에 포함되는가를 이해하고자 시도하였다.

그로츠는 몸과 마음이 서로 함께 연결되는 방식을 비유적으로 표현하기 위해 뫼비우스의 띠를 사용한다(Grosz, 1994). 그녀에 따르면 뇌, 근육, 성기, 호르몬 등과 같은 몸은 이 띠의 내부를 구성하고 있으며, 문화와 경험은 외부 표면을 구성하고 있다. 그러나 뫼비우스의 띠의 이미지가 보여주듯이, 내부와 외부는 연속적으로 계속적으로 이어져 있으며, 내부와 외부 사이를 쉽게 이동할 수 있는 것이다.

뫼비우스의 띠의 비유를 계속 사용하면서, 그로츠는 몸이 정신을 창출한다고 생각한다. 예를 들어, 성본능(libido)이 일종의 '마커 펜' 역할을 하며, 욕망이라는 내부 구조까지 도달하는 생물학적 과정이 이루어진다는 것이다. 바로 이러한 이유 때문에 그로츠는 몸과 물질의 독자성을 중시하는 본질주의자로 평가되고 있다.

이처럼 정신과 마음에 비해 물질의 상대적 중요성을 강조하고 있지만, 그로츠 또한 자연 대 양육이라는 인간 발전의 이분법적 모델을 거부하고 있다. 한편으로는 우리가 인간 몸의 유연성(pliability)이 가지는 범위와 한계를 이해하지 못하고 있다는 점을 인정하면서, 그녀는 우리가 단순히 "환경, 문화, 역사를 빼버리고 자연 혹은 생물학"으로 돌아갈 수 없다고 주장하고 있다(Grosz, 1994). 이러한 점에서 그로츠는 버틀러와 마찬가지로 물질과 사회적 구성 양자의 분리불가능성과 상호작용성을 주장하는 것이다.[2]

3. 21세기 연구 동향: 육체와 물질의 강조

1) 최근 연구 동향

21세기에 들어서도 인간의 몸, 특히 여성의 몸에 대한 페미니스트들의 관심은 계속되었다. 소위 포스트모던 페미니스트들은 앞에서 소개한 버틀러의 이론을 수용하면서, 인간의 몸과 섹슈얼리티가 어떻게 사회적으로 구성되는가에 초점을 맞추었다. 그들은 특히 이러한 사회적 구성 과정에서 담론과 언어의 중요성을 강조했는데, 그래서 이를 현대적인 "linguistic turn"(언어적 전환)이라고 부르기도 한다. 이러한 포스트모던 페미니스트들은 많은 업적을 쌓았으며, 특히 권력, 지식, 주관성과 언어 사이에 존재하는 상호연관성을 분석해 냈고, 나아가 새롭고 유용한 관점에서 젠더를 이해할 수 있도록 해주었다.

그런데 보다 최근에는 이러한 포스트모던 페미니스트들의 성과를 인정하면서도 그들이 암묵적으로 보여온 물질에 대한 경시를 비판하면서, 육체와 물질의 중요성을 다시 강조하는 페미니스트들이 늘어나고 있다. 이들은 소

---

2 그로츠는 사회적으로 구성된 성, 즉 젠더(gender) 개념을 폐기한 것으로 평가받고 있으며, 그로 인해 일부 페미니스트들의 비판을 받고 있다. 그러나 그녀가 젠더 개념을 폐기한 것은 사회적 구성의 중요성을 무시해서가 아니라, 물질과 사회적 구성의 분리불가능성으로 인해 이미 생물학적 성인 섹스(sex)라는 개념 자체에 사회적 구성이 포함되어 있다고 보는 것이다. 따라서 굳이 젠더라는 개념을 별도로 사용할 필요 없이, 성(sex)과 섹슈얼리티(sexuality)라는 개념만으로도 충분하다는 것이다.

위 "material turn"(물질로의 전환)의 필요성을 역설하면서, 물질과 육체의 경시가 페미니즘의 위기를 가져왔다고 주장한다. 다시 말하면, 포스트모던 페미니스트들은 다양한 분야에서 과거 관행의 문제점을 인지하고 비판하며, 특히 여성을 폄하하는 개념들을 파괴하는 데에는 많은 성과를 가져왔지만 페미니즘의 나아가야 할 방향을 제시하는 데에는 실패했다고 보는 것이다 (Alaimo and Hekman, 2008).

이들은 앞에서 언급한 자연과 양육, 혹은 물질과 사회적 구성의 분리불가능성과 상호작용성을 인정하면서도 물질이 가지는 독자적 중요성을 인정하고 있다.[3] 그러한 면에서 이들은 버틀러보다는 그로츠의 이론에 더 친화적이라고 할 수 있다. 그렇다고 물론 이들이 근대로의 회귀를 주장하는 것은 결코 아니다. 물질의 중요성을 강조하는 한 페미니스트의 표현을 그대로 빌리면 (Heckman, 2008: 91):

> 언어가 **분명히** 우리의 현실을 구성하고 있다. 그러나 이제 우리가 발견하고 있는 사실은 그것이 전부가 아니라는 것이다. 이러한 구성에서 언어는 다른 요인들과 상호작용하고 있다. … 우리가 필요한 것은 근대주의자가 그랬던 것처럼 언어를 무시하는 이론이 아니고 언어, 물질성, 그리고 기술까지도 모두 포함하는 보다 복잡한 이론이다.

이처럼 몸과 물질의 중요성을 강조하는 페미니스트들은 다양한 부류로 구성되어 있지만, 일단 페미니스트 육체 이론가들, 환경주의 페미니스트, 페미

---

3 이들이 말하는 자연과 양육, 혹은 물질과 사회적 구성의 긴밀한 상호작용은 학자에 따라 여러 가지 용어로 표현되고 있다. 적절한 번역이 힘들어 원어 그대로 몇 가지만 소개하자면, 'contingency', 'complication', 'coevolution', 'mutuality', 'intra-action', 'dynamic systems', 'embeddedness' 등이다. 용어가 무엇이 되었든 이들이 공통적으로 강조하는 것은 자연과 문화는 서로 뗄 수 없이 뒤엉켜 있다는 것이다.

니스트 과학 연구자들이라는 세 가지 유형으로 구분할 수 있다.[4] 그리고 보다 세부적으로는, 이들은 육체적 페미니즘(corporeal feminism), 물질주의 페미니즘(material feminism),[5] 거트 페미니즘(gut feminism), 초육체적 페미니즘(trans-corporeal feminism) 혹은 발전체계이론(developmental systems theory) 등 다양한 형태와 용어의 틀 안에서 연구하고 있다.

이러한 내부적 다양성이 있음에도, 이들에게서 공통적으로 발견되는 특징은 자연과학적 접근법의 강조이다. 이들은 페미니즘에 생물학(진화생물학과 사회생물학도 포함), 생리학, 약학, 신경과학 등과 같은 자연과학을 접목시켜야 하고, 단순한 언어적 유희나 비판이 아닌 하드데이터(hard data)에 근거한 과학적 접근방법을 강조하고 있다. 이들의 상당수가 자연과학에서 훈련을 받은 생물학자, 심리학자, 신경과학자, 과학철학자인 것은 결코 우연이 아니다.

2) 주요 연구 결과 소개

이 글에서 이러한 새로운 연구 결과를 모두 소개할 수는 없고 과학적 접근법을 강조하는 대표적인 연구 몇 가지만 간략히 소개하고자 한다. 첫째는 파우스토-스털링(Fausto-Sterling, 2001)의 저서, 『섹싱 더 보디(Sexing the Body)』

---

4 여기에 포함되는 대표적인 페미니스트들로는 해러웨이(Donna Haraway), 커비(Vicky Kirby), 윌슨(Elizabeth Wilson), 바라드(Karen Barad), 파우스토-스털링(Anne Fausto-Sterling), 알레이모(Stacy Alaimo). 콜브룩(Claire Colebrook), 오야마(Susan Oyama) 등이 있다.

5 특히 물질주의 페미니즘으로 분류되는 학자들 중 일부에서는 매우 파격적인 주장도 발견된다. 예를 들어, 그동안 페미니스트들이 경원시해 왔던 다윈의 진화론의 비결정론적 측면을 수용해야 한다는 주장도 있고(Grosz, 2008), 우리가 문화라고 생각한 것이 결국엔 자연이었다는 주장도 있다(Kirby, 2008). 보다 자세한 내용은 Alaimo and Hekman(2008)을 참조하라.

이다. 생물학자이면서 동시에 페미니스트인 그녀는 남성 - 여성, 섹스 - 젠더, 실제 - 구성, 자연 - 양육 등과 같은 이분법적 구분을 부정하면서 이 둘을 통합적으로 연결하는 접근법, 소위 발전체계이론(developmental systems theory)[6]을 주장하면서, 인간의 성적 발달을 과학적 방법을 통해 연구하고 있다.

그녀의 주요 발견을 몇 가지만 간단히 소개하자면, 첫째, 남성과 여성의 이분법적 구분은 잘못된 것인데, 이는 인터섹슈얼(intersexuals)[7]의 존재를 통해 경험적으로 확인할 수 있다. 그녀에 따르면 이러한 생물학적 특이자들은 인류 역사에서 다양한 형태로 존재해 왔는데, 최근까지 이들은 부분적으로 수용되거나, 부정되거나, 조롱 받거나, 혹은 수술을 통해 교정되어 왔다는 것이다. 오직 2개의 성만이 존재한다는 사회적 인식은 뇌와 호르몬 분야에서의 생물학적 연구에 영향을 미쳤는데, 예를 들어 우리가 당연시하고 있는 섹스 호르몬(안드로진, 에스토로진)이 실제로는 성과 무관한 기능도 많이 수행하는 것으로 최근 밝혀지고 있다고 한다.

둘째, 실험용 쥐(rodent)를 활용한 실험 결과, 각각의 성에서 매우 다양한 성적 행동이 발견될 뿐만 아니라 수놈과 암놈 모두가 특정한 조건하에서는 교미 시 수놈의 행동(올라타기)과 암놈의 행동(척추 구부리기) 양자를 모두 한다는 사실이 발견되었다. 이러한 실험 결과를 근거로, 남성성과 여성성을 한 차원에서 구분하는 선형(linear) 모형에 반해서, 남성성과 여성성이 2개의 다른 차원에서 존재한다는 직각형(orthogonal) 모형이 제시되고 있다. 이 모형에 따르면, 여성성과 남성성이 상호 배타적일 필요가 없으며, 남성성과 여성성 모두가 발달할 가능성도 있다는 것이다. 이러한 모형을 인간에게 적용한다면 동성애, 양성애, 트랜스섹슈얼리티, 인터섹슈얼리티를 이해하는 것이

---

6 발전체계이론은 많은 사람들에 의해서 주창되어 왔는데, 대표적인 저작으로는 오야마(Oyama, 2000)를 들 수 있다.

7 인터섹슈얼은 과거에 자웅동체(hermaphrodites)라고 불렸다. 최근에는 중간의 성이라는 의미에서 간성이라고 번역되기도 하나, 일반적으로는 원어 그대로 쓰고 있다.

그리 어렵지 않다는 것이다.

또 한 가지 흥미로운 연구 결과는 심리학자이자 신경과학자인 윌슨(Wilson, 2015)에 의해서 제시되고 있다. 자신의 저서 『거트 페미니즘(Gut Feminism)』에서 윌슨은 우울증과 공격성이라는 현상을 페미니스트 관점, 그리고 신경학적 관점에서 연구하고 있다. 우울증은 보통 남성보다는 여성에게서 많이 발견되는 현상인데, 이는 인간의 내분비기관인 거트(gut) 및 거기서 만들어지는 세로토닌이라는 물질과 연관이 있으며 동시에 사회문화적 환경의 영향도 많이 받는 것으로 알려지고 있다.

윌슨은 자신의 저서에서 인간의 몸 내부에서 이루어지는 거트와 뇌와의 상호작용, 그리고 나아가서는 몸과 사회적 환경 간의 긴밀한 상호 작용을 탐구하고 있으며, 동시에 생물학적 자료가 페미니즘 이론에 매우 유용할 수 있음을 주장하고 있다. 특히 그녀는 프로작(prozac)이라는 우울증 치료제가 나온 이후 그 판매량이 전 세계적으로 계속 증가하고 있다는 자료를 제시하면서, 그 원인을 추적하는 데에서 자연과 문화 간의 긴밀한 연관성을 보여준다. 또한 프로작 치료제의 사용이 급증하고 있음에도 여전히 우울증을 사회문화적 질병으로 해석하는 사회적 관념을 지적하고 있다.

마지막으로 환경주의 페미니스트 중 한 사람인 알레이모(Alaimo, 2008)의 연구를 소개하자면, 그녀는 인간의 몸을 인간 세계를 넘어서 보다 넓은 환경의 맥락에서 이해하고자 한다. 소위 초육체적(trans-corporeal) 페미니즘이라는 이름 아래서, 그녀는 인간의 몸이 비인간의 몸과 연결되어 있으며, 더 나아가 인간의 육체적 물질이 궁극적으로 환경과 분리될 수 없음을 주장한다.

자신의 주장을 뒷받침하는 사례로서, 알레이모는 초육체성의 시공(space-time of trans-corporality)이라는 개념을 제시하면서, 특히 인간의 몸에 독성이 쌓이는 현상을 설명하고 있다. 그녀의 치밀한 분석과 설명에 따르면, 독성화된 몸이라는 현상에는 환경주의, 인간의 건강, 사회 정의 등의 다양한 요인들이 분리 불가능할 정도로 서로 엉켜 있다. 왜냐하면 이것들은 정치적인 동시에 생물학적인 것이며, 또한 사회적인 동시에 물질적인 것이기 때문이다 (Alaimo, 2008).

4. 미국 페미니스트 운동과 여성의 몸: 섹슈얼리티와 관련된 주요 논쟁

페미니스트 이론과 페미니스트 운동은 밀접하게 연결되어 있지만, 새로운 이론 및 연구 결과가 페미니스트 운동에 즉각적으로 영향을 미치는 것은 아니다. 그럼에도 육체적 페미니즘 이론과 최근의 연구 결과들은 미국의 페미니스트 운동에 일정한 영향을 미치고 있다. 가장 근본적으로, 최근의 육체적 페미니즘 이론과 연구 결과들은 기존의 육체 담론을 해체하고 새로운 육체 담론을 구성하는 데 기여했다. 즉 과거와 같이 단순히 여성의 몸을 강조하는 것이 아니라 남성 - 여성, 섹스 - 젠더, 실제 - 구성, 자연 - 양육, 육체 - 정신 등과 같은 이분법적 사고, 생물학적 본질주의의 한계를 극복하면서 육체의 개념을 재정의한 것이다.

육체적 페미니즘 이론이 페미니스트 운동가들의 사고에 가장 직접적인 영향을 미친 분야는 아마도 섹슈얼리티와 관련된 주요 이슈일 것이다. 여기서는 동성애자, 양성애자 등 성 소수자 및 성 정체성 이슈, 포르노와 성매매 등 성 산업 종사자의 권리 이슈, 그리고 동성애자 결혼 이슈 등에 대한 미국 페미니스트들의 입장을 간략하게 살펴보고자 한다.

1) 성 소수자 및 성 정체성

미국에서의 동성애자 운동은 1960년대 출발할 때부터 여성운동과 밀접한 협력 관계를 맺고 시작하였다. 페미니스트 관점에서 볼 때, 동성애자는 여성과 마찬가지로 남성 우월주의의 피해자로 인식되었으며, 따라서 게이와 레즈비언 등 동성애자의 기본 권리를 인정해야 한다는 동성애자 운동은 여성운동과 쉽게 연합할 수 있었다. 실제로 사회적 혁명을 통해 남성 우월주의를 타파해야 한다는 소위 해방주의자(liberationists) 연합에는 동성애자 및 여성 단체뿐만 아니라 흑인 단체, 라티노 단체, 그리고 심지어 노동 단체들까지 모두 포함되어 있었다. 아직까지도 동성애자들에 대한 미국 페미니스트들의 우호적인 입장은 변함이 없다.

반면 양성애자 운동에 대한 페미니스트들의 입장은 갈라져 있다. 실제로 레즈비언 페미니스트들의 경우는 전통적으로 양성애자 운동에 대해 종종 적대적인 입장을 견지해 왔다. 그 이유는 레즈비언 페미니스트들은 남성과는 별도로 여성들 중심의 공동체 건설을 주장해 왔기 때문이다. 이러한 관점에서 볼 때, 양성애자들은 남성 우월주의적인 이성애 질서로부터 부분적으로 이득을 취하는 것으로 비판받았던 것이다.

그러나 최근에는 일부 페미니스트들을 중심으로 양성애자에 대해서도 우호적인 입장이 늘어나고 있다. 이들은 앞에서 언급한 육체적 페미니스트들의 이론과 연구 결과를 받아들이며, 성 정체성 자체가 생물학적으로 결정된 것이라기보다는 사회적으로 만들어진 것에 지나지 않는다고 믿는다. 따라서 이들은 성적·사회적 다양성을 옹호하는 입장이며 동성애자, 양성애자, 트랜스섹슈얼을 모두 포괄하는 성 소수자(LGBT: Lesbians, Gays, Bi-sexuals, and Trans-sexuals)의 권리를 인정해 주어야 한다고 생각한다. 다시 말하면, 이들은 성 정체성이라는 것 자체가 사회가 만들어낸 것으로, 굳이 이러한 구분 자체가 무의미하다고 믿고 있다(Seidman, 2014).

2) 성 산업 종사자 권리

포르노와 성매매를 중심으로 하는 소위 성 산업에 대해서 미국 페미니스트들은 일관되게 반대하는 입장을 견지해 왔다. 이는 남성 우월주의가 가장 적나라하게 드러나는 산업으로 이해되어 왔다. 포르노에 대한 페미니스트들의 주된 비판점은 포르노가 남성 우월주의와 폭력을 강화할 뿐만 아니라, 포르노 산업 자체가 남성 중심적으로 운영되면서 여성 종사자들은 제대로 보상받지 못하고 있다는 것이다(Seidman, 2014: 240~241). 비슷한 맥락에서, 성매매 종사자의 절대 다수가 여성인데 이러한 일은 인간 혹은 여성으로서의 존엄성을 훼손한다고 비판하는 것이다. 게다가 대부분의 성매매 종사 여성들은 자신의 선택에 의해서가 아니라 가난, 고소득 일자리에 대한 제한된 기회, 약물이나 알코올 중독, 가정을 부양해야 할 필요성 등으로 인해 이러한 일을 하도록 강요받고 있다는 것이다(Seidman, 2014: 257).

그러나 1980년대 대부분 여성으로 구성된 성 산업 종사자들의 옹호 단체(예를 들어 COYOTE: Call Off Old Tired Ethics)들이 활동하면서, 미국 여성단체들은 딜레마에 빠지게 되었다. 비록 성 산업의 구조가 남성 우월주의적임에는 틀림없으나, 이러한 여성들이 자신의 몸을 스스로 결정하고 통제할 권리를 인정하지 않는 것 또한 그들이 주장해 왔던 낙태권, 피임권 등과 논리적으로 모순되기 때문이었다. 게다가 여성의 성 해방 분위기, 그리고 성과 섹슈얼리티의 다양한 형태를 주장하는 연구 결과들이 나오면서, 포르노 및 성매매 합법화에 대한 미국 페미니스트들의 입장에 균열이 발생하게 된 것이다. 여전히 미국의 다수 페미니스트들은 포르노 및 성매매 합법화에 반대하는 입장이지만, 이들 성 산업 종사자들의 권리를 인정해야 한다는 입장을 가진 페미니스트들이 최근 들어 늘고 있는 것이다.

실제로 미국 사회에서 성에 대한 사회적 관념은 급속하게 바뀌고 있다. 결혼 및 재생산을 위한 전통적 성 관념이 사랑을 위한 성 관념으로 바뀐 지는 오래이며, 최근에는 성 행위를 즐거움과 자기표현의 수단으로 이해하는 사람들이 늘어나고 있다. 그리고 인간의 섹슈얼리티가 사회적으로 구성된 것이라는 현대의 육체적 페미니스트들의 관점에서도, 성과 섹슈얼리티의 다양한 형태와 표현을 인정하지 않을 수 없는 것이다. 이러한 측면에서 볼 때, 포르노 혹은 성매매 그 자체가 반드시 인간의 존엄성을 훼손한다고 할 수는 없을 것이다. 다만 성 산업 전반에 만연하고 있는 남성우월주의를 개선해야 한다는 페미니스트들의 비판은 계속 유효하다고 할 수 있다.

3) 동성애자 결혼

앞에서 언급한 미국의 동성애자 운동이 성공을 거두면서, 1980년대 중반에 와서는 게이와 레즈비언들은 자신들에 대한 사회적 편견 타파를 넘어 모든 분야에서 완전한 법적·사회적 평등을 추구하게 되었다. 그들은 직장에서, 학교에서, 군대에서, 가정에서, 그리고 대중매체에서도 평등하게 대우받을 권리를 주장하게 되었다. 그리고 1990년대에 들어서는 드디어 동성애자 간 결혼이 주요 이슈로 등장하게 되었는데, 그 배경에는 1960년대와 1970년대 동성애자 운동에 참여했던 젊은 층이 1990년대에 들어 중년이 되면서 이성애자들과 마찬가지로 가정이라는 틀 안에서 장기적이고 안정적인 관계를 추구하고자 하였기 때문이었다. 실제로 많은 동성애자 커플들은 입양이나 인공 수정을 통해 아이들 양육에도 관심을 가지게 되었다(Seidman, 2014: 262).

오늘날 동성애자 결혼 문제는 미국뿐만 아니라 전 세계적으로 이슈가 되고 있다. 많은 국가들(덴마크, 독일, 캐나다, 핀란드, 아르헨티나 등)이 이미 동성애자 결혼을 법적으로 허용하거나 혹은 동성애자 관계를 법적으로 인정하는 조치를 취하였다. 미국의 경우는 다른 국가들에 비해 이 문제에 대한 논쟁이 특히 뜨거웠는데, 보수적 기독교 단체에 의한 반대 논리와 진보 진영의 찬성 논리가 법정은 물론 대중매체 및 여론에서 오랫동안 진행되어 왔다. 지난 2015년 연방 대법원이 동성애자 결혼이 합헌이라는 결정을 내린 바 있지만, 여전히 이 문제는 미국 사회의 뜨거운 논쟁거리로 남아 있다.

동성애자 결혼에 대한 미국 페미니스트들의 입장은 우호적이다. 앞에서 살펴본 바와 같이, 페미니스트들은 동성애자 운동 출발 당시부터 동성애자들과 협력 관계를 맺었기 때문에 동성애 결혼에 대해 찬성하는 것은 당연하다고 할 수 있다. 특히 이들은 결혼이라는 제도 자체가 전통적으로 포함하고 있는 남성우월주의적 요소에 반대하고 있으며, 당사자의 젠더를 뛰어넘어서 서로 평등한 관계에 기반한 동성애 결혼을 지지하고 있는 것이다.

그런데 최근 일부 페미니스트들은 동성애자 결혼 합법화에 대해 내부적으로 반대 목소리를 내고 있다. 물론 이들이 보수적 종교단체와 같이 동성애 결혼을 사회적 위협으로 보고 있는 것은 아니다. 이들은 결혼이라는 제도 자체가 개인의 선택과 다양성을 위협하고 있다고 생각한다. 현재는 결혼이 국가에 의해 운영되는 제도로서 결혼이라는 제도 안에 들어온 사람에게만 특별한 권리와 사회적 혜택을 부여하고 있는데, 이러한 차별을 타파해야 한다는 것이다. 따라서 이들은 결혼 여부와 상관없이 이러한 혜택들을 제공해야 한다고 믿으며, 보다 구체적으로는 이러한 혜택이 모든 개인이 받을 수 있는 보편적인 권리가 되도록 만들거나, 혹은 많은 유럽 국가에서와 같이 동거를 포함한 다양한 형태의 친밀한 관계에 적용될 수 있도록 해야 한다고 주장한다 (Seidman, 2014).

5. 요약 및 시사점

페미니스트들에게 몸과 육체는 오랫동안 불편한 존재였다. 과거 서양의 문화에서는 여성의 몸이 남성의 몸에 비해 자연에 가까운 것으로 여겨졌으며, 이는 암묵적으로 여성이 남성보다 열등함을 시사하였다. 그리고 실제로 몸과 이를 연구하는 생물학은 한때 인종차별주의와 남성우월주의를 정당화하는 도구로 사용되기도 했다. 아주 오랫동안 페미니스트들이 육체와 생물학을 경원시해 왔던 것은 당연하다고 할 수 있다.

제2의 물결 급진주의 페미니즘이 등장하면서 여성의 몸에 대한 부정적인 인식이 다소 사라지게 되었다. 이들은 낙태, 피임, 출산 등과 관련하여 여성의 몸에 대한 자기 결정권을 주장하기 시작하였고, 비로소 여성의 몸과 육체를 감추거나 부끄러운 것이 아니라 당당하게 내세우고 주장할 수 있게 된 것이다. 특히 여성만이 출산을 할 수 있다는 사실을 들어 여성의 우월성을 강조하기도 했다.

그러나 여성의 몸에 대한 페미니스트들의 본격적인 연구가 시작된 것은 1990년대 앞에서 언급한 버틀러와 그로츠의 두 이론이 등장하면서부터이다. 그 이후 버틀러의 이론에 영향을 받은 소위 포스트모던 페미니스트들은 몸과 육체를 탐구하면서도 인간의 몸과 섹슈얼리티가 언어와 문화를 통해 어떻게 사회적으로 구성되는가에 초점을 맞추었을 뿐, 육체와 물질 자체가 독자적으로 가지는 중요성은 인정하지 않았다.

21세기에 들어서 육체와 물질의 중요성을 다시 강조해야 한다는 페미니스트들이 늘어나고 있다. 이들은 포스트모던 페미니스트들의 성과를 부분적으로 인정하면서도 그들이 암묵적으로 보여온 육체와 물질에 대한 경시를 비판하면서, 소위 '물질로의 전환'이 필요하다고 역설한다. 이들은 자연과 양육, 혹은 물질과 사회적 구성의 분리불가능성과 상호작용성을 인정하면서도 육체와 물질이 가지는 독자적 중요성을 강조한다.

이처럼 몸과 물질의 중요성을 강조하는 페미니스트들은 다양한 부류로 구성되어 있지만, 이들에게서 공통적으로 발견되는 특징은 자연과학적 접근법의 강조이다. 이들은 페미니즘에 생물학(진화생물학과 사회생물학도 포함), 생리학, 약학, 신경과학 등과 같은 자연과학을 접목시켜야 한다고 믿는다. 그리고 단순한 언어적 유희나 비판이 아닌 하드데이터(hard data)에 근거한 과학적 접근방법을 강조한다. 앞에서 소개한 소수의 연구에서 알 수 있듯이, 이들 중 상당수는 자연과학에서 훈련을 받은 생물학자, 심리학자, 신경과학자들로서 자료를 통해 자신들의 주장을 뒷받침하려고 노력하고 있다.

이러한 최근 육체적 페미니즘 이론과 연구 결과들은 미국의 페미니스트 운동에도 일정한 영향을 미치고 있다. 물론 새로운 이론 및 연구 결과가 페미니스트 운동에 즉각적으로 영향을 미치는 것은 아니지만, 육체적 페미니즘 이론과 최근의 연구 결과들은 섹슈얼리티와 관련된 주요 이슈에서 페미니스트 운동가들의 사고에 영향을 미치고 있다. 그에 따라 미국의 페미니스트 운동가들은 동성애, 양성애자를 포함한 성 소수자 및 성 정체성 이슈, 포르노와 성매매 등 성 산업 종사자의 권리 이슈, 그리고 동성애자 결혼 이슈 등에 대해서 과거보다 더욱 전향적인 입장을 취하고 있는 것이다.

그렇다면 이처럼 최근 나타나고 있는 미국 페미니즘의 새로운 경향이 한국의 페미니즘에 주는 시사점은 무엇인가? 한국사회는 아주 오랫동안 몸, 그 중에서도 여성의 몸에 대해서 공개적 언급하는 것을 금기시해 왔다. 때로는 그러한 논의 자체가 외설적인 것으로 받아들여지기도 했다. 부분적으로는 이러한 문화적 영향으로 인해 한국의 페미니스트와 여성단체들은 최근까지도 여성의 육체와 몸에 대한 논의를 기피해 왔다. 서구의 제2의 물결 페미니스트들이 1970년대에 이미 주장해 왔던 낙태권과 피임권에 대한 논의가 본격적으로 이루어진 것이 그리 오래되지 않았으며, 2019년 4월에 와서야 헌법재판소에 의한 낙태죄 헌법불합치 결정이 나오게 되었다.

한편 여성의 몸과 섹슈얼리티와 밀접한 연관이 있는 다른 문제들, 예를 들어 동성애, 양성애, 트랜스섹슈얼, 인터섹슈얼, 성매매 여성들의 권리 등과 같은 문제들은 아직 본격적으로 수면 위로 올라오지 못하는 실정이다. 페미니스트들 사이에서 이러한 이슈에 대해서는 일부분 이견이 있는 것도 사실이지만, 보다 중요하게는 이러한 이슈들을 공개적으로 그리고 본격적으로 논의할 사회적 분위기가 아직 마련되지 못하고 있기 때문이라고 생각한다. 다만 최근 들어 젊은 여성들을 중심으로 사회적 성인 젠더보다는 생물하적 성인 섹스를 중시하는 분위기가 만들어지고, 여성의 몸을 당당하게 생각하는 탈(脫)코르셋 운동 등이 벌어지는 현상 등을 볼 때 향후 변화의 가능성은 충분히 있다고 본다.

이러한 사회문화적 한계가 있음에도 한국의 페미니스트들과 여성단체들은 앞으로 몸과 육체의 문제를 정면으로 맞서야 한다고 생각한다. 가정폭력, 성폭력, 성희롱, '몰카' 방지와 같은 이슈들에만 초점을 맞추기보다는, 보다 공격적이고 적극적으로 여성의 몸 권리를 주장할 필요가 있다. 이러한 측면에서 최근 젊은 여성들을 중심으로 나타나는 한국의 새로운 페미니즘 경향은 비록 부작용과 문제점이 있지만 그것이 내포하는 공격성과 적극성은 높이 평가해야 할 것이다. 페미니스트 정치와 운동은 그 본질상 일정 수준 공격성을 가질 수밖에 없다고 생각한다.

마지막으로 한국사회에서 몸과 육체의 중요성을 강조하는 데에서, 앞의 미국 페미니즘의 최근 동향에서 발견된 것처럼 생물학과 신경과학 등 인간의 몸을 과학적으로 연구한 결과물에 보다 많은 관심을 가질 필요가 있다. 소위 반(反)생물학주의(anti-biologism)는 그동안 페미니즘이 번성해 온 수단이면서도 동시에 페미니즘 이론이 발전하는 데 심각한 개념적 제한을 가해왔다. 페미니스트 이론이 앞으로 더욱 발전하기 위해서는 생물학을 더는 멀리해서는 안 되고 생물학적 개념과 연구 결과를 적극 활용해야 한다고 생각한다.

실제로 생물학과 인접 과학의 최근 연구 결과 중에는 페미니스트들에게 유리한 것도 많다. 예를 들어, 앞의 파우스토-스털링(Fausto-Sterling, 2001)의 연구에서 밝혀진 바와 같이 여성과 남성의 이분법이 절대적인 것이 아니라면, 그리고 남성성과 여성성이 2개의 다른 차원에 존재하는 것이라면, 비단 정치사회학적 차원에서뿐만 아니라 생물학적 관점에서도 남녀평등을 강력하게 주장할 수 있을 것이다. 또한 사회생물학자들은 이미 오래전부터 인간 사회의 유지와 발전을 위해서는 남성보다는 출산 기능을 담당하는 여성이 더 중요하며, 역사적으로 남성들이 전쟁에 나선 것은 힘이 강하기 때문이 아니라 여성보다 소모품적(expendable)이기 때문이라고 주장해 왔다.

그리고 여성들과 직접 관련된 것은 아니지만, 동성애를 옹호하는 퀴어

(queer) 이론가 중 일부는 이성애가 사실 그리 자연적인 것이 아님을 보여주는 생물학적 사례들을 제시하며 활용하고 있다. 예를 들어, 인간 세포의 대다수는 인터섹스(intersex, 간성)이라는 사실, 생물을 분류하는 5개 계(kingdom) 중에서 4개 계에 살고 있는 대부분의 생명체는 재생산을 위해 섹스가 필요하지 않다는 사실, 그리고 치마버섯의 일종인 시조필리움 코뮌(schizophyllum commune)은 놀랍게도 무려 2만 8000개 이상의 성(sex)을 가지고 있다는 사실 등이다(Alaimo, 2008: 241).

이러한 사례들은 자연과 생물학이 그리 결정론적이거나 정적인 것이 아님을 시사한다. 마치 자연은 정적으로 가만히 있고 거기에 인간과 문화가 무제한적인 순응을 이끌어낼 수 있다는 생각은 분명 잘못된 것이다. 자연도 주체(agent)가 될 수 있으며, 인간 사회와 문화에 영향을 미치기도 한다. 앞에서 수차례 언급한 바와 같이, 자연/생물학과 문화/정치는 서로 분리할 수 없을 정도로 뒤엉켜 있으며, 그러한 측면에서 "생물학(보다 정확히는 영장류학)이 단순히 다른 수단에 의한 정치"라는 한 유명한 페미니스트 이론가(Donna Haraway, 1984)의 관찰은 적절하며, 이는 페미니스트 정치가 육체와 생물학에 더 많은 관심을 보여야 하는 이유이기도 하다.

참고문헌

전복희. 2018. "21세기 독일의 뉴페미니즘과 독일 여성운동의 과제." 《21세기정치학회보》, 제28집 2호. 145~162쪽.

전혜은. 2008.「여성의 몸에서 섹스화된 몸으로: 엘리자베스 그로츠와 주디스 버틀러의 육체적 페미니즘」. 서울대학교 석사학위논문.

Alaimo, Stay and Susan Hekman(eds.). 2008. *Material Feminisms*, Bloomington: Indiana University Press.

Butler, Judith. 1990. *Gender Trouble: Feminism and the Subversion of Identity*. New York: Routledge.

______. 1993. *Bodies That Matter: On the Discursive Limits of Sex*. New York: Routledge.

Fausto-Sterling, Anne. 2001. *Sexing the Body: Gender Politics and the Construction of Sexuality*. New York: Basic Books.

Grosz, Elizabeth. 1994. *Volatile Bodies: Toward a Corporeal Feminism*. Bloomington: Indiana University Press.

______. 2008. "Darwin and Feminism: Preliminary Investigations for a Possible Alliance." In Stacy Alaimo and Susan Hekman(eds.), *Material Feminisms*, Bloomington: Indiana University Press,

Haraway, Donna. 1984. "Primatology is Politics by Other Means." *PSA: Proceedings of the Biennial Meeting of the Philosophy of Science Association*, Vol. 2, 489~524.

Heckman. 2008. "Constructing the Ballast: An Ontology for Feminism." In Stacy Alaimo and Susan Hekman(eds.), *Material Feminisms*, Bloomington: Indiana University Press,

Kirby, Vicki. 2008. "Natural Convers(at)ions: Or, What if Culuture was Really Nature All Along?" In Stacy Alaimo and Susan Hekman(eds.), *Material Feminisms*, Bloomington: Indiana University Press,

Oyama, Susan. 2000. *Evolution's Eye: A Systems View of the Biology-Culture Divide*. Durham: Duke University Press.

Seidman, Steven. 2014. *The Social Construction of Sexuality*. New York: W. W. Norton & Company.

Wilson, Elizabeth. 2015. *Gut Feminism*. Durham: Duke University Press.

5장

일본에서 포스트페미니즘의 전개

'여자력'과 '애국여성'을 중심으로*

이 지 영

1. 들어가며

1980년대 중반 이후 서구 사회에서 등장한 포스트페미니즘은 1990년대 이후 서구뿐 아니라 전 세계적인 사회문화적 현상의 하나가 되었다. 일본에서는 서구보다 늦게 2010년대에 접어들어 포스트페미니즘이 전개되고 있는데, 그 가운데에서도 새로운 여성성과 주체성을 강조하는 '여자력(女子力)'과 '애국여성' 담론의 확산이 포스트페미니즘적 현상으로 주목받고 있다. 이 글은 이러한 일본의 포스트페미니즘의 양상을 살펴보고 그 보편성과 특수성을 규명하고자 하는 시도이다. 포스트페미니즘의 등장은 냉전붕괴와 신자유주의의 심화라는 전 지구적 사회구조의 변화와 시기를 같이하고 있다. 또한 포스트페미니즘은 집단정체성으로서의 '여성'의 지위향상과 성 역할 분업 및 그 의식의 해소를 통해 성평등을 실현하고자 했던 제2의 물결 페미니즘에 대한 비판과 거리 두기에서 출발한다. 따라서 세계 각국에서 전개되고 있는 포스트

* 이 장은 《글로벌정치연구》 제15권 1호(2022)에 실린 논문이다.

페미니즘은 탈냉전과 신자유주의의 영향, 그리고 제2의 물결 페미니즘에 대한 평가의 정도에 따라 각각 다양한 양상을 나타내고 있다고 하겠다.

전복희는 포스트페미니즘의 양상을 다음 네 가지로 분류한다. 첫째는 페미니즘은 이미 그 목적을 달성했기 때문에 더는 필요하지 않다, 페미니즘은 지나갔고, 과거의 것이 되었다는 포스트페미니즘이다. 여기서 '포스트'는 페미니즘 이후(post)라는 역사적·시기적 변화를 가리킨다. 둘째는 제2의 물결 페미니즘과 여성운동은 사회경제적 조건이 변화된 현재에 더는 적절하지 않다고 보고, 변화된 사회문화적 환경에 적절한 새로운 방식의 페미니즘을 시도하는 것이다. 이 입장은 페미니즘의 역사적인 지속성을 인정한다. 셋째는 페미니즘에 대한 역풍(Backlash)으로, '여성들은 이미 원하던 것을 다 쟁취했다', '남성들이 실제 피해자들이다' 등의 주장을 하면서 페미니즘을 공격하는 안티페미니즘의 양상이다. 넷째는 포스트구조주의, 포스트모던, 탈식민주의 이론의 영향 속에서 집단정체성으로서의 여성의 권리를 주장했던 제2의 물결 페미니즘과는 거리를 두며 여성 개인들 간의 차이와 인종, 계급 등의 중층적 정체성을 강조하는 새로운 페미니즘의 인식론을 기반으로 하는 이론이나 작품들을 가리킨다(전복희, 2018: 147~148).

이 글은 기본적으로 이러한 분류를 따르지만, 페미니즘 역풍이나 안티페미니즘에 대해서는 포스트페미니즘으로 간주하지 않는다. 안티페미니즘은 19세기 말 여성참정권 획득 운동으로 대표되는 제1의 물결 페미니즘이 출현한 이후 역사적으로 페미니즘과 공존해 왔기 때문이다. 또한 안티페미니즘은 성불평등은 존재하지 않거나 오히려 남성이 불이익을 당하고 있고, 이를 시정하기 위해서는 조직적인 안티페미니즘 운동을 전개해야 한다고 주장하는 점에서 포스트페미니즘과는 다르다고 할 수 있다(Jordan, 2016: 18~44).

그렇다면 제2의 물결 페미니즘과의 단절과 연속, 새로운 인식론에 기반하며 새로운 방식과 전략을 시도하는 다양한 포스트페미니즘은 어떻게 이해해야 하는 것일까. 다양성을 관통하는 공통점은 무엇인가. 여기서도 그 준거는 제2의 물결 페미니즘과 탈냉전, 신자유주의일 것이다.

우선 포스트페미니즘의 전제는, 제2의 물결 페미니즘과는 달리 사상이나 사조가 아니며 특정 정치적 입장과 같은 명확한 내용을 갖고 있는 것이 아니라는 것이다. 이 점이 포스트페미니즘을 둘러싼 개념의 모호성의 원인이기도 하다. 길은 포스트페미니즘을 감성(sensibility)으로(Gill, 2007: 153), 맥로비는 현재 사회에 널리 침투한 사회의식 또는 담론의 일정한 경향으로 파악한다(Mcrobbie, 2009). 포스트페미니즘 연구가 미디어연구, 문화연구, 영화나 소설 등 작품 분석에서 출발한 연유이다. 둘째는 제2의 물결 페미니즘에 대한 비판적·부정적 인식이다. 환기해야 할 것은 안티페미니즘과의 차이이다. 포스트페미니즘은 제2의 물결 페미니즘을 현재의 사회상황에는 맞지 않아 쓸모없는 구시대의 유물로 인식하든, 제2의 물결 페미니즘의 한계를 비판하고 그 자성적 계승을 주장하든 정도의 차이는 있지만 제2의 물결 페미니즘의 성과를 인정한다는 것이다. 셋째는 개인주의와 능력주의이다. 집합적 정체성으로서의 여성이 아닌 여성 개개인의 차이를 강조하고, 여성의 집합체로서의 사회적 지위 향상을 추구하는 것이 아니라 어디까지나 여성 개인의 성공에 가치를 둔다. 이런 점에서 포스트페미니즘은 제2의 물결 페미니즘에 대해 여성을 약자, 피해자로 인식함으로써 여성의 역량강화(empowerment)를 저해했다고 비판하며 거리를 둔다. 넷째는 '여성다움', '여성성'의 추구이다. 여성다움, 여성성은 사회로부터, 남성으로부터 규정되거나 강제적으로 부여되는 것이 아니라 여성 개인의 자발적 선택을 통해 실현되어야 하는 가치로서 위치지어진다. 제2의 물결 페미니즘이 '여성다움, 여성성으로부터의 자유'를 지향했다면 포스트페미니즘은 '여성다움, 여성성으로의 자유'를 주장한다. 여성의 자발적 선택으로 추구하는 여성다움, 여성성의 특징은 배려, 상냥함, 모성 등 내면적 차원보다 섹시한 신체를 중시한다는 것이다. 포스트페미니즘에서 여성은 '성적 대상'에서 적극적으로 성적 매력을 표현하고 욕망을 지닌 '성적 주체'로 전환하며 성적 주체성이 여성의 주체성과 등치된다. 다섯

째는 자유와 경쟁 가치에의 경도이다. 포스트페미니즘이 제2의 물결 페미니즘에 대해 종료를 선언하는 이유는 평등은 달성되었다고 인식하기 때문이다. 중요한 것은 현실 사회에 여전히 불평등이 존재함에도 평등하다는 인식이 침투해 있다는 점이다. 이러한 인식의 배경에는 신자유주의의 영향이 있다. 신자유주의가 심화되면서 공정함의 요소가 평등에서 개인의 자유로운 선택과 경쟁으로 변화한 것을 들 수 있다. 즉, 포스트페미니즘에는 자유로운 선택과 경쟁이 공정을 담보하며 선택과 경쟁의 결과는 개인의 책임으로 사고하는 사고양식이 자리하고 있다.

이와 같은 포스트페미니즘의 특징을 포스트페미니즘이 신자유주의가 재편하는 새로운 성 역할 분업에 순응하고, 신자유주의적 가치와 규범을 내면화한 결과로 분석하며 포스트페미니즘의 신자유주의 의존과 취약성을 비판하는 연구가 이어지고 있다. 신자유주의에 의해 구축된 새로운 성 역할 분업이란 노동시장의 유연화와 함께 여성의 사회진출을 제도화하면서 남성은 '임노동, 여성은 임노동과 재생산노동'을 수행해야 한다는 것이다. 신자유주의는 여성에게 더 착취적인 새로운 성 역할 분업이 적극 수용되도록 여성의 주체성과 성공을 칭송하고 '워라벨', '일과 가정의 양립' 등 긍정적 담론을 유통시키는 한편 여성성을 상품화한다. 이러한 신자유주의적 가치인 자유와 경쟁을 내면화한 포스트페미니즘은 여성 간의 차이를 주장하지만 싱글 맘의 가난 등 여성 간의 경제적 격차에는 민감하지 못하며, 신자유주의가 은폐하는 성불평등을 비롯한 다양한 불평등을 비판하고 이에 저항하는 데에는 취약하다는 것이다(Mcrobbie, 2009; Gill and Scharff, 2011; 菊池夏野, 2019).

한편 이러한 비판과는 달리 포스트페미니즘의 가능성을 발견하고자 하는 연구도 있다. 바로 제3의 물결 페미니즘으로서의 가능성이다. 여성의 경험이 복잡화하고 있는 가운데 페미니즘의 정체성과 수법의 복잡성을 인정하고, 여성 간의 차이에서 출발하는 포스트페미니즘은 현재의 변화한 젠더관계와 사회관계에서 제3의 물결 페미니즘의 전제가 될 수 있다는 것이다(Budgeon,

2011: 279~292; 高橋幸, 2020).

국내에서도 세계 각국에서 전개되고 있는 포스트페미니즘에 대한 연구가 이루어지고 있다. 조선경은 포스트페미니즘을 둘러싼 영미권의 논쟁의 궤적을 소개하고 포스트페미니즘을 세대 패러다임에 기반을 둔 여성주체 담론으로 이해하며 그 한계를 재평가하고 있다(조선경, 2014: 47~75). 전복희는 독일의 사례를 분석하여 21세기 독일의 뉴페미니즘이 제2의 물결 페미니즘의 이데올로기적이고, 도그마적인 페미니즘을 비판하고 성적 쾌락을 자유롭게 누리는 주체적 여성성을 주장하지만, 페미니즘의 주요 기능인 사회비판과 사회변화의 동력을 잃고 독일 페미니즘과 여성운동의 발전을 저해할 수 있다고 주장한다(전복희, 2018: 145~162). 김민정은 강남역 사건을 계기로 2015년 이후 새롭게 전개되는 한국 여성운동을 분석하여 '직접 행동주의', '자유', '생물학적 성'의 강조를, 이전의 운동과는 다른 새로운 동향으로 제시하였다(김민정, 2020: 59~88). 김경미는 2016년 이후 폴란드의 일반 여성들이 참여한 대규모 '낙태중지법' 철회 운동인 '검은 시위'를 대상으로 고찰, '검은 시위'가 이전의 폴란드 페미니스트 운동의 언어, 담론 전략들과 명백한 차이를 보이며 아래로부터의 정치적 실천의 새로운 활력에 커다란 영향을 미쳤다는 점에서 뉴페미니즘의 특징을 나타낸다고 분석하였다(김경미, 2021: 73~100).

이 글은 이러한 선행연구의 성과를 기반으로 일본의 포스트페미니즘에 대해 분석하여 그 보편성과 특수성을 고찰함으로써 초국적 현상인 포스트페미니즘의 논의를 한 단계 더 심화시키고자 한다. 일본의 포스트페미니즘은 1990년대 말에서 약 10년에 걸쳐 전국적으로 확산되었고, 일본 사회의 보수화와 재전통화의 기폭제였던 젠더 역풍이 이제는 역풍이 아니라 주류가 된 2010년대의 상황 속에 등장한다. 이 글은 일본의 포스트페미니즘의 전개를 통시적 관점에서 고찰하고자 한다. 탈냉전과 신자유주의의 영향, 특히 제2의 물결 페미니즘에 대한 평가의 정도는 2000년대에 독립적으로 형성된 것이 아니기 때문이다. 일본은 페미니즘의 역사가 길다. 메이지유신과 더불어 서구의 근대적 사상을 수용하였고, 1920년대에는 서구의 제1의 물결 페미니즘의 영향하에 여성참정권 운동을 조직한다. 그럼에도 전시체제에 돌입하면서 일본 여성 대부분이 전쟁 협력의 길을 걸었다. 패전 후 미군 점령기에 다시 여성운동은 부활하여 이후 제2의 물결 페미니즘을 적극 추진해 갔다. 그러나 1990년대 말부터 젠더 역풍이 전국적으로 전개되었고 그 이후 등장한 것이 포스트페미니즘이다. 따라서 일본의 포스트페미니즘의 보편성과 특수성을 고찰하는 데에서 통시적 관점은 유효하다 할 것이다.

이 장은 다음과 같이 구성된다. 우선은 다이쇼 데모크라시 시기 제1의 물결 페미니즘의 활성과 이후 일본 여성의 전쟁협력의 과정을 살펴볼 것이다. 둘째로 1970년대 혁신적이었던 제2의 물결 페미니즘의 전개와 이에 대한 젠더 역풍, 그 원인과 특징을 분석할 것이다. 마지막으로 그것이 포스트페미니즘의 전개에 미친 영향을 일본의 정치경제구조의 변화라는 사회 상황 속에서 검토할 것이다. 포스트페미니즘 분석의 주요 대상은 여성의 주체성, 특히 젊은 여성의 주체성과 여성성을 강조하는 '여자력' 담론과, 같은 시기 여성의 주체성과 풀뿌리운동을 강조하며 젊은 여성을 동원하는 '애국여성' 담론에 초점을 둔다.

2. 일본의 제1의 물결 페미니즘과 여성의 전쟁 협력

1) 여성 선거권 획득 운동

1868년 메이지유신(明治維新) 이래 일본은 경제·사회 영역에서는 근대화를 추진했으나 정치 영역에서는 7세기 천황 친정의 중앙집권체제로 회귀하여 태정관제를 부활시켰다. 그로 인한 근대화의 불균형으로 사회 갈등이 증폭되었고, 그 모순을 시정하기 위해 민주화를 요구하는 자유민권운동이 전국으로 확산되어 10여 년에 걸쳐 전개되었다.

자유민권운동의 영향으로 1889년 「메이지헌법」과 「중의원선거법」이 제정되고 1890년 귀족원과 중의원의 양원제 국회가 개설되었다. 그러나 메이지헌법은 천황주권을 천명하였고, 「중의원선거법」은 직접국세를 15엔 이상 납부하는 남성에게만 선거권과 피선거권을 부여하였다. 1890년 제1회 중의원선거 실시 당시 유권자는 300만 명으로 전 국민의 약 1.1퍼센트 정도밖에 되지 않았다. 또한 1885년 태정관제에서 내각제로 전환된 이후 천황이 정치적 실권을 쥐고 있는 메이지유신의 원로들과 협의를 거쳐 총리를 내정하고, 그 총리가 천황의 대명을 받아 내각을 조직하는 관행이 정착되어 국회가 개설되어도 지속되었다. 이러한 비민주적인 정치관행을 시정하고자 보통선거권 운동이 전국적으로 전개되어 1925년에 「보통선거법」이 제정되었는데, 남성에게만 선거권이 부여되었다. 여전히 제한민주주의였지만 유권자가 1200만 명으로 전 국민의 약 20퍼센트를 차지할 만큼 비약적으로 증가하며 정당의 권력이 강화되었고, 양대정당제가 실현되면서 일본의 다이쇼 데모크라시가 꽃을 피운다(박영준, 2007: 13~43).

다이쇼 데모크라시는 다이쇼 시기(大正, 1912~1926) 전후 각 5, 6년을 더해 1905년부터 1931년까지를 그 기간으로 하며, 정당정치와 사회운동의 활성화를 내용으로 한다. 다이쇼 데모크라시의 사회운동은 도쿄제국대학 교수 요시노 사쿠조(吉野作造)의 민본주의와 1917년 러시아 사회주의혁명의 영향하에 자유와 평등의 민주적 가치를 지향했다. 대표적인 것이 보통선거권 운동, 사회주의 운동, 그리고 여성운동이었다(나리타 유이치, 2013: 100~113).

이러한 다이쇼 데모크라시의 정치사회 상황 속에서 여성운동은 다음 세 가지로 전개되었다. 첫째, 남성과는 다른 여성의 모성기능과 역할을 중시하고 그것을 보호하는 것이 여성의 이익이라고 주장하는 모성보호운동, 둘째, 남성과의 동등한 권리, 기회를 획득함으로써 성평등을 실현하고자 하는 여성참정권 운동, 셋째, 성보다는 계급에 관심을 갖고 자본주의로부터의 무산계급 여성의 해방을 중시하는 무산 여성운동이다(이지영, 2012: 180).

이 가운데 여성운동의 물결을 일으킨 것은 서구의 영향을 받은 여성참정권 운동이었다. 특히 1920년 미국의 여성참정권 실현을 계기로 일본에서 1924년에 결성된 '부인[1]참정권획득기성동맹회'[1925년에 '부선획득동맹(婦選獲得同盟)'으로 개칭]이 여성의 참정권, 공민권, 결사권 획득을 위해 전국적 운동을 전개하였다. 1930년에는 제1회 '전일본부선대회'가 개최되어 전국에서 여성대표 500명이, 1931년 제2회 전국대회에는 여성대표 800명이 참여하였다. 창설 당시 200명이었던 '부선획득동맹'의 회원 수는 1931년에는 1762명으로 확대되어 전국적으로 많은 지부가 탄생했다. '부선획득동맹'의 운동 전략은 다음 세 가지로, 국회를 대상으로 하는 청원, 정치에서의 여성의 주체성을 환기시키는 여성의 정치교육 그리고 이념과 목표를 초월한 다양한 여성단체와의 연대이다. 이를 통해 일본의 여성참정권 운동은 여성의 정치적 참여의 중요성을 인식시키고 여성이 민주화의 주체로서 운동하는 실천의 공간을 열어갔다(이지영, 2012: 180~183).

이러한 여성참정권 운동의 영향으로 1931년 제59회 제국의회에 25세 이상의 여성에게 시정촌(市町村) 지방선거 선거권을 부여하는 「부인공민권법안」이 상정되었다. 그러나 귀족원에서 부결되었는데 그 이유는 '정치를 가정에 끌어들이는 것은 바람직하지 않으며 가족제도를 보호하기 위해서'였다(胡彭, 2018: 71). 여성의 공민권으로부터 보호한다는 가족제도는 전통적 이에

---

1 여성을 지칭하는 경우, 일본에서는 일반적으로 '부인'이라는 용어가 오랜 기간 사용되어 왔다. 그러나 '부인'은 일정 연령에 달한 여성, 주부의 이미지가 강하다고 해서 여성단체를 중심으로 일부에서 '여성'이 쓰이게 되었다. 일본 정부 차원에서는 1997년 남녀고용기회균등법 개정 당시 국회 심의 과정에서 '여성'을 사용하기로 정식으로 결정되어, 법조문 중에서 '여자', '남자'는 '여성', '남성'으로, 그리고 '부인'은 '여성'으로 대체되었다. 이 글에서는 고유명사나 오래된 문헌으로부터 인용하는 경우는 그대로 '부인'을 쓴다.

[家][2]를 기초로 1898년 공포된 민법에 규정된 것으로, 여성의 법적 무능력과 남성 가독의 호주권, 상속권[3]의 전유를 내용으로 하고 있다.

1931년 만주사변 이후 여성참정권 운동은 자율성을 상실하고 서서히 관(官)이 주도하는 운동에 편입되어 갔다. 운동의 방향이 여성참정권에서 지방자치 문제, 시정 숙정, 쓰레기 처리문제, 모성보호로 전환된 것이다(胡彭, 2018: 116~118). 1937년 제7회 전국대회를 마지막으로 여성참정권 운동은 끝이 나고 1940년에 '부선획득동맹'은 해산한다. 이로써 관제 여성단체가 주류 세력이 되는 가운데 여성참정권 운동과 무산계급 여성운동의 대다수의 여성대표들은 전쟁협력의 길을 걸었고, 모성보호운동의 여성대표들은 국가모성주의를 전 세계에 비할 바 없는 일본 고유의 사상으로 설파하며 여성을 '군국의 어머니'로 고무시켜 나갔다(胡彭, 2018: 184~185).

2) 여성의 전쟁협력

1931년 만주사변으로 다이쇼 데모크라시는 일변하여 종언으로 치닫고, 일본은 준전시체제를 정비하면서 여성을 전쟁에 동원하기 시작했다. 전쟁에 여성을 동원하는 것은 1937년 중일전쟁을 계기로 준전시체제가 전시체제로 전환되면서 제도화되었고, 1941년 아시아태평양전쟁 발발로 강행규정의 법

---

2 이에는 가마쿠라 시대(鎌倉時代, 1185~1333년) 이후 무사계급에서 확립된 제도이다. 주군에 대한 가신의 충성봉공을 조건으로 가록(家祿), 가업(家業), 가명(家名)을 유지하며 가록, 가업, 가명 일체와 가사(家祀)는 장남인 가독(家督)이 단독 상속함으로써 모든 권한을 전유한다. 이러한 무사계급의 이에는 서민층에도 모방되었다. 메이지유신 이후 봉건적 주종관계가 소멸되고 가업, 가록이 폐지되어 가독상속은 개인상속으로 변화하였다.

3 호주권은 성을 칭하는 권리, 거주지정권, 이적권, 입적동의권, 가족의 혼인동의권, 혼인취소권, 양자입양권, 가족의 후견인이 될 권리, 친족회의에 관한 권리, 부양의무 등을 내용으로 하며 가독상속권은 남계(男系)주의에 의한 장자 상속제를 말한다. 처는 민법상 무능력자로 규정되었으며 간통죄는 처의 간통만이 처벌 대상과 이혼 사유가 되었다.

제화를 통해 강제되었다. 1931년 이후 전시 여성동원은 노동과 재생산노동의 신체 동원, 자발적 전쟁 지지와 적극적 참여를 위한 정신동원이라는 양 측면에서 철저하게 이루어졌다. 이를 위해 전시체제는 성 역할 분업을 재편하는데, '남성은 전선, 여성은 '총후'[4]'가 기존의 '남성은 일, 여성은 가정'을 대체하였다. 지금까지 허용되지 않았던 여성의 공적 영역 참여, 사회진출이 국가로부터 총후봉공[5]이라는 새로운 역할이 부여되면서 가능해진 것이다(胡彭, 2018: 324~325). 그러나 총후봉공 이외의 여성의 역할과 이익, 여성의 지위향상을 실현하고자 했던 여성참정권 운동과 무산계급 여성운동은 사회주의와 공산주의에 대한 철저한 탄압과 억압이 거듭되고, 군부 쿠데타에 의해 정당정치, 의회정치가 붕괴하면서 위축되었고, 결국 전시체제에 순응하며 전향하였다.

국가에 의해 부과된 여성의 새로운 역할 총후봉공을 적극적으로 수행한 주체는 관제 여성단체들이었다. 일본 최초의 관제 여성단체[6]는 내무성에 의해 1901년에 조직된 '애국부인회'였다. '애국부인회'는 1930년 문부성에 의해 '대일본연합부인회'가, 1932년 국방성에 의해 '대일본국방부인회'가 조직되기 전까지 일본 최대 규모의 여성단체였다. '애국부인회'는 청의 의화단사건 진압 이후 귀국한 군인을 위문하고 유가족을 구제하기 위한 군사원호단체로 설립되었다. 설립 2년 만에 군사봉사의 필요성을 강연하는 전국 강연회를

4 총후는 전선에 대해 후방을 의미한다.

5 봉공은 주군, 주인을 위해 일신을 바쳐 봉사하는 것을 뜻한다. 가무쿠라 시대부터 주군과 가신의 주종관계를 이루는 요소로 가신의 봉공은 주군의 은혜[御恩]와 쌍무적인 관계였으나, 에도 시대에 상인과 농민층에서 노동력 확보를 위해 일정기간 계약을 맺고 노동하는 '봉공인' 신분이 형성되면서 편무적으로 변화하였다. 이에[家]의 권한에서 배제된 차남들과 딸들이 봉공으로 내보내졌다.

6 일본 최초의 여성단체는 1886년에 설립된 '일본 기독교부인 교풍회'이다. 1870년대 미국의 금주운동을 대대적으로 전개했던 '여성기독교금주연합(Women's Christian Temperance Union)'의 일본 지부로서 조직되었다.

300회 이상 개최했으며 46만 4766명의 회원을 확보했다. '애국부인회'가 화족과 황족 등 상류사회와 중산층 여성 중심이었다면, 만주사변 이후 자발적으로 조직된 '오사카국방부인회'를 전신으로 국방성에 의해 관제 여성단체로 재조직된 '대일본국방부인회'는 일반여성과 노동여성을 대상으로 총후봉공의 대중화를 이끌었다. '일본국방부인회'는 총후봉공 수행의 후발 주자였으나 '애국부인회'의 라이벌로 등장하여 총후봉공의 경쟁에서 '애국부인회'에 앞설 만큼 급성장하는데, 전시 중 일본에서 가장 활약한 여성조직이라 일컬어진다. 오사카항(大阪港)에서 출병군인과 귀환군인을 위문하고 상이병을 간호하고, 군인들에게 휴식처를 제공하기 위해 오사카 지역의 주부 40명으로 시작한 '대일본국방부인회'는 설립 2년 만에 123만 명의 회원 수를 기록하게 된다. '애국부인회'와 '일본국방부인회'가 총후봉공의 수행기관이었다면 총후봉공을 위한 가정계몽과 교육을 담당한 것이 '대일본연합부인회'이다. '대일본연합부인회'는 전국의 어머니회, 주부회, 지구 주부회를 통합해서 조직되었다(伊藤康子, 2005: 75~93; 胡彭, 2018: 127~151). 이 세 관제 단체는 1942년 장기전에 대비하기 위한 익찬(翼贊) 체제의 확립 속에 '대일본부인회'로 일원화되어, 전국의 20세 이상의 여성을 대상으로 1900만 명의 회원을 두었다(胡彭, 2018: 228~229).

일본 여성의 대부분이 수행한 새로운 성 역할 총후봉공은 노동동원을 위한 '노무보국(勞務報國)'과 재생산노동의 동원을 위한 '가정보국(家庭報國)'을 그 내용으로 한다. 한편 총후봉공을 위해 여성의 자발적·주체적 참여를 견인했던 사상은 가족국가관과 국가모성주의였다.

가족국가관은 국가를 가족에 비유하여 가족주의를 지배의 기본원리로 하는 국가관을 말한다. 일본은 메이지유신 이후 천황을 가부장으로, 신하된 국민을 그 적자(赤子)에 비유하여 양자를 가족적 정서로 묶어냄으로써 천황주권의 정통성의 기초로 삼았다. 이것은 일본의 봉건적 가부장제사회를 국가적 규모로 통합하는 것으로, '충효일치'가 설파되었고, '애국'은 '충군애국'으로 변형되었다(藤田省三, 2012: 7). 국가모성주의는 모성주의가 전시에 국가 차원으로 확장된 것으로, 가정에서 어머니로서 강건한 자녀를 다산(多産)하여 목숨 바쳐 충군하는 군국의 자녀로 양육하고, 주부로서 물자부족과 배급제로 인한 소비생활의 곤궁을 인내하며 할당된 저축액을 채울 것을 요구하는 동시에 어머니, 누나, 여동생의 마음으로 전선의 장병을 위문하고, 상이병사와 전사자 유족을 돌보며, 전선의 병사가 총후에 대한 염려 없이 죽음을 불사하고 싸울 수 있도록 고무하기 위해 총후봉공에 임할 것을 요구했다. 국가모성주의는 가정과 국가를 모성이라는 여성성을 매개하여 연결하고 사적 영역의 여성의 일상을 정치화하면서 여성을 총력전의 총후의 주체로 등장시켰다.

그렇다면 대다수의 일본 여성이 왜 이러한 국가모성주의를 내면화하며 총후봉공을 주체적으로 수행한 것일까. 총후봉공이라는 새로운 성 역할을 수행하는 것이 부엌으로부터 여성을 해방시키는 '여성해방'으로 인식되었기 때문이다. 가정과 부엌에 구속되어 처와 며느리의 역할밖에 할 수 없었던 이전에 비해 여성들은 총후봉공을 수행할 때에만 국가와 사회로부터의 인정과 지위, 활동공간을 획득해 나갈 수 있었다. 일본 정부는 총력전을 위한 국가 시책에 여성의 지지와 동원을 확보하려는 목적으로 성 역할 분업을 새롭게 재편하며 총후봉공이 여성해방이라는 왜곡을 통해 여성의 주체성을 국익과 부합하는 형태로 통제하고 규율한 것이다. 여기서 중요한 것은 강제가 아닌 자발성이다. 강제를 통한 동원은 지속적이지 못할 뿐 아니라 반전과 비전향, 자유와 평등, 인권의 주장 등 일탈을 막을 수 없다. 자발성이야말로 총력전을 위한 총동원의 핵심으로 전시체제하에 영화, 잡지, 신문, 서적 등 다양한 미디어에서 여성의 주체적 희생을 미담화하고 '군국의 처', '군국의 어머니'로 예찬하며 정신과 신체의 자발적 동원을 고무시키는 프로파간다가 범람했던 이유이다. 여성들은 총후봉공을 수행하며 계급, 계층, 빈부 격차, 불평등, 직업의 차이를 초월해 '총후여성'이라는 집단정체성을 형성하고, 총후봉공에서 경쟁하며 활동영역을 확장해 나가는 데 도취되었다(胡彭, 2018: 250~266).

1942년부터 징병 규모가 더욱 증가하고 대상 연령이 낮아지면서 경공업뿐 아니라 중공업 분야에서도 노동력 부족이 심각해지자 총후봉공에서 여성의 노무보국이 강조되었다. 1945년 패전 당시 여성노동자는 약 300만 명에 이르고, 그 밖에 47만 2000명의 여자근로정신대가 생산 제일선에서 노동에 종사하고 있었다. 결혼, 군사원호, 저축, 절약, 다산, 양육, 인내와 온화함의 유지를 수행하는 가정보국에 노무보국까지 총후봉공은 여성의 정신과 신체를 피폐시키는 착취에 가까웠다. 그럼에도 총후봉공에 대한 비판은 제기되지 않았고, 총후봉공으로부터의 자유는 추구되지 않았다. 전국 방방곡곡에 세포처럼 조직된 도나리구미(隣組)가 상호감시에 의한 자기규율체제로 작동했기 때문이다.

도나리구미는 처음에는 중일전쟁 이후 전시체제하에 배급경제가 실시되면서 그 배급의 수급단위로서 10세대 1조로 구성되었다. 행정의 가장 말단조직으로서 도나리구미는 물자배급뿐 아니라 거주등록, 국채매입, 저축, 금속회수, 방공연습, 각종 잡다한 세금의 징수, 방화훈련의 기초단위가 되었다. 1942년 관제 여성단체가 '대일본부인회'로 통합된 이후에는 총후봉공은 이 도나리구미를 통해 수행되었고, 내무성과 경찰은 주민 감시에 도나리구미를 이용했다. 도나리구미가 담당해야 하는 총후봉공에 방첩활동이 들어오게 된 것이다. 도나리구미의 모든 활동은 연대책임으로 실시되어 한 세대에서 할당된 국채매입, 저축액 등을 달성하지 못하면 같은 도나리구미의 다른 세대들이 그 책임을 져야 하는 것이다. 이러한 연대책임은 총후봉공으로부터의 일탈을 막는 상호감시와 자기규율의 기제로 작동하였다(早川紀代, 2005: 129~131; 胡彭, 2018: 222~225).

3. 일본의 제2의 물결 페미니즘과 젠더 역풍

1) 일본의 제2의 물결 페미니즘

국가에 의해 부여된 총후봉공의 역할을 총후여성으로서 상호감시와 자기 규율하에 내면화하며 수행하였던 일본 여성에게 패전은 새로운 과제를 던졌다. 바로 국가에 포섭되지 않으면서 여성의 주체성과 운동의 자주성·자율성을 어떻게 회복할 것인가, 국가주의와의 단절이었다. 1945년 8월 일본의 패전과 더불어 시작된 연합군총사령부의 점령개혁은 일본의 민주화, 비무장화를 목표로 추진되어 전시하에 탄압받았던 사회주의, 공산주의의 혁신세력에게 정치 참여 공간의 확대를 가져왔고 여성에게 전전체제와의 단절과 여성운동 부활의 정치적 기회가 되었다. 점령당국은 일본을 전쟁으로 이끈 군국주의의 기반을 천황제와 가족제도의 결합으로 보고, 이를 해체하기 위한 발본개혁에 나섰다. 1945년 8월 여성참정권 부여, 1946년 공창제 폐지, 1947년에 연이어 상징천황제와 공적·사적 영역에서의 성평등을 규정한 「신헌법」 제정, 이에[家] 제도를 폐지하는 민법개정, 여성정책 주무국인 노동성부인소년국 설치가 이루어졌다.

전후 일본 여성운동의 재건은 1952년 샌프란시스코강화조약이 발효되고 점령이 종료되면서 점령개혁을 수정하려는 역코스에 맞서 여성정책을 지켜내는 것에서 시작되었다. 1951년부터 노동성부인소년국 폐지론이 대두하고 1952년에는 공창제 부활이 거론되었다. 1954년에 자위대가 창설되고 중앙집권적인 경찰제도가 발족되면서 헌법 개정과 민법의 재개정 논의가 제기되었다. 보수 정치가들이 '부부동권'과 '개인의 존중'을 규정한 헌법 제24조와 이와 관련하여 이에 제도를 폐지하고, 결혼을 개인 남성과 여성 간의 결합으로 규정한 민법을 문제시했다. 이에 제도는 국가의 근본으로 이에 제도의 폐지는 일본의 전통적 가족의 붕괴를 초래한다는 것이다. 여성단체들은 단체

간 이념의 차이를 넘어 '공창제도부활반대협의회', '이에제도부활반대연락협의회' 등을 결성하여 개혁의 수정을 저지하였다. 연대를 통해 성평등 개혁을 지켜낸 여성운동은 일본의 재군비에 대항하며 '재군비반대부인위원회'를 조직하고, 반전평화운동을 전개하였다. 수많은 어머니들이 참여한 반전 평화운동은 다시는 아이들이 전쟁터에 끌려가게 해서는 안 된다는 자성의 운동이기도 했다. 그러나 평화운동이 미군기지 반대 등 점차 반정부적인 정치운동으로 발전하자 '빨갱이', '위장된 좌익의 평화운동'이라는 흑색선전이 퍼져나갔다. 반전 평화운동은 1960년 안보투쟁[7]에서 정점을 이루다가 미일안보조약의 파기가 좌절되면서 약화되었다(야마시타 영애, 1995: 264~267; 이지영, 2012: 184~187).

정치적으로는 냉전질서가 투영된 보수 자민당과 혁신 사회당의 이데올로기 대립, 경제적으로는 고도경제성장, 사회적으로는 중류의식과 보수성과 비판성을 함께 지닌 신중간대중의 등장으로 특징되는 55년체제가 형성되어 지속되는 가운데 여성운동은 새로운 전기를 맞이한다. 바로 1960년대 말에 확산된 전 세계적인 제2의 물결 페미니즘의 도래이다. 19세기 말 여성참정권 운동으로 시작된 페미니즘의 제1의 물결에 이어 제2의 물결은 '사적인 것은 정치적인 것'이라는 표어를 내걸고, 사적 영역에서의 가부장제 해체와 공적 영역에서의 여성의 완전한 참여 확보를 통해 진정한 성평등을 실현하고자 하였다. 이러한 페미니즘의 제2의 물결의 영향하에 성평등과 여성의 주체성 회복을 주장하는 리브[8] 단체들이 등장하였다. 리브 단체들은 1970년 10월 도쿄

7 1951년에 연합국과 일본과의 전후처리를 규정한 샌프란시스코강화조약과 더불어 미일안전보장조약이 체결되었다. 미일안전보장조약은 일본의 안전을 미국이 보장하는 대신 일본에 미군 병력과 기지를 주둔시키는 내용을 골자로 한다. 안보투쟁은 10년 한시 조약이었던 미일안전보장조약의 갱신을 저지하기 위해 1959년부터 국회의원, 시민, 노동자, 학생이 대거 참여한 운동이었다.

8 women's liberation 의 약어 lib를 일컫는다.

신주쿠(新宿)에서 여성해방집회를 시작했다. 일본 사회에서 여성들이 여성해방을 외치며 대규모 가두시위를 벌인 최초의 역사를 쓰게 된다. 리브 운동의 혁신성은 그것만이 아니었다. 기존의 여성운동과는 달리 리브 운동은 가부장제와 남성의 여성의 몸에 대한 지배로부터의 해방, 아내와 어머니로서 담당하는 재생산기능, 낳는 성으로부터의 해방을 통해 성평등을 지향한 것이다. 그러나 여성의 몸의 권리와 주체성을 회복하려는 리브 운동에 대해 미디어는 선정적 기사거리로 다루거나, '프리섹스를 원하는 헤픈(だらしない) 여자들' 이라는 도덕적 꼬리표를 붙이거나, 변혁되어야 하는 것은 여성이 아니라 남성과 사회여야 한다고 주장하는 리브는 적대적이고 반사회적이라며 거세게 공격하였다. 결국 리브 운동은 물결이 되어 사회에 파급되지 못했고, 리브 운동이 개척한 여성의 주체성은 매몰되어 갔다.

리브 단체들을 대체하며 여성운동의 물결을 이룬 것은 유엔(UN)과 초국적 연대의 여성운동에 준거해서 「여성차별철폐협약(CEDAW)」(이하 협약)의 비준과 이행, 세계여성회의 「행동강령」의 이행을 요구하는 '세계여성의 해 일본대회의 결의를 실현하기 위한 연락회'(이하 '연락회') 등의 전국적인 여성단체들이었다. 1975년에 결성된 '연락회'는 리브 운동의 주장을 이어가면서도 성평등을 몸의 주체성 회복에서 모든 분야에서 여성의 완전한 참여를 통한 여성의 지위향상으로 확대시키고 급진적인 운동을 전개하기보다는 협약비준운동을 전개함으로써 사회적 지지를 획득하는 데 성공하였다(江原有美子, 1986: 276~292). 노조의 여성부에서 직능단체, 종교단체, 보수·중도·무당파·혁신에 이르기까지 이념의 차이를 넘어 여성단체는 결집하였다. 또한 국회에서는 초당파 여성의원단이 조직되어 1975년에서 1985년까지 3차에 걸친 세계여성회의 개최와 「행동강령」의 채택 등 유엔이 주도하는 성평등의 국제적 조류를 이용하였다. 국내적·국제적 여성연대를 이루며 협약비준운동은 전국적으로 전개되었고 1985년에 운동의 성과로 일본 정부는 협약에 비준하게 된다(山口みつ子, 1992: 53~70). 전후 일본의 여성단체가 대대적으로 성평등 이슈 아래

연대하고 성공을 거둔 것은 점령개혁 수정 저지 이후라고 할 수 있다.

협약 비준 이후 협약에 위배되는 국내법 개정과 협약 이행을 위한 신법 제정, 여성정책기구의 강화가 이어졌다. 대표적인 것이 1985년의 「국적법」 개정과 「남녀고용기회균등법」 제정, 1999년의 「남녀공동참획사회기본법」 제정과 2001년 남녀공동참획국 설치이다.

한편 제2의 물결 페미니즘은 학계에도 영향을 미쳤다. 각 대학에 여성학 강좌가 개설되고 1980년대 말부터는 젠더론이 성장하면서 젠더 지식집단이 형성되었다.

2) 젠더 역풍

그러나 이러한 제2의 물결 페미니즘의 지속과 성공은 「남녀공동참획사회기본법」 제정을 계기로 역풍을 맞게 된다. 젠더 역풍은 냉전붕괴, 사회당의 몰락과 자민당 일당우위, 거품경제 붕괴와 신자유주의 개혁, 신중간대중의 비판성 상실과 보수화라는 55년체제 해체의 대변화 속에 일었다. 지금까지 일본의 여성운동을 돌이켜보면 역풍이 없었던 적은 없다. 그러나 제2의 물결 페미니즘에 대한 역풍은 그 기간과 영향력에서 전후 유례가 없다고 할 만큼 일본의 정치·사회 전역에 침투, 확산하여 일본의 보수화를 상징하는 사회 현상이 되었다.

1995년에 베이징에서 개최된 제4차 세계여성회의는 젠더 평등과 이를 달성하기 위한 전략인 젠더 주류화를 표방하였다. 유엔과 제2의 물결 페미니즘이 젠더 평등과 젠더 주류화를 강조한 배경에는 그동안의 여성운동과 유엔의 활동으로 법률상 남녀의 동등한 기회, 권리가 보장되게 되었으나 여전히 남녀 간의 불평등, 격차가 존재한다는 문제가 있다. 유엔은 성차별의 원인을 성역할 분업 및 그 의식을 유지시키는 관행과 제도, 사회시스템, 그리고 그에 의해 고착화된 남성과 여성 간의 불평등한 권력구조에서 찾았던 것이다.

일본도 「베이징 행동강령」을 이행하기 위해 국내적으로 제도 정비를 추진하는데, 「남녀공동참획사회기본법」(이하 「기본법」) 제정에서 목표로 설정된 것이 '젠더로부터의 해방', 즉 '젠더프리(gender free)를 지향하는 남녀공동참획(男女共同参画) 사회의 구현'이다. 그러나 젠더프리와 남녀공동참획은 일본에서만 통용되는 신조어로서 젠더 평등의 굴절된 표현이다. 용어도 익숙하지 않을뿐더러 개념도 명확하지 않다. 젠더프리의 경우는 영어표현으로서도 불명확하다. 프리는 일본에서 일반적으로 이해되고 있는 것처럼 '~으로부터의 자유나 해방'이라는 의미보다 '~이 없다'는 의미로 쓰여, 젠더프리라고 하면 '젠더를 보려 하지 않는', '젠더가 보이지 않는'이라는 부정적 의미라고 한다(이지영, 2009: 551, 553).

그렇다면 일본에서는 왜 젠더 평등이나 성평등이 아니라 의미가 불명확한 젠더프리와 남녀공동참획이 사용되었는가. 첫째는 정치적인 이유를 들 수 있다. 「여성차별철폐협약」 비준 이후 성사되지 못한 「성평등기본법」을 타이밍을 놓치지 않고 제정하기 위해 여성학자, 젠더이론가들이 기본법 심의회의 논의 과정에서 법제정 반대 회피의 전략으로 여성, 차별, 평등은 사용하지 않기로 한 것이다. 그리고 긍정적 이미지를 더하기 위해 '공동'을, 단순히 참여할 뿐 아니라 참여해서 실질적으로 의사결정한다는 의미를 강조하기 위해 '참획'을 사용하였다(이지영, 2009: 555). 둘째는 일본의 정책과정에 뿌리내린 점진주의를 들 수 있다. 성차별과 불평등 문제를 정면으로 거론하고 성차별을 금지하거나 불평등한 제도를 수정, 폐기하기보다 신중하게 접근하며 개인과 집단의 노력을 중시한다. 셋째는 제도보다 의식과 태도 면의 강조를 들 수 있다. 젠더 평등을 실현하기 위한 제도설계를 어떻게 할 것인가 보다 개인의 의식과 태도를 어떻게 개선시킬 것인가에 중점이 놓였다. 따라서 의식교육과 계몽이 시책의 중심이 되었다. 젠더프리 개념의 형성에는 실제로 심리학자, 교육학자, 정신의학 전문가가 역할을 하였다(山口智美 外, 2012: 2). 넷째로 들 수 있는 것은 1980년대 말부터 성장한 젠더 지식집단이 전문가 그룹으로서 여성정책의 정책과정을 주도하게 되면서 여성운동가의 참여는 감소한 점이다. 그 배경에는 운동의 제1세대의 사망과 제2세대의 고령화가 진행되는 가운데 좀처럼 차세대의 육성이 이루어지지 않는 세대교체의 어려움이 있다. 여성운동은 조직과 현장성에서 약화되고(이지영, 2012: 197), 관료화된 젠더 지식집단은 현실의 불평등 문제를 다루기보다 이론에 경도되었다.

다음 전문에서도 알 수 있듯이 「성평등기본법」도 「차별금지법」도 아닌 계몽적, 이념적 성격이 강하면서도 내용은 추상적이고 개념은 모호한 「남녀공동참획사회기본법」이 제정되었다.

> 우리나라는 일본국 헌법에 개인의 존중과 법 아래 평등을 주창하고 남녀평등의 실현을 위한 다양한 조치들을 국제사회의 조치들과 연동시켜 부단히 추진해 왔으나 더욱 노력이 요구되고 있다. 한편, 저출산고령화사회의 진전, 국내 경제활동의 성숙화 등 우리나라 사회경제 정세의 급속한 변화에 대응해 나가는 데에서도 남녀가 상호 인권을 존중하고 책임을 분담하며 성별에 관계없이 그 개성과 능력을 충분히 발휘할 수 있는 남녀공동참획사회의 실현은 긴급한 과제이다. 이러한 상황에 비추어 남녀공동참획사회 구현을 21세기 우리나라 사회를 결정하는 가장 중요한 과제로 설정하고, 사회의 모든 분야에서 남녀공동참획사회 구현 촉진에 관한 시책의 추진을 꾀하는 것이 중요하다. 여기에 남녀공동참획사회의 형성에 관한 기본이념을 밝히고, 그 방향을 제시하며, 미래를 향해 국가, 지방공공단체 및 국민의 남녀공동참획사회 형성에 관한 책무를 종합적이고도 계획적으로 추진하기 위해 이 법률을 제정한다.

여성해방이나 가부장제로부터의 해방도 아닌 '젠더로부터의 해방'을 내건 젠더프리 교육이 현장에서 실시되고 1999년 「기본법」 제정 이후 각 지자체에서 조례가 제정되면서, 일본의 젠더 역풍은 거세게 일어나 전국으로 확산되었다.

특기할 만한 것은, 젠더프리에 대한 반대 담론은 주로 교육과 관련해서, 남녀공동참획에 대한 반대 담론은 대부분 가족과 일본의 전통문화와 관련해서 유포되었다는 것이다. 전자에는 '과도한 성교육', '과격한 페미니즘', '공산주의', '좌익', '프리섹스 조장' '성차의 부정'이라는 문구가 주로 사용되었고, 후자에는 '일본의 전통문화 파괴', '전업주부의 가치 부정', '가족 해체'라는 표현이 구사되었다. 모두 남성 중심의 보수 언론과 보수 언론계열의 잡지, 주류 우파 단체의 홈페이지에서 생산, 유통되기 시작한 수사어구이다. 그러나 교육, 가정과 관련해서 반대 담론이 형성되면서 젠더프리 교육 반대운동이나 기본법 조례제정 저지운동에는 여성이 대다수 참여했다. 어머니로서 과격하고 과도한 젠더교육으로부터 자녀들을 보호하고, 전업주부로서 주부의 역할, 재생산노동의 가치를 지켜내겠다고 집합적 행동에 나선 것이다. 반(反)젠더 담론은 성평등 원칙에 반대하는 것이 아니라 어디까지나 젠더프리와 남녀공동참획이 '공산주의', '전체주의', '좌익'과 같이 과격하고 유해하기 때문에 반대한다, 남성과 여성의 역할이 다른 것이지 일본 사회에는 불평등이 존재하지 않는다는 담론 구조를 구축했다. 젠더 역풍에는 개인의 선택을 중시하는 자유주의자들도 참여했다. 이들은 남녀공동참획사회에 거부감을 드러냈다. 행정이 톱다운 방식으로 추진하는 남녀공동참획사회가 여성다움이나 전업주부의 라이프 스타일을 선택할 수 있는 개인의 자유를 침해한다는 것이다 (山口智美 外, 2012: 22~33).

젠더 역풍에서 나타나는 또 다른 특징은 정보유통과 의사소통의 주요 매체가 신문, 잡지 등의 미디어에서 인터넷으로 대체되는 가운데 인터넷상에서 활약하는 '넷우익'이 반젠더 담론의 주요 발신자, 유통자로 부상했다는 점이다. 이로써 대부분의 지식과 정보를 활자매체가 아닌 인터넷에서 접하는 젊은 세대를 소비자로 포섭할 수 있었다. 다음으로 보수운동의 주체가 주류 보수단체에서 자유주의자, 전업주부, 비판성을 상실한 신(新)중간대중으로 외연이 확대되면서 보수운동이 일반화되었다는 것이다. 주류 보수단체라고

하면 1984년 정책제언을 목적으로 설립된 '일본정책연구센터', 1996년 말에 조직된 '새로운 역사교과서를 만드는 모임', 1997년 5월에 '일본을 지키는 국민회의(日本を守る国民会議)'와 '일본을 지키는 모임(日本を守る会)'이 통합하여 결성된 '일본회의'를 들 수 있다. 이 단체들은 역사인식, '위안부' 문제에서 부부별성(夫婦別姓)[9] 반대, 여성천황 반대, 애국교육, 개헌에 이르기까지 일본 사회의 보수적 가치를 실현하고자 보수운동을 벌여왔다(정미애, 2008: 13~15). 이 보수운동의 일반화, 일본 사회의 보수화를 이끈 것이 '위안부' 부정과 젠더프리, 남녀공동참획 반대이다.

이러한 보수 언론, 보수 정치가, 우파단체, 전업주부, 자유주의자 등의 반젠더 연대와 그 영향력은 지자체의 조례제정 저지를 성공시켰고, 결국 여성정책 전담국인 남녀공동참획국이 젠더프리 용어를 사용하지 않겠다고 선언하면서 10여 년에 걸친 젠더 역풍은 2000년대 중반을 정점으로 이후 수그러들었다(이지영, 2012: 558~560).

4. 일본의 포스트페미니즘의 전개, '여자력'과 '애국여성'

1) 여자력

젠더 역풍은 잠잠해졌지만 힘을 잃어서가 아니다. 오히려 반젠더 담론이 젠더 담론의 지형에서 보편화되는 성공을 거두었기에 더는 힘을 쓸 필요가

---

9 일본은 「민법」과 「호적법」에서 일본인 간의 혼인의 경우 부부동성(夫婦同姓)을 규정하고 있다. 현재 법적으로 부부동성을 규정하고 있는 것은 일본뿐이다. 1994년부터 민법개정 관련 심의위원회는 부부별성을 선택할 수 있는 선택적 부부별성제의 도입을 권고하고 있으나 현재까지 이루어지고 있지 않다. 보수 정치가와 우파로부터 부부별성은 일본의 전통적 가족을 해체할 우려가 있다며 부부별성 반대가 견고하기 때문이다.

없어졌다고 평가하는 것이 타당할 것이다. 젠더 역풍은 특히 젊은 세대들에게 지대한 영향을 미쳤다. 실질적으로 불평등이 존재함에도 일본 사회는 평등하다는 인식과 성평등을 주장하는 페미니즘이나 젠더론에 대한 반감이 확산되었다. 젊은 세대의 성 역할 분업의식은 견고해져, 젊은 여성의 '전업주부 지향', 여자 대학생의 '취업활동'이 아닌 '결혼활동' 붐, 여성이 사회적 지위와 성공을 획득해도 결혼하지 못하면 '패배자(負け犬)' 취급하는 것이 인터넷을 중심으로 미디어에서 이야기되었다(菊池夏野, 2016: 19; 2019: 79~82).

이런 가운데 일본의 포스트페미니즘은 전개되기 시작한다. 그 대표적 현상이 '여성이 빛나는 사회', '여성이 활약하는 사회', '여성의 진출', '여자력' 등 성별을 전면에 내건 용어가 남녀공동참획을 대체한 것이다. 이 용어들은 여성의 사회진출, 노력, 여성성을 여성의 능력으로 칭송하고 여성의 주체성을 강조하는 표현들과 함께 사용되며, 밝고 긍정적인 이미지로 그려진다. 그 가운데에서도 여자력 담론은 포스트페미니즘의 연구 대상이 될 정도로 패션잡지와 미디어에서 유행하였고, 일상의 커뮤니케이션에서 일반적으로 사용되게 되었다. 성 역할 분업을 강조하고 전업주부의 가치, 일본의 전통적 가족을 보호해야 한다는 젠더 역풍과는 확연히 구별된다고 할 수 있다.

그렇다면 동일하게 여성의 사회진출을 주장하는데 왜 남녀공동참획은 역풍에 직면하고, 여자력은 포스트페미니즘적 담론이 되었는가. '여성'을 내세우면 반대당할 우려 때문에 '여성'을 사용하지 않기로 한 남녀공동참획은 거부당하고, 왜 성별성을 극명하게 드러낸 여자력은 수용되었는가. 1990년대 말과 2000년대 말 이후의 일본 사회는 무엇이 다른가. 그 일단을 이해하는 데 중요한 것이 일본 정부가 주도하는 신자유주의 개혁이다.

1990년대는 거품경기 붕괴로 지금까지 경험하지 못한 기업도산과 취업난, 장기불황, 소비심리 냉각과 디플레이션의 '잃어버린 10년'이었다. 그 잃어버린 10년 동안에 남녀공동참획은 추진되었고, 작은 정부를 지향하는 전후 최대 규모의 정부조직 개편에서도 남녀공동참획추진체제는 강화되었다. 2001

년 고이즈미(小泉) 내각이 성립되면서 일본은 서구보다 늦게 장기불황에서 벗어나기 위한 신자유주의 개혁을 본격적으로 실시한다. 부실채권 정리와 민영화, 복지 분야의 축소와 시장화, 종신고용과 연공서열 등 일본적 고용관행의 포기와 노동의 유연화가 진행되었다. 그 결과, 대기업과 중소기업, 수도권과 지방, 정규직과 비정규직, 남성과 여성 간의 격차뿐 아니라 남성 간, 여성 간에 격차가 발생했다. 일본은 신중간대중사회에서 격차사회로 변화했고 격차사회가 진행된 2000년대에 젠더 역풍은 확산되었다.

이때 암울했던 '잃어버린 20년'으로부터의 일본부활[日本再生]을 목표로 정권 획득에 성공한 것이 아베(安倍) 내각이다. 아베 내각은 아베노믹스를 전면에 내세우며 재등장한 이후 일본 정치사상 최장기 집권을 기록한다. 아베노믹스의 성장전략에서 '여성이 빛나는 사회'가 핵심으로 정위(定位)되고, 2015년에 그를 뒷받침하는 「여성활약추진법」이 제정되었다. 그때까지는 '여성'만을 사용하는 것은 억제되었으나 이 억제를 제거하고 '여성'을 내건 것이 이 「여성활약추진법」이다. 「여성활약추진법」 제1조는 다음과 같이 규정하고 있다.

> 이 법률은 근년 자신의 의사로 직업생활을 영위하거나 또는 영위하려는 여성이 그 개성과 능력을 충분히 발휘하여 직업생활에서 활약하는 것이 더욱 중요해졌음을 감안하여 「남녀공동참획사회기본법」의 기본이념에 따라 여성의 취업생활에서의 활약을 추진하는 것에 대하여 그 기본 원칙을 정하고, 또한 국가, 지방공공단체 및 사업주의 책무를 명확히 하며, 기본방침 및 사업주의 행동계획의 책정, 여성의 취업생활에서의 활약을 추진하기 위한 지원조치 등에 대하여 규정함으로써 여성의 취업생활에서의 활약을 신속 및 중점적으로 추진하여 남녀의 인권이 존중되고 급속한 저출산고령화의 진전, 국민의 수요의 다양화, 기타 사회경제 정세의 변화에 대응할 수 있는 풍요롭고 활기찬 사회를 실현하는 것을 목적으로 한다.

「여성활약추진법」은 기업에서의 여성활동을 '여성활약'으로 상정하면서, 국가로부터의 특정 라이프 스타일의 강요라는 비판을 자발적 선택임을 강조하는 '자신의 의사로'라는 표현으로 회피하고 있다. 또한 「여성활약추진법」은 여성의 과반수가 비정규직인 현실에서 정규직 여성을 대상으로 하고 있어 여성 간 경제적 불평등이 고착화할 수 있음에도 여성의 주체성을 담지한 '활약', 긍정적인 이미지의 '활기찬 사회'로 격차와 불평등의 문제를 불가시화하고 있다(菊池夏野, 2019: 56~59). 이와 때를 같이하여 2015년 9월에 발표된 제2단계 아베노믹스에서는 중점과제로 '꿈을 키우는 육아'가 채택되면서 출산율 1.8이 수치목표로 제시되었고, 생산성 향상을 위해 향후 50년 후에도 인구 1억 유지, '1억 총활약사회'를 지향했다. 그리고 출산율 1.8 달성을 위해 구체적으로 유아교육 무상화, 결혼 지원, 불임치료 지원, 3세대 동거, 대가족 육아환경 정비, 취업여성의 육아 지원을 위한 외국인 여성노동자의 돌봄 노동 허용 등이 열거되었다(이지영, 2019a: 394~396).

기업과 사회의 생산성을 유지하기 위한 여성의 노동력화와 출산 장려는 저출산 고령화라는 사회문제 해결과 일본 부활이라는 국가 차원의 의미 부여를 통해 긍정적·능동적으로 수용되며 역풍은 발생하지 않았다.

국가주도의 신자유주의 개혁이 성 역할 분업을 '남성은 일, 여성은 일과 가정'으로 재편하며 여성에게 이중의 역할을 요구하는 속에서 여자력은 확산되었다. 여자력(女子力)이라는 용어가 처음 사용된 것은 만화가 안노 모요코(安野モヨコ)가 쓴 『미인화보하이퍼(美人画報ハイパー)』[10]의 저자 후기에서라고 한다. 저자 후기에서 안노는 만화가로서 성공했음에도 파티에서 자신이 아니라 예쁘게 꾸민 여성이 주인공이 되는 것에 쇼크를 받아 용모나 패션에 힘써서 '여자력'을 끌어올리겠다고 결의했다는 에피소드를 소개한 것이 여자력 유행의 시작이었다(菊池夏野, 2019: 85~86). 이후 여성잡지뿐 아니라 패션잡

---

10 2006년에 고단샤문고(講談社文庫)에서 문고판으로 출간되었다.

지, 일반잡지, 남성잡지, CM, 드라마에서 여자력은 유통되고 소비되었다. 여성 기업가(起業家) 이토 준코(伊藤淳子)가 2010년에 여성 기업가 108명을 소개하는 『여성기업가·리더명감 — 108인의 108 이상의 일(女性起業家・リーダー名鑑—108人の108以上の仕事)』을 출간, 2013년에 제2탄 『여자력의 시대를 열다 — 여성 기업가·리더명감(女子力の時代を拓く—女性起業家・リーダー名鑑)』을 발간한 것에서도 나타나듯이 여자력은 패션, 메이크업, 체형 등 여성의 외모를 가꾸는 능력이라는 의미에서 점차 여성의 활약, 사회 진출, 여성의 성공으로 확장되어 갔다.

이러한 여자력에 대해서 두 가지 차원에서 연구가 이루어졌다. 하나는 담론 차원, 또 다른 하나는 인식 차원이다. 전자의 대표적인 연구로는 곤도 유이(近藤優衣)가 2002년 3월부터 2012년 7월까지 발행된 잡지기사 중 여자력에 관한 256건의 담론 내용을 분석하여 유형화한 것을 들 수 있다. 이 연구에 따르면 여자력 담론은 다음 네 가지 유형으로 분류된다. 첫째는 '남성 지향'의 여자력이다. 남성 지향의 여자력은 외적인 '아름다움', '가사능력', '분위기 파악 능력(気が利くこと)'으로서 인기·연애·결혼을 잘 이룰 수 있다는 의미로 사용되었다. 둘째는 '자신 지향'의 여자력이다. 자신 지향의 여자력은 '아름다워짐으로써 자신에 대해 만족감을 느낀다'는 의미이다. 타자의 시선이 존재하지 않지만 자신감과 충족감을 목적으로 외모를 가꾸고 여성성을 키우는 것으로 사용되었다. 셋째는 '여성 지향'의 여자력이다. 이는 여성 간의 인간관계를 원활하게 하기 위해 필요한 외모의 아름다움을 가리킨다. 아름다워짐으로써 여성의 호의를 이끌어내고, 여성의 선망의 대상이 되며 여성이 좋아하는 여성이 되는 것이다. '여성은 여성의 적이 아니다'라는 표현이며, 아름답게 꾸미고 모임으로써 여성 간의 연대감을 이루는 능력으로 사용되었다. 넷째는 '일 지향'의 여자력이다. 일 지향의 여자력은 '여성의 사회진출', '남성처럼 일하는 것', '직장의 분위기를 파악하는 힘', '자연스러운 배려심', '상대를 돋보이게 하는 것'이며, 또한 '일과 가정의 양립'의 맥락에서 사용되

었다. '여자력 시대의 커리어우먼'의 능력을 의미한다(近藤優衣, 2014: 24~34).

이에 대해 기쿠치 나쓰노(菊池夏野)는 2013년 9월부터 12월까지 7개 대학 782명의 학생을 대상으로 여자력이 어떻게 인식되고 있는지 조사를 진행하였다. 대상자의 성별은 여성이 457명으로 58퍼센트, 남성이 285명으로 전체의 37퍼센트를 차지했다. 조사결과, 우선 여자력을 인지하게 된 시기로는 2010년 전후라고 답한 비율이 가장 많아, 이 조사에서도 젠더 역풍 이후 여자력이 주요 담론으로 자리 잡게 되었음을 알 수 있다. 여자력의 주요 내용은 복장이나 메이크업 등 외견의 아름다움, 매너 등과 더불어 가사능력으로 인식되었다. 특기할 만한 것은 여성이 남성보다 외모의 아름다움으로, 남성은 외모의 아름다움보다 가사능력으로 인식하는 비율이 높았지만 여성의 응답에서도 가사능력을 여자력으로 인식하는 것에 큰 차이는 없다는 것이다. 여자력에 대해서는 남녀 모두 긍정적으로 인식하고 있는데, 그 이유는 능력을 향상시키기 위해 노력하는 것은 좋은 것이고, 그러한 노력으로 향상된 여자력이 결혼이나 연애에서 유리하게 작용한다는 것이다. 종래의 여성성으로 일컬어졌던 '여성다움(女らしさ)'은 심신에 자연스럽게 배어 있는 것으로서 발견되는 것이었다면, 여자력은 그와는 달리 매일매일 부단한 인공적 노력의 결과로서 취업뿐 아니라 연애와 결혼의 경쟁에서 이길 수 있는 전략적인 것으로 인식되고 있다(菊池夏野, 2016: 19~47).

이와 같은 여자력 담론에 대한 평가도 다양하다. 요네자와 이즈미(米澤泉, 2014: 191)는 여자력을 외모를 가꾸는 능력으로 인식하지만 남성을 향한 것이 아니라 여성으로서 살아가기 위한 원동력으로 아내와 어머니라는 사회적 역할, 현모양처 규범을 경쾌하게 벗어던지는, 여성을 해방시키는 것으로 파악한다. 다카하시 유키(高橋幸, 2020: 194~195)도 현대의 '여성다움'에 대해 사회나 남성으로부터 요구되는 '여성다움'이 아니라 자신이 원하는 '여성다움으로의 자유'를 지향하는 여성의 주체성의 발현으로 평가하며 포스트페미니즘의 가능성을 진단한다.

그러나 담론 차원이든 인식 차원이든 상기의 연구에서 여자력은 다음과 같은 특성을 지니고 있음을 알 수 있다. 여성의 다양한 능력을 의미하는 여자력이지만 그 중심은 외모의 아름다움으로 신체화된 능력이라는 것이다. 그 신체화된 능력만큼이나 중시되는 것이 가사능력으로 여전히 재생산노동이 여성성의 특권적 지위를 차지하고 있다. 기쿠치 나쓰노가 주장하는 바와 같이 여자력은 '새로운 여성성으로의 자유를 추구하는 주체적 여성의 능력'이라는 측면보다 전통적 현모양처 규범이 가정에서 사회로 확대된 양상으로 볼 수 있다(菊池夏野, 2016: 23~47).

또한 여자력은 여성집단의 여성성이 아니라 개개인의 선택과 부단한 노력을 통해 획득되는 자기규율적 개인의 능력이며 취업, 결혼, 인간관계를 둘러싼 경쟁의 자본이다. 국가가 주도하는 신자유주의 개혁하에 여성은 개개인을 노동력화하고 국가가 장려하는 결혼과 출산에 자신의 신체와 여성성을 자본화하고 있다. 이러한 여자력은 여성의 새로운 평가나 자격의 기준으로 작동하며 여자력이 낮거나 여자력을 향상시키기 위한 노력을 하지 않거나 부족한 여성, 여자력이라는 자본을 갖지 못한 여성에 대한 새로운 억압과 배제로 이어질 위험 또한 내포하고 있다. 무엇보다 여자력이 여성 개인의 신체화된 경쟁의 자본이라는 측면에서 볼 때 여자력이 지향하는 것은 성불평등한 사회구조나 기존의 젠더 권력관계의 변혁은 아니다. 젠더 역풍이 일반화되고 제2의 물결 페미니즘이 부정되면서 등장한 여자력은 성폭력, 여성 빈곤, 성차별 등 현실적으로 존재하는 불평등 시정으로는 향하지 못하고 있다.

여자력의 또 다른 특성으로 들 수 있는 것은 여자력은 성적 매력이나 여성의 성적 자기결정능력은 의미하지 않는다는 것이다. 여자력은 성적 매력이나 성적 주체성보다는 순종과 상냥함을 내포한 '사랑스럽다(かわいい)'를 지향한다. 이 또한 여자력이 '종래의 여성성으로부터의 자유', '현모양처 규범으로부터의 해방'을 지향하는 여성의 주체성의 발현으로 평가하기는 어렵다고 할 것이다.

이에 대해 집단으로서의 여성 정체성을 형성하고 주체성을 주장하며 풀뿌리운동을 전개한 것은 '애국여성'이다.

2) '애국여성'

보수 여성들은 지금까지 일본의 전통적 가치를 주장하는 보수운동에 참여해 왔다. 그러나 보수운동의 주체는 전국적인 일본의 전통적 보수단체나 주류 우파단체였고 보수 여성들은 운동의 의제설정이나 의사결정에서 주변화되어 왔다. 즉 보수운동의 여성들이었다. 젠더 역풍과 조례제정 반대운동에 참여했던 여성들도 보수운동의 여성이었다고 할 수 있다. 그러나 2010년대에 접어들어 여성들이 독자적으로 독립된 조직을 결성하여 운동을 주도하는 보수 여성의 운동이라는 새로운 흐름이 나타났다. 이러한 흐름을 만들어낸 보수 여성들의 정체성이 애국여성이다. 일본과 애국, 여성을 연결하고 보수 여성들의 주체화를 촉발시킨 것은 '위안부' 문제였다. 특히 2015년 한일 '위안부' 합의와 그 이후의 과정은 보수 여성들을 결집시키고 '위안부' 부정을 풀뿌리운동으로 자리 잡게 했다. 또한 보수운동의 여성들이 주로 전업주부였다면, 보수운동을 주도하는 애국여성은 직업여성, 전업주부, 여학생 등 다양하다. 그중에서도 젊은 여성의 참여가 많다는 것이 특기할 만하다.

이러한 보수 여성단체의 대표로는 '일본 여성의 모임 소요카제(日本女性の会 そよ風)'[11](이하 '소요카제'), '나데시코[12] 액션 올바른 역사를 차세대에 계승하는 네트워크(なでしこアクション 正しい歴史を次世代に繋ぐネットワーク)'(이하 '나데시코 액션'), '애국여성의 모임 꽃시계(愛国女性のつどい花時計)'(이하 '꽃

---

11 소요카제(そよ風)는 산들바람이라는 뜻이다. 이 글에서는 번역하지 않고 소요카제로 쓴다.

12 패랭이꽃. 전통적인 일본 여성에 대한 미칭(美稱)이기도 하다. 이 글에서는 번역하지 않고 나데시코로 쓴다.

시계')의 3개 단체를 들 수 있다(鈴木彩加, 2019: 74~77).

젠더 역풍이 절정을 지나면서 2007년에 결성된 것이 '소요카제'이다. '소요카제'는 '위안부' 문제에 대해 여성이 전면에 나서서 활동하는 선구가 되었다. '소요카제'는 홈페이지에서 활동 취지를 다음과 같이 밝히고 있다. "언론의 편향보도, 교육의 장에서의 자학사관 수업 등으로 일본의 위기를 느끼고 있습니다. 이제 남성에게만 맡겨둘 수 없습니다! 일본을 지키기 위해 우리 여성은 일어섭니다. 선인들이 목숨을 걸고 쌓아온 이 훌륭한 나라, 일본을 잃지 않기 위해 지금 우리들이 힘을 내야만 하지 않겠습니까. 말로만으로는 아무것도 변하지 않습니다. 우리는 행동합니다. '소요카제'는 일본을 사랑하는 여성의 모임입니다."[13] '소요카제'는 여성이 주체적으로 '위안부' 문제에서 행동해야 일본을 지키는 것이고, 힘을 내서 일어서는 여성이야말로 '애국여성'이라고 설파하고 있다. 표 5-1은 '소요카제'의 주요 활동 내용이다.

'소요카제'와 더불어 국내외 '위안부' 기림비 건립 반대운동을 비롯해 '위안부' 문제에서 가장 활발한 활동을 전개하고 있는 것이 '나데시코 액션'이다. 야마모토 유미코(山本優美子) 대표는 '나데시코 액션'에 대해 "뜻있는 여성들이 잘못된 선전활동을 저지하기 위해 활동하고 있는 단체입니다. 종군위안부의 존재를 인정하지 않는 것이 아니라 종군위안부가 성노예로 오해되는 것을 좋아하지 않습니다. 그리고 해외에서 위안부의 기념비가 세워지는 것에 항의하는 의지를 표명해 왔습니다"라고 설명하고, "나는 학자도 언론인도 아닌 극히 평범한 일본인 여성입니다. 단지 위안부에 대해 잘못된 것이 사실이 되어 세계에 퍼지고 있는 것을 심히 걱정하고 있습니다. 저도 위안부 여성이 매우 괴로운 경험을 했다는 것에는 매우 동정합니다. 다만 일본의 역사가 세계에 잘못 퍼지는 것에 대해 목소리를 내고 싶다고 생각했습니다. 그리고 위안부 문제는 남성이 말하는 것보다도 여성이 목소리를 내는 것이 좋다고 생

13 そよ風, 2009년. http://www.soyokaze2009.com/soyokaze.php(검색일: 2022.05.10).

표 5-1 '소요카제'의 주요 활동

2009년	8월	시부야(渋谷)역 앞 가두선전
	9월	시부야역 앞 가두선전
	10월	산노미야(三ノ宮)역 앞 가두선전
	11월	후쿠오카텐진(福岡天神) 앞 가두선전
2010년	2월	외국인참정권 반대 데모
	3월	외국인참정권 반대 데모, 부부별성 반대 데모
	5월	시부야 데모
	8월	긴자(銀座) 데모
	11월	오사카(大阪) 데모
2011년	8월	민주당 규탄 데모
2012년	3월	산노미야역 앞 가두선전
	5월	종군위안부 가두 설문조사
	7월	신주쿠(新宿) 가두선전
	9월	산노미야역 앞 가두선전, 한일국교단절 행진
	11월	삿포로(札幌) 행진
2013년	1월	오스프레이 배치반대 데모에 항의
	4월	군마 숲(群馬の森)의 조선인비 항의 가두선전
	7월	삿포로 행진
	8월	위안부기림일 항의
	9월	삿포로 가두선전, 참의원회관 앞 항의
2014년	3월	산노미야역 앞 가두선전, 고노(河野)담화 철폐 서명운동
	5월	고노요헤이(河野洋平) 국회초치 서명운동
	7월	삿포로 가두선전, 안보법제추진 가두선전
2015년	9월	북해도 가두선전
2016년	2월	마에바시(前橋) 지방법원 앞 가두선전
	4월	마에바시 지방법원 앞 가두선전
2017년	5월	군마 숲의 조선인추도비 항의 가두선전
	7월	야스쿠니신사(靖国神社)에 헌등
2018년	2월	군마 숲의 조선인추도비비 항의 가두선전
	10월	군마 숲의 조선인비추도비 항의 가두선전
2019년	2월	군마 숲의 조선인비추도비 항의 가두선전

* 자료: 鈴木彩加(2019: 233). 소요카제 홈페이지에서 재구성.

표 5-2 '나데시코 액션'의 주요 활동 내용

2011년	3월	일본 정부에 '위안부에 대한 사죄와 배상'을 요구하는 의견서를 제출한 36개 지방의회에 질문장 제출
	11월	한국 수요집회 항의 행동
2012년	3월	유엔인권위원회에 '전시 중의 위안부는 상업 매춘부로 일본은 사죄도 배상도 필요 없다'는 입장의 보고서 제출
	4월	뉴욕시에 위안부기림비 반대 항의 편지
	5월	인권침해구제기관설치법 반대
	6월	미 하원 위안부결의안 철폐 백악관 청원
	7월	캘리포니아주 글렌데일시에 위안부기림일 항의 메일
	9월	자민당 본부 앞 데모
2013년	1월	미시간주 디트로이트 소녀상 건립 반대 메시지
		뉴욕주의회 위안부결의 반대 메시지
		뉴저지주의회 위안부결의 반대 메시지
		싱가포르 소녀상계획 반대 메시지
	3월	뉴욕 홀로코스트기념관에 위안부전시 반대 메시지
	4월	뉴저지 포틀리 위안부기림비 건립계획 반대 메시지
	5월	일리노이주 하원 위안부결의 항의 메시지
	11월	고노요헤이에 질문장 송부
	12월	프랑스 앙글렘 만화제는 한국의 위안부 반일 캠페인에 협력하지 말라는 서명운동
2014년		오스트레일리아 스트라스필드 위안부기림비 반대
		버지니아주 팰리팍스 위안부기림비 반대
		캐나다 위니페그 인권박물관 위안부 전시 반대
2015년	7월	제네바 유엔 여성차별철폐위원회 준비위원회 참가
		제네바시에서 강연회
2016년	2월	제네바 유엔 여성차별철폐위원회 참가
	5월	유네스코 세계기억 등록 신청
2017년	9월	유테스코 세계기억에 공개서한
		독일 슈레더 전 수상에 '한국의 위안부 방문'에 대하여 공개서한

* 자료: '나데시코 액션' 홈페이지 http://nadesiko-action.org에서 재구성.

각합니다"라며 '위안부' 문제에 나서게 된 이유를 밝히고 있다(이지영, 2019b: 67~69). 표 5-2는 '나데시코 액션'의 주요 활동 내용이다.

'소요카제'에서 운동방침을 둘러싸고 2013년에 분파해서 설립한 것이 '꽃시계〉이다. '꽃시계'는 홈페이지에서 "야스쿠니신사(靖国神社) 경내에서 영령에 봉헌하는 군가나 창가를 연주하고 싶은, 용기 있는 '꽃시계' 회원 둘이 일어섰습니다. 그때부터 매년 종전(終戰)의 날이 되면 연주를 기다려주신 참배객 분들이 모이셔서 '꽃시계'의 음악군대 '화음(花音)'의 연주에 맞춰 군가를 크게 열창하고 있습니다. 처음에는 둘이 시작했습니다만 지금은 '화음'의 각 악기 파트와 보컬이 모두 모였고 군가의 음악대로서 형태를 갖추었습니다", "여성이 군가를 연주해? 놀라는 분도 계시겠지만 우리는 군가의 이미지를 바꾸고 싶다고 바라고 있습니다. 일본의 군가는 용맹스러울 뿐만 아니라 밝고 활기가 있습니다. 가사도 아름다운 것이 많습니다. 보다 많은 사람들에게 잊혀버린 군가의 훌륭함을 전하고 싶습니다. 연주 레퍼토리는 「바다를 가면(海ゆかば)」, 「동기의 벚꽃(同期の桜)」, 「출정병사를 보내는 노래(出征兵士を送る歌)」, 「애국행진곡」 등, 지금은 30곡 이상의 군가를 마스터했습니다"[14]라며 자신들을 소개하고 있다. 주요 운동은 역시 '위안부' 부정이다. 표 5-3은 '꽃시계'의 주요 활동 내용이다.

누가 남성이 만든 '위안부' 문제를 해결하고 '위기에 처한 국가'를 구출해내야 하는가. 바로 일본을 사랑하는 평범하지만 결연히 일어서 주장하고 행동하는 주체적인 '애국여성'이다. 이러한 애국여성 단체와 애국여성 담론이 만들어진 곳이 인터넷 온라인 세계이다. 이들은 유튜브와 블로그를 통해 행동하는 애국여성의 영상과 기사를 발신하고, 트위터와 페이스북을 통해 '위안부' 문제에 젊은 여성들의 참여를 촉구하고 있다. 많은 일본의 젊은 여성들

---

14 愛国女性のつどい花時計. http://www.hanadokei2010.com/prof.php?no=2(검색일: 2022.04.25).

표 5-3 '꽃시계'의 주요 활동 내용

2010년	5월	아동수당, 부부별성 반대 행진
2012년	5월	시부야 가두선전
	7월	시부야 가두선전
	10월	시부야 가두선전
	12월	시부야 가두선전
2013년	3월	시부야 가두선전
	5월	시부야 가두선전
	8월	시부야 가두선전
	10월	후나바시(船橋) 가두선전
	11월	시부야 가두선전
2014년	1월	후나바시 가두선전
	4월	오미야(大宮) 가두선전
	5월	시부야 가두선전
	8월	시부야 가두선전
	9월	이와나미(岩波)서점 항의활동
	10월	후나바시 가두선전
2015년	1월	신바시(新橋) 가두선전
	4월	진보초(神保町) 가두선전
	5월	진보초 가두선전
	7월	외무성 항의활동
	8월	시부야 가두선전
	10월	나카노(中野) 가두선전
	12월	나카노 가두선전, 신주쿠 가두선전
2016년	2월	음악제
	3월	이케부쿠로(池袋) 가두선전
	5월	도쿄도청 앞 가두선전
2016년	6월	신주쿠 가두선전, 시부야 가두선전
2018년	10월	고후(甲府) 가두선전
2019년	1월	나카노 가두선전

*자료: 鈴木彩加(2019: 232). '꽃시계' 홈페이지에서 재구성.

이 '애국여성'으로서 가두에서 선전, 데모, 항의 활동을 하고 서명과 모금운동을 벌이는 한편 해외의 기림비 건립에 자신들의 반대 주장을 담은 서한과 메시지를 보내고 있다(이지영, 2019b: 67~70).

제2의 물결 페미니즘의 중심이었던 '연락회'는 50개 이상의 여성단체 연합으로 출발하였으나, 회원단체의 고령화와 해체, 젠더 역풍 속 활동의 어려움으로 2021년 현재 34개 연합으로 축소되었다. 운동방식도 데모, 집회 등 직접 행동보다는 국회 청원이나 탄원서, 요구서, 성명서 제출에 중점을 두고 있다. 이후 성평등을 요구하는 여성단체의 전국적 조직화는 나타나지 않은 채 여성단체는 성폭력, 부부별성제, 섹슈얼리티의 다양성 등 싱글 이슈별로 조직되어 소그룹 활동으로 전환하였다. 이러한 소그룹 활동의 특징은 제2의 물결 페미니즘과의 거리 두기이다. 여성단체 간, 소그룹 간 연대의 필요성과 중요성은 공유되지 못하고 있다. 이러한 가운데 애국여성이라는 집단적 정체성을 형성하며, 자체 조직을 기반으로 풀뿌리 차원에서 야스쿠니신사에서 일장기를 흔들고, '위안부' 부정과 혐한시위에 적극 참여하는 여성들의 애국운동이 여성의 주체성과 실천이라는 페미니즘의 외피를 두르고 포스트페미니즘으로의 인정을 획득하려 하고 있다.

5. 나오며

지금까지 전전 일본의 제1의 물결 페미니즘과 여성의 전쟁협력, 전후 국가주의와의 단절과 그 성과, 이후 제2의 물결 페미니즘의 여성 주체성 발견과 리브의 좌절, 초국적 여성 연대에 함께하며 성평등을 실현하고자 했던 '연락회'의 성과, 여성학과 젠더 전문가 그룹의 형성과 관료화, 격렬한 젠더 역풍 이후의 포스트페미니즘의 전개에 대해 살펴보았다.

일본의 페미니즘에 대해 개관한 결과 알 수 있는 것은 첫째 '남성은 일, 여성은 가정'이라는 전통적 성 역할 분업의 견고성이다. 전통적 성 역할 분업과 의식의 해체와 재편을 시도했던 여성과 운동의 주체성은 좌절되고 특히 '여성성으로부터의 자유'는 도덕적 일탈이라는 공격에 직면하여 인정을 획득하지 못하였다. 둘째 국가주의의 강한 영향력이다. 총력전에 여성을 총동원하기 위해 국가가 '남성은 전선, 여성은 총후'라는 새로운 성 역할 분업과 의식 강화에 나섰을 때 여성들은 총후봉공을 여성의 지위향상, 부엌과 가정으로부터의 해방으로 인식하며 내면화했듯이, 전후 국가가 일본 부활을 목표로 신자유주의 개혁하에 '남성은 일, 여성은 일과 가정'의 새로운 성 역할 분업의 재편에 나섰을 때에도 역풍은 일지 않았고 여성들은 일본부활의 생산성 유지를 위한 결혼, 출산, 직업생활의 활약을 수용했다.

이러한 일본의 페미니즘과 여성운동의 특수성은 포스트페미니즘적 담론인 여자력과 애국여성에서도 여실히 나타난다. 일본의 포스트페미니즘은 탈냉전과 신자유주의의 심화 속에서 서구의 포스트페미니즘과 유사하게 집단으로서의 여성이 아닌 다양한 여성의 경험과 차이를 인정하고 개인의 자유와 경쟁을 중시한다. 그리고 새로운 '여성성으로의 자유'를 추구하며 주체적으로 여자력 향상을 위해 노력한다. 그러나 일본의 포스트페미니즘에서는 제2의 물결 페미니즘의 인정은 보이지 않는다. 젠더프리와 남녀공동참획에 대한 젠더 역풍이 전국적으로 확산하며, 성평등을 주장하는 제2의 물결 페미니즘에 대해 '공산주의', '좌익', '반일'의 프레임이 씌워져 성평등은 공적 언어로서 발화되기 어려운 상황이다. 일본 사회는 성평등하다는 인식이 확산되어 있지만 제2의 물결 페미니즘이 그러한 성평등을 실현했다고는 인정하지 않는 것이다. 또한 서구의 포스트페미니즘이 주장하며 수행하고자 하는 새로운 여성성은 성적 매력 등 신체적 여성성으로 자신의 몸에 대한 남성의 지배와 억압으로부터의 자유를 지향한다고 한다면 일본의 포스트페미니즘적 담론인 여자력은 성적 자기 결정권이 아닌 외모 가꾸기와 가사능력을 주요 내용으로 하고 있어 일본의 전통적 여성다움의 연장선상에 있다고 하겠다.

성평등을 위한 여성운동과 이를 이어가는 새로운 페미니즘의 출현은 아직 보이지 않는 가운데, 10대부터 인터넷상에서 페이크뉴스와 함께 유통되는 반(反)젠더 담론과 역풍의 소비자였던 젊은 여성들이 국가의 미래를 걱정하며 역사를 왜곡하는 '위안부' 부정에 집단적 실천에 나서면서 여성의 주체성은 다시 국가의 장에서 발현되고 있다. 이러한 애국여성은 페미니즘의 빈 공간에서 페미니즘의 외피를 두른 채 목소리를 높여가고 있다. 이러한 측면에서 볼 때 일본의 포스트페미니즘은 신자유주의와 내셔널리즘의 착종 속에 '페미니즘 없는 페미니즘'의 양상을 나타낸다고 할 수 있겠다.

한편 2017년 미국발 미투 운동은 전 세계적으로 확산되었다. 미투 운동은 온라인, 오프라인을 넘나들며 개인화된 여성들을 결집시켰다. 일본에서도 온라인과 SNS에서 #MeToo, 직장에서 여성에게 힐 착용을 강요하는 것에 항의하는 #kutoo의 발화가 증가하였다. 또한 성차별적인 기업의 광고에 대해 항의를 표출하여 기업이 공식 사과하며 해당 광고를 철회하는 이른바 '젠더 엔조(炎上)' 현상이 주목을 끌고 있다. 엔조란 선박이나 건물이 '불타오른다'는 뜻으로 실언 등에 대해 비난이나 비방이 집중되는 상황을 가리킨다. 이에 대해 2020년대에 들어와 '포퓰러(popular) 페미니즘', '해시태그 페미니즘'으로 분석하는 새로운 동향이 나타나고 있다. 이러한 동향을 일본의 '페미니즘의 귀환'으로 볼 수 있을지 향후 연구 과제로 남긴다.

참고문헌

김경미. 2021. 「1989년 이후 폴란드 여성운동과 뉴페미니즘의 전개: 임신중단 이슈를 중심으로」. 《정치·정보연구》, 제24권 1호, 73~100쪽.

김민정. 2020. 「2015년 이후 한국 여성운동의 새로운 동향」. 《정치·정보연구》, 제23권 2호, 59~88쪽.

나리타 유이치. 2013. 「다이쇼 데모크라시란 어떤 데모크라시였는가」. 이와나미신서 편집부 편. 『일본 근현대사를 어떻게 볼 것인가』. 서울: 어문학사.

박영준. 2007. 「역사적 유산: 근대 일본의 정치와 외교」. 현대일본학회. 『일본정치론』. 서울: 논형.

야마시다 영애. 1995. 「전후 일본의 여성운동」. 《여성과사회》, 제6호, 263~285쪽.

이지영. 2009.「일본에서의 젠더프리 개념의 형성과 쇠퇴」.《日語日文學研究》, 제69호, 547~564쪽.
_____. 2012.「전후 일본 민주화 운동의 리더십 이치카와 후사에(市川房枝): 이념, 정치적 기회구조, 동원 전략으로서의 네트워킹을 중심으로」.《日本研究論叢》, 제36호, 176~202쪽.
_____. 2019a.「일본의 출산정책의 변화와 젠더적 함의」.《日本學報》, 제118호, 379~403쪽.
_____. 2019b.「일본군 '위안부' 문제를 둘러싼 '역사전(歷史戰)'과 글렌데일시 '평화의 소녀상'」.《日本研究》, 제81호, 61~83쪽.
전복희. 2018.「21세기 독일의 뉴페미니즘과 독일 여성운동의 과제」.《21세기정치학회보》, 제28권 2호, 145~162쪽.
정미애. 2008.「일본의 보수우경화와 시민사회의 구도」.《日本研究》, 제37호, 7~32쪽.
조선경. 2014.「포스트페미니즘의 그 불만: 영미권 페미니즘 담론에 나타난 세대론과 역사쓰기」.《한국여성학》, 제30권 4호, 47~75쪽.

Budgeon, Shelley. 2011. "The Contradictions of Succesful Feminity: Third-Wave Feminism, Postfeminism and 'New' Feminities." Gill, Rosalind·Schariff, Christina.(ed.). *New Feminism: Postfeminism, Neoliberalism and Subjectivity.* Palgrave Macmillan. pp. 279~292.
Gill, Rosalind. 2007. "Postfeminist media culture: elements of sensibility." *European Journal of Cultural Studies,* Vol. 10, No. 2: 147~166.
Gill, Rosalind·Schariff, Christina. 2011. *New Feminism: Postfeminism, Neoliberalism and Subjectivity.* Palgrave Macmillan.
Jordan, Ana. 2016. "Conceptualizing Backlash: (UK) Men's Right Groups, Anti-feminism, and Post-feminism." *Canadian Journal of Women and the Law,* Vol. 28, No. 1: 18~44.
Mcrobbie, Angela. 2009. *Aftermath of Feminism: Gender, Culture and Social change.* SAGE Publication.

伊藤淳子. 2010.『女性起業家·リーダー名鑑—108人の108以上の仕事)』. 東京: 日本地域社会研究所.
_____. 2013.『女子力の時代を拓く—女性起業家·リーダー名鑑女性起業家·リーダー名鑑』. 東京: 日本地域社会研究所.
伊藤康子. 2005.「愛国婦人会と女性の社会的活動」. 早川紀代編.『軍国の女たち』. 東京: 吉川弘文館.
江原由実子. 1986.「乱れた振り子—リブ運動の軌跡」. 似田貝香門, 梶田孝道, 福岡安則編.『日本の社会学10—社会運動』. 東京: 東京大学出版会.

菊池夏野. 2016. "「女子力」とポストフェミニズム—大学生の「女子力」使用実態アンケート調査から."《人間文化研究》, Vol. 25: 19~48.
______. 2019.『日本のポストフェミニズム—「女子力」とネオリベラリズム』. 東京: 大月書店.
近藤優衣. 2014. "「女子力」の社会学: 雑誌の質的分析から."《女子学研究》, Vol.4: 24~34.
佐波優子. 2013.『女子と愛国』東京: 祥伝社.
高橋幸. 2020.『フェミニズムはもういらないと彼女は言うけれど—ポストフェミニズムと「女らしさ」のゆくえ』. 京都: 晃洋書房.
鈴木彩加. 2019.『女性たちの保守運動』. 京都: 人文書院.
早川紀代. 2005. "総力戦体制と日常生活 1 都市." 早川紀代編.『軍国の女たち』. 東京: 吉川弘文館.
胡彭. 2018.『戦時体制下日本の女性団体』. 東京: こぶし書房.
藤田省三. 2012.『天皇制国家の支配原理』. 東京: みすず書房.
山口智美, 斉藤正美, 荻上チキ. 2012.『社会運動の戸惑い—フェミニズムの「失われた時代」と草の根保守運動』. 東京: 勁草書房.
山口みつ子. 1992. "女性諸団体の女性政策に対する合意形成過程—全国組織50団体の連帯と行動."《女性学研究》, Vol. 2: 53~70.
米澤泉. 2014.『「女子」の誕生』. 東京: 勁草書房.

일본 여성의 모임 소요카제 http://www.soyokaze2009.com.
나데시코 액션 올바른 역사를 차세대에 계승하는 네트워크 http://nadesiko-action.org.
애국여성의 모임 꽃시계 http://www.hanadokei2010.com.

6장

글로벌 페미니즘과 유엔의 역할

여성 의제의 전개를 중심으로

최정원

1. 들어가며

여성 이슈 및 젠더 담론은 이제 한 지역이나 국가만의 문제가 아니라 국제 사회가 함께 관심을 갖고 해결해야 하는 다층적·다차원적인 글로벌 이슈로 작동하고 있다. 이처럼 여성문제가 글로벌 의제로 자리 잡을 수 있게 된 것은 무엇보다도 유엔이 글로벌 차원에서 여성지위 향상을 위한 노력을 지속적으로 전개해 왔기 때문이다(UN, 1995: 3). 1945년 창설 이래 유엔은 세계여론을 주도하며 글로벌 페미니즘을 확산시켰고 여성 의제를 글로벌 이슈로 부각시키는 데 큰 역할을 했으며, 각 국가의 여성운동과 여성정책 수립에 영향을 미쳐왔다. 또한 유엔은 각자 상이한 입장으로 여성 차별과 억압을 설명하는 다양한 페미니즘 이론들이 공존, 경합하는 글로벌 페미니즘 담론의 장으로 역할을 함으로써 정부대표, 비정부 여성단체들, 여성 운동가들이 성평등을 위해 초국적으로 연대할 수 있는 기회를 제공하였다. 그동안 유엔의 활동들은 성평등과 여성인권을 위한 국제적 합의를 이끌어냄으로써 성 인지적 규범과 원칙을 설정하는 데 기여했으며, 2000년대에 들어오면서 지속가능발전목표

(SDGs)와의 연계 속에서 지속적으로 확대되고 있다.

여기에서는 유엔 창설 이후 현재까지의 시기 동안 유엔을 중심으로 형성, 발전되어 온 여성 관련 의제들을 중심으로 글로벌 페미니즘과 여성의 지위 향상 및 성평등을 위한 유엔의 역할과 활동을 살펴보고자 한다.

2. 보편적 가치로서의 글로벌 페미니즘

보편적 가치는 맥락과 조건, 상황에 관계없이 전 인류를 대상으로 유의미하게 해석되고 규준을 제시해 준다는 점에서 중요한 역할을 한다. 평등과 인권은 전 지구적 여성담론이 강조하는 가장 보편적 규준으로 여성 문제들이 왜 차별의 문제인지, 무엇이 성평등인지에 대한 설명과 논쟁을 통해 다양한 방식으로 추구되어 왔으며, 성차에 대한 논의로부터 여성 내부의 차이에 대한 문제 제기를 거쳐, '여성은 인간이다'라는 선언을 통해 보편성의 범주와 효과를 극대화하고자 하였다(허민숙, 2012: 46).

페미니즘이 서구에서 등장하게 된 배경에는 이와 같은 보편적 사상의 발전과 관련이 있다. 제1기 페미니즘은 서구 자유주의 사상의 영향 아래 개인의 자유와 평등이라는 보편적 권리의 요구가 여성문제로 확대되면서 시작되었기 때문이다. 참정권 운동이 이 시기의 주요 쟁점으로, 남성 일반에게 주어진 정치적 권리를 여성에게도 확대해 줄 것과 정치권력으로부터 자유로운 개인의 개념에 여성을 포함시킬 것을 요구하였다(김민정, 2016: 93). 1960년대의 제2기 페미니즘은 인권운동의 확장과 더불어 전개되었는데 흑인들의 차별 철폐와 인권 요구가 여성에게까지 확대됨에 따라 성평등과 억압으로부터의 해방을 요구하였다(김민정, 2016: 93). 신생독립국가들이 유엔에 가입하면서 더욱 활발해진 제2기 페미니즘의 영향은 유엔에서도 여성문제를 가시화하고 여성 이슈들이 글로벌 어젠다로 설정될 수 있도록 기여하였다.

특히, 1970년대 이후 유엔이 세계회의와 포럼을 통해 지구적 영향력을 행사할 수 있는 공간과 기회를 제공하면서 질적으로나 규모의 면에서나 이전과는 차이를 보이는 글로벌 페미니즘으로 발전하기 시작하였다(전복희, 2006: 305). 유엔의 이러한 활동은 단순히 여성 문제에만 초점을 맞춘 것이 아니라 여성들이 주도하고 핵심 역할을 함으로써 글로벌 페미니즘을 확산하고 여성의 세력화를 이루었다는 점에서 특별하다(Skard, 2022: xvi). 1990년대에 오면서 인권 등 인류에 대한 거시적 주제를 다루었던 일련의 담론과 실천을 통해 유엔을 중심으로 한 글로벌 페미니즘은 더욱 확산되었다. 지역적 여성정치 담론과 실천은 글로벌화되었고 글로벌 페미니즘은 인권 등 보편 가치를 바탕으로 정체성과 연대성의 논리를 개발하는 동시에 과정적 경험을 축적하게 되었다. 이는 단순한 여성의 정치적 권리 향상뿐만 아니라 여성에 대한 새로운 담론과 규범 형성, 정책 수립, 목표와 전략의 제시를 포함한다(UN, 1995: 3).

인류 절반의 권리로서의 여성담론은 광범위하고도 구체적인 여성 문제를 여성이기에 겪는 보편의 문제로 의제화함으로써 차이를 넘어선 여성 연대를 가속화했고, 인간으로서의 여성 권리라는 분명하고도 확고한 글로벌 페미니즘 담론을 전 지구적으로 확산시켰다. 글로벌 페미니즘은 여성 간의 차이들이 '이토록 구체적이고도 확연함에도' 실행가능한 여성연대의 정당성을 확보한다(허민숙, 2008: 152). 예컨대 젠더 폭력은 예외 없이 '모든 국가의 가정에서, 직장에서, 거리에서, 캠퍼스에서, 감옥과 난민수용소에서 행해지며', '계급과 인종, 나이, 국경을 넘어' 발생하고 강화되기 때문에(Bunch, 1990: 489), 여성들이 복잡한 위치 차이를 가짐에도 여성폭력 문제를 전 지구적으로 여성이 공유하는 공통의 문제로 만든다. 즉 차이를 넘어, 차이가 있음에도, 차별에 근거한 여성폭력이라는 현실은 글로벌 페미니즘 연대를 공고화하였다(허민숙, 2008: 152~153). 이처럼 1990년대 이후 보편주의적으로 확장된 '여성인권' 개념을 중심으로 글로벌 페미니즘은 여성들 간의 차이를 가로지르는 글로벌 연대를 형성하였다. 이는 1960년대 이후 진보 운동의 특징인 '차이에 대한 존중'과 초기의 여성 해방적 전통이 품었던 보편주의적 열망을 결합한 '페미니스트 인본주의'의 발전인 것이다(Holmstrom, 1998: 288; 통·보츠, 2019: 240 재인용).

'인권으로서의 여성 권리' 선언의 전 지구적 확산은 여성 내부의 차이를 해결하는 데에도 기여하였다. 모건(Robin Morgan)은 어느 사회에서나 '가부장적 사고방식'이 하나의 원칙적 구조로 모든 사회를 관통하고 있으며, 이러한 남성중심성으로 인해 여성들이 비슷한 관점을 가질 수 있다고 보았다(Morgan, 1984: 1). 오킨(Susan Moller Okin) 역시 여성들이 젠더 불평등을 동일하게 경험하지는 않는다는 사실을 인정하면서도 모든 여성들은 젠더 불평등을 경험한다고 주장한다(Okin, 1995: 294). 위어(Allison Weir)의 변환적 정체성,[1] 유발-데이비스(Nira Yuval-Davis)의 횡단의 정치학,[2] 크렌셔(Kimberle Crenshaw)의 '교차성 이론'[3] 등에서도 지지되듯이 글로벌 페미니즘은 전 지구적으로 공유된 관점, 즉 여성 간의 차이를 가로지르는 보편적 공통성을 찾는다. 이렇게 볼 때 제2기 페미니즘에서 어떻게 모든 여성이 같은 종류의 방식으로 똑같이 억압되어 있는지를 인정하는 것을 배웠다면, 1990년대 이후의 새로운 글로벌 페미니즘은 여성들이 다른 집단에 속해 있더라도, 공통의 목

---

1 위어는 변환적 정체성(transformative identity) 개념을 통해 글로벌 페미니즘의 여성 정체성은 고정불변한 사실이나 범주로 존재하는 것이 아니라 정체화라는 역사적 변환과정을 통해서 자유로운 차원의 정체성이 가능하다고 주장했다(Weir, 2008).

2 유발-데이비스의 횡단의 정치학은 자신의 정체성을 바탕으로 하지만 동시에 수평적·수직적 의사소통을 통해, 각각의 정체성이 교차되는 지점에서 공동의 의제 아래 연대와 때로는 변환으로 더 나은 미래를 향해 공동의 노력을 기울일 수 있다는 것이다(Yuval-Davis, 2006).

3 크렌셔가 1989년에 처음 고안하고 체계화한 교차성 이론은 한 사람의 사회적 정체성에는 젠더, 인종, 성적 지향, 계층, 장애, 연령, 종교 등에서의 다양한 억압이 역사적·사회적으로 다차원적이고 상호교차적으로 작용하기에 이를 복합적으로 분석해야 한다는 것이다(Crenshaw, 1995).

표와 이해관계를 위해 연합해야 한다는 것을 인정하는 것이다(통·보츠, 2019: 472~473).

1990년대 이후 오늘날의 세계는 이전에 비해 여성의 교육 수준이 매우 높고 상징적·제도적 수준에서는 성평등이 달성된 것처럼 보인다. 그러나 형식적 평등(법·제도적 평등)과 여성들이 겪는 현실의 불평등과의 괴리는 여전히 강고하며, 이에 대한 좌절 역시 정도의 차이는 있지만 보편적인 현상이다. 제1기 페미니즘이 여성의 참정권을 확보하는 데 주력하였고 제2기 페미니즘이 여성의 권리 확보와 성평등을 위한 법·제도적 권리를 통한 간접적 저항이었다면, 1990년대 이후의 글로벌 페미니즘은 일상의 페미니즘, 젊은 페미니즘, 온라인 페미니즘에서 볼 수 있듯이, 개인주의적 선택을 강조하고 일상적·문화적 이슈에 적극적으로 참여하며 젠더 이슈의 법제화에 영향력을 행사하기 위해 직접 행동주의[4]를 강조하는 새로운 페미니즘 속에서 작동하고 있다. 또한 소셜 미디어와 온라인 조직화를 이용하여 동시에 다양한 공간이 가능한 온라인을 통해, 또는 온라인과 오프라인을 병행하여 '헤쳐 모여' 식 연대의 운동 방식으로 글로벌 페미니즘의 공간을 넓히고 있다.

이와 함께, 새로운 세대의 여성들은 모든 여성들을 아우르는 평등의 담론보다는 개인화된 여성의 다양한 당면 문제에 더 관심을 가짐으로써 서구 제1기 페미니즘에서 주창했던 사회적 억압으로부터의 자유가 다시 강조되고 있기도 하다(김민정, 2020: 79, 83). 성평등만을 강조하는 페미니즘은 소극적 페미니즘이며, 여성들은 보다 적극적으로 자신의 의지대로 자신의 삶을 살아갈 수 있도록 선택의 자유와 이를 실현할 수 있는 역량을 회복해야 한다는 것이다(누스바움, 2015). 그러나 자유라는 담론은 자칫하면 여성들이 당면한 구조적 문제를 놓칠 위험이 있다(김민정, 2020: 83). 일상의 페미니즘은 제1기 페

---

4 캠퍼스 성폭력 반대 캠페인, 미투 운동, 여성행진, 여성의 권리와 주체화, 직장·학교·지역 등 공동체의 변화 요구 등이 그 예이다.

미니즘의 결실(참정권)과 제2기 페미니즘의 성과(법·제도적 측면)가 축적되었기 때문에 가능한 것이기 때문이다. 이렇게 볼 때, 오늘날의 글로벌 페미니즘은 집단적 정체성보다는 자유권과 개인주의를 강조하는 여성들, 특히 젊은 세대의 견해를 국제사회의 동의하에 형성된 글로벌 규범으로서의 보편적 가치와 조화시키는 것이 중요할 것이다.

3. 유엔의 역할과 여성

글로벌 정치에서 유엔은 단순히 국가 간 이해관계를 조정하고 이익을 공유하기 위한 편의적 기제로서만이 아니라 평등과 자결에 기초한 평화의 추구와 인권 및 기본적 자유의 촉진이라는 인류 공동체적 목적을 지향하는 조직이다. 특히 탈냉전과 더불어 환경, 보건, 인권, 인구, 개발, 빈곤 등 비전통적 안보 이슈들이 인류 공동체가 해결해야 할 새로운 과제로 부상함에 따라, 이를 효율적으로 다루고 글로벌 협력을 증대시키기 위한 제도로서 유엔의 역할은 매우 중요하다.

여성 문제에서도 유엔은 글로벌 차원에서 여성정책을 발전시키고, 여성이 부당한 대우와 차별로부터 벗어나 인간으로서의 동등한 지위와 권리를 얻도록 많은 역할을 해왔다. 무엇보다도 유엔은 인권규범을 포함한 다양한 국제 준칙을 중심으로 세계 양심의 행위 주체로 역할을 해왔다. 유엔을 통해 합의된 광범위한 인권규약들과 기제들은 인권 규범의 표준을 설정하고 준수 여부에 대한 감시를 시행함으로써, 비록 강제성이 없다 해도 개별 국가의 정책에 영향을 미치고 성평등을 위한 기반을 마련하는 데 압력으로 작용한다. 「유엔 헌장」 전문과 제1조[5]는 근본적인 자유와 인권의 확인과 함께 국제적 협력에

---

5 「유엔 헌장」 전문은 '기본적 인권, 인간의 존엄 및 가치, 남녀 및 대소 각국의 평등한 권리

대한 의무를 규정하고 있으며, 인권의 극단적 침해에 대한 국제사회의 개입을 정당화하고 있다(테일러, 2003: 358). 또한 유엔의 장래 역할에 대한 갤럽조사에서도 세계인의 44퍼센트가 유엔의 가장 중요한 역할이 인권보호라고 답했다(Gallup International, 1999; 최현실, 2005: 74 재인용). 실제로 유엔은 세계평화와 안보, 정의가 위협받을 경우 국제체제뿐만 아니라 국내문제에도 개입할 의지를 보이고 있다. 가치가 보편적일수록 글로벌 거버넌스의 수단이 개입할 권리가 정당화되는데, 이는 유엔의 비강제적 인도주의 개입이 증가하고 있다는 점에서 잘 알 수 있다(최현실, 2005: 72).[6]

이와 함께 유엔은 글로벌 협약 등을 통해 국가가 지켜야 하는 행위의 규범을 제공한다(테일러, 2003: 353). 최소한의 경제적·사회적 정의를 포함하여 국가가 지킬 것으로 기대되는 표준을 생성함으로써 유엔은 국제체제의 질서뿐 아니라 여성 의제를 권고하고 지도하며 국가 운영의 표준을 신장시키는 데 관여한다. 개별국가의 입장에서는 유엔이나 국제사회에서 국가 위신이 손상되지 않도록 노력하기 때문에 유엔은 각국 여성의 구체적 삶의 질 향상에 완벽한 영향을 미칠 수는 없어도 각국의 여성정책 수립에 실질적인 영향력을 행사한다고 볼 수 있다.

에 대한 신념'을 확인하고 있으며, 헌장 제1조는 '평등권과 자결권의 존중에 기초하여 국가들의 선린관계를 발전시키고 인종·성·언어·종교에 따른 차별 없이 모든 사람의 인권 및 기본적 자유에 대한 존중을 촉진하고 장려함에 있어 국제적 협력을 달성'할 것을 표방하고 모든 회원국은 '유엔과 협력하에 공동의, 혹은 별개의 조치를 취할 것을 공약'하고 있다. https://www.un.org/en/about-us/un-charter/full-text(검색일: 2022. 12. 10).

6 1990년대에 들어서 국제질서의 유지와 연관된 유엔의 개입이 증가했다. 안보는 유엔 활동의 주된 기능이지만 냉전 시기의 안보는 침략에 맞서고 국경을 지키는 좁은 의미로 해석된 반면, 냉전 이후에는 포괄적 안보라는 폭넓은 새로운 해석이 나타났다. 유엔이 새로운 기능들을 수행하기 위한 개입은 불개입 원칙과 대립되나, 평화유지와 인도주의를 위한 개입은 정당화되는 추세이다. 코소보 개입은 인도주의적 표준을 보호하기 위해 국제 사회가 주권국가의 거부를 무시하면서 개입한 최초의 사례라고 할 수 있다(테일러, 2003: 350~369).

유엔은 대규모의 세계 회의를 조직함으로써 다양한 견해가 교환, 수렴되는 공론의 장으로 역할하며 이를 통해 주요 사회적·경제적 문제에서 국가 간의 합의를 도출하기도 한다. 이러한 노력은 1970년대부터 간헐적으로 보이다가 1990년대에 이르러 크게 증가하였다. 4차에 걸쳐 개최된 유엔 세계여성회의(1975, 1980, 1985, 1995년)는 여성 지위의 향상과 성평등을 추구하기 위한 국제적 논의의 장으로 글로벌 페미니즘을 활성화하는 중요한 계기를 제공했으며, 여성 문제를 글로벌 이슈화하고 각국의 여성정책 수립을 위한 국가 간 합의를 이끌어내는 데 영향을 미쳤다(Chen, 1996: 139). 이 외에도 세계아동정상회의(1990년), 유엔환경개발회의(1992년), 세계인권회의(1993년), 국제인구개발회의(1994년), 사회개발정상회의(1995년), 지속가능개발정상회의(2002년) 등, 1990년대 이후 유엔의 모든 세계회의에서 여성 의제가 다루어졌으며, 개발, 환경, 인권, 빈곤, 난민 등의 글로벌 의제에 젠더적 관점이 수용되고 여성운동을 세력화하는 성과를 가져왔다(Friedman, 2003: 317). 2000년대 이후에도 유엔은 성평등과 정의, 평화의 가치 실현을 논의하는 글로벌 연대의 장을 지속적으로 마련하고 있으며, 특히 젊은 페미니스트 그룹들의 참여를 통해 페미니스트 세대 재생산과 새로운 세대를 위한 평등, 인류의 세대 평등을 위해 노력하고 있다. 유엔여성기구(UN Women)[7]는 2019년 8월 'Beijing+25 Youth Task Force'를 구성하고 영페미니스트 포럼을 개최하였으며, 2021년에는 제4차 세계여성회의 25주년 기념 포럼으로 세대평등포럼(Generation Equality forum)을 개최하였다. 성평등 의제를 여러 세대가 함께 논의하기 위한 이 세대평등포럼은 새롭게 등장한 쟁점들, 예컨대 젠더와 기후변화, 여성과 기술혁신, 온라인 폭력과 같은 주제들을 다루고 있으며, 실질적인 행동 로드맵을 제시한다(윤지소, 2021: 64~66).

또한 성평등과 여성발전에서 유엔이 보다 강화된 역할을 하기 위해 여성

---

7 공식명칭은 Entity for Gender Equality and the Empowerment of Women이다.

관련 전담기구의 확대, 개편도 이루어졌다. 유엔 여성지위위원회(CSW: Commission on the Status of Women)와 함께 유엔은 그동안 여러 여성 관련 기구를 설립하여 다양한 영역에서 프로그램을 기획, 운영했으나 어느 기구도 여성 의제를 다루는 다양한 활동들을 관리, 감독하지 못했고 여성정책을 효율적으로 추진하지 못했다(김동식, 2015: 190). 이에 유엔은 2011년 그동안 여성문제를 다루어왔던 기존의 기구들을 유엔여성기구라는 단일 조직으로 통합하여 여성문제 관련 정책의 일관성과 재정의 효율성을 강화하였다.

4. 유엔 여성 의제들의 형성과 전개

1) 1945년~1960년대: 여성의 권리와 성평등의 기반

국제사회가 함께 관심을 갖고 해결해야 할 글로벌 이슈로 여성 문제가 자리 잡게 된 것은 1945년 유엔이 출범하면서부터라고 할 수 있다. 「유엔 헌장」의 비준은 기본적인 인권사상과 제도를 확립하는 계기가 되었으며, 헌장 전문에는 당시 총회에 참석했던 42개 여성단체 대표들의 노력으로 남녀의 평등권에 관한 내용이 포함되었다(UN, 1995: 10). 1946년 제1차 유엔 총회에서는 남성과 같이 여성에게도 평등한 정치적 권리를 부여해야 한다는 내용의 결의안이 채택되어 성평등에 관한 법적 기초를 마련했으며 1948년 제3차 총회에서 가결된 「세계인권선언(Universal Declarations of Human Rights)」은 처음으로 남녀의 동등권과 성평등적 관점을 강조하였다(UN, 1995: 11~16). 이후 유엔은 여성지위위원회를 중심으로 성차별 문제를 제기하고 여성의 지위 향상을 위해 활동하였다. 1966년의 「시민적·정치적 권리에 관한 국제협약」과 「경제·사회·문화적 권리에 관한 국제협약」에도 임금이나 결혼에서의 남녀의 동등한 권리와 법적인 평등, 여성의 권리를 언급한 조항들이 포함되어 있으며(Stamatopoulou, 1995: 37), 1967년에는 여성차별 문제만을 별도로 다룬 유엔 최초의 문서인 「여성차별철폐선언(Declaration on the Elimination of Discrimination against Women)」이 유엔 총회에서 만장일치로 채택되었다.

그러나 이 시기의 유엔의 활동들은 추상적인 선언에 그치고 있고 여성 인권문제는 전혀 다루어지지 않아 여성이 실제적으로 겪는 억압과 종속의 상황을 개선하기는 어려웠다. 또한 여성의 법적 평등권 확보에 주력함으로써 시민적·정치적 권리인 자유권 규약에 한정되어 있었고 1960~1970년대의 제2기 페미니즘 시기까지는 여성 문제의 논의에 큰 진전이 없었다. 그럼에도 이 시기의 유엔의 활동은 성별에 의한 차별을 금지하고 여성의 권리를 보장하는 도덕적 보편규준을 제시함으로써 여성의 권리와 성평등을 위한 기반을 마련했다는 데 의미를 부여할 수 있을 것이다.

2) 1970~1980년대: 여성 문제에서 젠더 문제로

1960년대 이후 유엔은 여성의 시민적 권리와 평등에 대한 강조(자유권)보다는 경제적·사회적 발전에서의 여성의 역할(사회권)로 접근방식을 전환하여 발전에서의 여성의 역할을 강조하기 시작하였다. 1975년 멕시코에서 개최된 제1차 유엔 세계여성회의에서는 1975년을 '세계 여성의 해'로, '평등·발전·평화'라는 목표 아래 1976~1985년을 '유엔 여성 10년(UN Decade for Women)'으로 선포함으로써 '여성'을 공식적으로 의제화했으며, 여성정책 패러다임으로 WID(Women in Development) 접근을 채택하고 남미·아프리카·동남아시아 등 개발도상국의 지역적 여성문제를 글로벌 이슈화하고 여성 관련 정책의 발전을 위해 노력하였다.

WID 전략은 개발도상국 여성들이 사회발전의 주요 행위자임에도 '남성 = 생계부양자', '여성 = 보살핌전담자 겸 생계보조자'의 성별노동분업으로 인해 경제발전 과정에서 배제되었다는 점에 주목하고, 기회와 자원에 대한 여성의 접근성을 강조한다. 발전의 주류에서 배제된 여성 문제를 해결하고 여성이 처한 차별적 상황을 시정하기 위해 가족계획, 요보호 여성의 복지, 영양, 보건, 소득창출 등, 개발도상국 여성들의 실질적인 요구를 충족시키는 데 초점을 맞춰 여성을 대상으로 하는 특별 프로그램을 추진하였다. 그러나 WID는 여성의 물질적 조건을 향상시키는 데에는 기여했지만, 여성의 사회적·경제적 지위의 향상을 이루지는 못했으며, 불평등한 성별관계의 근본적 개선보다는 여성의 전통적 성 역할을 수용하여 성과를 이루려고 했기 때문에 여성에게만 정책적 초점을 맞추었다는 한계를 갖는다(최정원, 2018: 159). 그 결과 WID 사업들은 점차 주변화되는 경향을 보이며 중요한 자원과 정책결정 과정에서 여성의 접근성을 향상시키지 못했다(Hannan, 2008: 51, 149). 또한 발전과 더불어 여성의 불평등한 지위가 개선될 것이라는 기대는 잘못된 것임이 확인되었고 '유엔 여성 10년을 위한 지원기금'과 국제여성향상연구훈련원(INSTRAW)과 같이 WID의 관점에서 설립된 여성정책기구들은 예산과 권한이 미미하여 주류정책에서 고립화되고 주변화되는 경향을 보였다(조희원·장재남, 2009: 177~178).

'유엔 여성 10년 후반기 행동프로그램'을 채택한 제2차 유엔세계여성회의(1980년, 코펜하겐)를 거쳐, 1985년 나이로비에서 개최된 제3차 유엔세계여성회의에서는 유엔 여성 10년을 평가하면서 372개항에 달하는 '2000년을 향한 나이로비 여성발전 미래전략'과 GAD(Gender and Development) 접근을 채택하였다. 젠더 관계와 발전의 과정을 함께 고려해야 한다는 GAD 전략은 WID처럼 불평등 문제를 여성만의 문제로 보지 않고 성별 권력관계를 통해 사회적으로 구조화되는 방식과 불균등한 자원배분이 만들어낸 젠더관계를 문제로 바라본다(최정원, 2018: 215). 이에 따라 GAD 프로그램은 여성에게 남성과 동등한 역할과 권한을 부여해 남성 위주의 권력 배분과 통제 방식을 시정하는 것에 초점을 맞춘다(최정원, 2018: 216). GAD는 WID를 보완하기 위한 전략으로 정책의 초점을 '여성 이슈들(women's issues)'에서 '젠더 이슈들(gender issues)'로 이동시킴으로써 '여성개발지수(GDI: gender-related development index)'의 향상을 넘어 '여성권한척도(GEM: gender empowerment measure)'의 확대를 여성정책의 목표로 하는 단계로의 전환을 의미한다고 할 수 있다.[8] 이처럼 GAD는 젠더 접근을 취함으로써 성평등을 이루기 위한 근본적인 시도였으나, 이는 대부분 부가적인 요소이거나 추가적인 것으로 인지되었고, 종종 정책, 전략, 자원 배분에 대한 주요 의제가 결정된 후에나 고려되었기 때문에 실질적인 영향력을 행사하기 어려웠다.

한편, 여성에 대한 인권선언이라 할 수 있는 유엔 「여성차별철폐협약(CEDAW)」[9]이 「여성차별철폐선언」 이후 12년 만인 1979년에 채택되었다. 이 협약은 「여성차별철폐선언」에 법적 구속력을 부여한 것으로 성평등을 실질적으로 구현하고 여성권리의 보호 및 지위를 향상하기 위한 기본 국제규범이자, 인권보호를 위해 작동하고 있는 핵심 인권조약 중 하나이다. 협약 제1조는 정치적·경제적·사회적·문화적·시민적 권리를 포함하는 모든 분야에서 여성의 평등권을 보장하고 있으며, 결혼 여부에 상관없이 전 여성을 모두 포괄하고, 여성에 대한 직접 차별뿐만 아니라 간접 차별, 모든 형태의 차별을 포함한다(UN, 1995: 245). 이와 함께 국제문서 사상 가장 다양한 영역에서 국가가 취해야 할 남녀평등 조치에 관해 규정하고 있다. 여성에 대한 모든 차별적인 법, 규정, 관습, 관행을 없앨 것을 국가의 의무로 하고 있으며 국가기관이나 공권력에 의해 자행되는 차별과 폭력은 물론 어떠한 개인, 단체, 기업에 의한 행위도 방지할 것을 국가의 책임으로 하고 있다(신혜수, 2010: 2). 2022년

---

8 GDI는 국가별 교육수준, 국민소득, 평균수명 등에서의 성평등 정도를 측정한 지수이고, GEM은 여성 국회의원 수, 행정관리직과 전문기술직 여성 비율, 남녀소득 등 여성의 정치, 경제 활동과 정책과정에서의 참여도를 측정하여 성평등 정도를 평가한 지수이다.

9 정식 명칭은 「여성에 대한 모든 형태의 차별 철폐에 관한 협약(Convention on the Elimination of All Forms of Discrimination against Women)」이다. 이 협약은 1981년 9월에 발효되었고, 1982년에는 유엔 여성차별철폐위원회가 설립되었다.

현재 193개 유엔 회원국 중 189개 국가가 「여성차별철폐협약」에 비준함으로써 여성 인권의 존중, 보호, 증진을 위한 자발적 의지를 보이고 있다.[10]

평등과 비차별 원칙하에 여성의 인권을 포괄적으로 보장하는 유엔의 「여성차별철폐협약」은 세계 각국, 그중에서도 특히 비서구권 여성의 인권에 매우 긍정적인 영향을 주었다. 협약 당사국들이 4년마다 본 협약의 규정을 시행하기 위해 채택한 입법, 사법, 행정 및 기타 조치와 그동안의 진전에 대한 이행보고서를 여성차별철폐위원회에 제출하면 위원회는 협약의 이행 정도를 심사하여 제안이나 일반 권고의 평가를 수행하는데, 이는 국내법과 같은 효력을 가지기 때문에 실질적으로 성평등을 촉진하는 역할을 하고 있다. 또한 국제여권행동감시(IWRAW)와 같은 주도적인 국제 NGO들도 여성차별철폐위원회와 유엔여성개발기금(UNIFEM)과 함께 그림자 보고서(shadow report)를 제출하는 등, 감시 활동을 진행함으로써 여성의 실질적 평등권 확보를 위한 상호 보완적 역할을 하고 있다(Bayefsky, 2001: 46).

3) 1990년대: '여권은 인권이다', 그리고 성 주류화 전략

(1) 인권으로서의 여성 권리

그동안 인권문제와 여성문제는 별개로 간주하는 경향을 보였는데, 특히 여성에 대한 폭력 문제는 여성인권의 문제였음에도 이전에는 여성 및 인권 관련 국제협약에서 전혀 다루어지지 않았다. 이전에도 성별을 근거로 한 차별 금지가 명문화되어 있었으나[11] 이러한 주요 국제인권조약들은 전통적인

---

10 UN, CEDAW in your daily life. https://www.ohchr.org/en/treaty-bodies/cedaw/cedaw-your-daily-life(검색일: 2022. 6. 10).

11 이에 해당하는 주요 조약과 규약에는 「유엔 헌장」(1945년), 「세계인권선언」(1948년), 「유럽 인권협정」(1950년), 「유럽의 인권 및 근원적 자유에 관한 협정」(1950년), 「시민적 및 정치적 권리에 관한 국제협약」(1966년), 「경제·사회·문화적 권리에 관한 국제협약」

성 역할을 전제로 했기 때문에 남성 가부장을 권리의 주체로 상정하였고, 가족 내 여성에 대한 폭력과 같이 사적 영역이 여성억압의 주요 지점이라는 점과 여성이 남성과는 다른 방식으로 인권을 침해받을 수 있다는 사실을 간과하였다(강윤희, 2008: 501). 따라서 강간, 강제결혼, 국경을 넘나드는 여성 인신매매, 여성에 대한 '명예' 살인, 여성할례 등과 같은 여성폭력과 성차별에 대한 문제를 인권 침해로 간주하지 않았다.

1990년대에 들어오면서 인권 개념을 여성문제에 접목하는 일련의 변화가 일어났다. 구(舊)유고연방에서의 조직적·집단적 강간을 비롯한 여성에 대한 범죄들로 인해 인권에 대한 규범의식이 전 세계적으로 확산되면서 여성에 대한 폭력과 인권문제가 국제사회 및 유엔에서 새로운 차원으로 논의되기 시작하였다. 유엔 내에서 여성인권은 특히 여성폭력 문제에 대해 집중적으로 문제를 제기함으로써 이 시기 글로벌 페미니즘의 가장 핵심적 의제이자 전략으로 부상하였다. 여성에 대한 폭력, 특히 가정폭력이 글로벌 페미니즘의 특별한 의제로 채택되고 전 지구적 지지를 얻을 수 있었던 이유는 가정폭력이 인종, 계급, 문화, 민족, 나이, 국가와 국경을 초월하여 발생하는 여성으로서의 보편적 경험이자, 사적 영역(가정, 공동체)에서 비국가행위자에 의해 발생하는 인권 침해 문제가 그동안의 보편인권 담론의 남성중심성과 공/사 영역의 분리 아래 용인되어 왔던 점을 가장 극명하게 보여주는 여성의 공통적 경험이기 때문이다(Charlesworth, 1994: 73; 허민숙, 2012: 49). 유엔 인권위원회 최초의 여성에 관한 보고서인 「대여성폭력실태에 관한 인권특별보고서」에서도 가정폭력, 전시강간 행위, 여성할례 등 전통적인 관습에 대해 폭넓게 다루고 있는데 '대부분의 사회에서 여성에 대한 폭력을 용인하는 경우가 많으며, 이 때문에 여성에 대한 폭력범죄가 표면으로 드러나지 않고 있다'고 지적하

(1966년), 「미주인권협약」(1969년), 「유엔 여성차별철폐협약」(1981년), 「아프리카 인권 및 국민의 권리위원회」(1987년) 등이 있다.

였다(《조선일보》, 1995. 2. 23).

'여권은 곧 인권(Women's rights are human rights)'이라는 글로벌 여성인권 담론은 여성에 대한 폭력이 무엇보다 성차별적 사회구조하에서 젠더에 기반한 폭력(gender-based violence)임을 분명히 하면서, 전시와 평시, 공적·사적 영역에서 발생하는 모든 여성인권 침해 사례를 인권 문제에 포함시켰다(Bunch, 1990). 유엔은 1992년, 여성폭력을 차별로 규정한 최초의 국제문서인 「여성에 대한 폭력에 관한 일반 권고안」 제19호를 채택하였고, 1993년에는 비엔나에서 세계인권회의(World Conference on Human Rights)[12]를 개최하고 「비엔나 인권선언 및 행동계획(Vienna Declaration and Programme of Action)」을 채택하였다. 이것은 인권문제가 더는 국가 및 지역적 문제가 아닌 '국제사회의 정당한 관심사'라는 인권의 보편성에 대한 선언이었으며, 그동안 인권 침해를 정당화하는 역할을 했던 지역적·종교적·문화적 특수성을 인정하지 않음을 명확하게 했다는 점에서 큰 의의가 있다(이봉철, 2001: 279~280).

1993년 제48차 유엔 총회에서는 「여성에 대한 폭력 철폐에 관한 선언(Declaration on the Elimination of Violence against Women)」을 채택함으로써 여성폭력을 추방하기 위한 글로벌 준칙을 확립하는 데 기여했으며, 1995년 제4차 세계여성회의에서 채택한 베이징 선언과 「행동강령」은 여성과 여아에 대한 모든 형태의 폭력 방지와 철폐를 규정하여, 각 국가의 「행동강령」 수행 정도를 모니터링할 수 있는 기준과 근거를 세움으로써 여성폭력 문제가 심도 있게 다루어질 수 있는 계기를 마련하였다. 이러한 여성인권 규범들은

---

12 비엔나 회의에 제출된 인권청원서는 공식 집계만으로도 123개국, 800여 개의 여성단체들, 23개국의 언어로 작성된 30만 개의 서명서가 제출되어 여성인권 의제화에 대한 전 지구적 관심과 열망을 보여주었다(Friedman, 1995: 28). 또한 이 회의는 38개의 각종 국제기구 및 유엔 산하의 전문기구 및 인권기구를 비롯하여 171개국으로부터 2100여 명의 정부대표와 841개 NGO로부터 약 3700여 명의 대표자가 참석한 대규모 국제회의였다(UN, 1993: 54; 박홍순, 1999: 134 재인용).

1999년 제54차 유엔 총회에서 유엔 「여성차별철폐협약」 부속문서인 「선택의정서(Optional Protocol)」[13]를 채택함으로써 더욱 강화되었다. 여기에는 그동안 부재했던 개인 구제에 대한 시정조치로 피해자의 권리 복구를 위한 진정제도[14]가 포함되어 여성의 권한이 침해되거나 성차별을 받는 경우 국제사회가 개입할 수 있는 구체적 방안이 제시되었다. 이는 여성인권 보호에 획기적인 진전이자, 여성 인권이 국제사회의 인권 논의에서 주요 이슈로 자리 잡았음을 나타내는 것이다.

이처럼 1990년대 글로벌 페미니즘은 유엔에서 여성인권 옹호에 관한 국제적 규범의 형성을 이끌어냈다. 그간 공적 영역에서의 인권 침해만 인권문제로 간주하던 것에서 이제는 사적 영역에까지 인권 개념이 확대되었으며, 이와 함께 관습과 전통, 문화적 차별의 금지를 확인하고 국가나 공권력이 아닌, 개인이 가해자인 경우에도 국가에게 책임이 있음을 국제적 기준으로 확립한 점은 여성 폭력 철폐와 여성 인권 향상에 괄목할 만한 성과라 할 것이다.

(2) 성평등·여성의 세력화와 성 주류화 전략

성평등(gender equality)과 여성의 세력화(women's empowerment)는 1995년 제4차 유엔 세계여성회의에서 글로벌 정치 의제로 확고하게 자리 잡았다. 세계여성회의 역사상 최대 규모였던 이 회의는 정부 간 공식회의에 총 1만 7000여 명의 정부 대표 및 NGO 대표, 언론인 등이 참가하였고, 병행하여 열

---

13 정식 명칭은 「여성에 대한 모든 형태의 차별 철폐에 관한 협약 선택의정서(Optional Protocol to the Convention on the Elimination of All Forms of Discrimination against Women)」이다. 2022년 현재 「여성차별철폐협약」에 가입한 189개국 중 115개국(60.8퍼센트)이 「선택의정서」를 비준했는데, 한국은 「선택의정서」에 2006년 10월 18일에 가입하였고, 2007년 1월 18일 발효되었다.

14 개인 또는 개별집단이 권리 위반에 대한 민원을 여성차별철폐위원회에 제출할 수 있는 개인통보와 위원회가 협약에 의거하여 중대하고 체계적인 권리위반 상황을 조사할 수 있는 조사의 두 가지 절차가 있다(신혜수, 2010: 15~17).

린 NGO 포럼에는 3만여 명이 참가하여 글로벌 페미니즘 담론과 전략 형성에 큰 영향을 미쳤다(조희원·장재남, 2009: 179). 당시 모인 189개국 정부 대표들은 「베이징 선언문」과 함께 총 6장 361개 조항으로 구성된 「베이징 행동강령(Beijing Platform for Action)」을 채택하고 성평등 목표와 여성의 세력화를 이루기 위해 성 주류화(gender mainstreaming) 전략을 여성발전의 새로운 패러다임으로 공식화했다.

유엔 경제사회이사회(ECOSOC)의 합의결정(1997년 2월)을 통해 개발된 성 주류화 전략은 이전의 여성 문제 접근방법이 근본적으로 한계가 있음을 인식하고 성평등을 달성하기 위해 모든 영역에서 GAD가 가능하도록 한 것이다(Hannan, 2008: 52, 150). 이 전략은 사회의 모든 부문에 젠더 관점을 도입해 남성 주도의 사회경제 구조를 시정하려 한다는 점에서 GAD의 문제의식을 반영하는 한편, 제3세계 여성뿐만 아니라 제1세계 여성의 불평등을 해소하기 위한 제도 변화를 포함한다는 점에서 GAD와 차이가 있다(최정원, 2018: 217). 이처럼 성 주류화는 여성정책을 특정 분야 위주로 보던 시각에서 벗어나 모든 분야의 정책을 성 인지적 관점으로 통합할 수 있도록 적극적으로 개입, 변화시켜 성평등을 이루려는 전략적 요구로 여성의 주류화(mainstreaming of women), 젠더의 주류화(mainstreaming of gender), 주류의 전환(transforming the mainstreaming) 과정을 포함한다(Corner, 1999).

「베이징 행동강령」은 성 주류화 전략의 주요 과제로 12개 부문[15]을 선정

---

15 주요 관심 부문은 다음과 같다. ① 여성의 빈곤 극복(Women and poverty), ② 여성의 교육 및 훈련(Education and training of women), ③ 보건서비스의 증진(Women and health), ④ 여성에 대한 폭력의 철폐(Violence against women), ⑤ 평화를 위한 여성의 참여(Women and armed conflict), ⑥ 여성의 경제적 지위 향상(Women and the economy), ⑦ 정치·정책 결정직에 여성의 참여 촉진(Women in power and decision-making), ⑧ 여성담당 기구의 강화(Institutional mechanisms for the advancement of women), ⑨ 여성의 권리 관련조약의 이행(Human rights of women), ⑩ 남녀평등을 위한 미디어의 역할 증진(Women and the media), ⑪ 환경보존을 위한 여성의 역할 증진

하여 각 부문에서 여성에 대한 차별이 형성되는 사회구조적 장애요인을 규명하고 이를 극복하기 위해 차별 철폐, 평등 촉진을 위한 활동을 제시하였다. 이와 함께 행동강령의 이행을 국내법과 전략 및 정책, 프로그램과 발전 우선순위의 수립을 포함하여 국가의 최우선적 책임으로 규정하였다. 또한 성별영향분석평가(Gender Impact Assessment), 성 인지 예산(Gender Responsive Budget), 성 인지 통계(Gender Statistics), 성 인지 교육(Gender Education)의 4G를 성 주류화의 실천적 정책분석 도구로 제시하였다. 이에 유엔에 이어 유럽연합(EU), 유엔개발계획(UNDP), 경제협력개발기구(OECD), 세계은행(World Bank), 유럽평의회(Council of Europe) 등, 많은 국가와 국제기구들이 모든 정책의 수립 및 집행 과정 전반에 젠더 시각이 반영되도록 성 주류화의 도구와 방법론을 개발하여 여성정책의 패러다임을 전환해 나갔다. 오스트레일리아는 1984년에 이미 성 인지 예산인 「여성예산보고서(women's budget statement)」를 작성하여 성 평등 관점에서 선구적 시도를 시작했으며, 스웨덴은 예산 과정에 초점을 맞춘 '성 주류화 계획(Plan for Gender Mainstreaming in the Government Office, 2004~2009)'을 시행하고 있다(Jahan, 2009: 49; 마경희, 2011: 21). 또한 벨기에는 성 인지적 관점을 통합하고자 「젠더 주류화법」(2007년)을 제정하여 정책의 전 과정에 성별영향분석평가 시행도구들을 적용하고 있으며, 영국의 경우 400여 개의 여성단체가 참여하는 국가여성위원회(WNC)가 성별영향분석평가 제도를 모니터링하고 있다(김경숙, 2015: 138, 148). 또한 유엔개발계획 등 국제원조기구와 선진국들도 원조사업에서 여성의 권리 증진과 사업 수혜 강화를 평가조건으로 명시해 성 인지 예산제도를 지원하고 있다(김경숙, 2015: 140). 2014년 현재 유엔 회원국 193개국 중 34개국이 성별

(Women and the environment), ⑫ 여자 어린이의 차별 철폐 및 권리 보장(The girl child)(UN Women. The Beijing Platform for Action Turns 20. https://beijing20.unwomen.org/en/about(검색일: 2022. 5. 2)).

영향분석평가(또는 성 분석 등의 명칭으로)를 실시하고 있으며, 90여 개 국가가 성 인지 예산을 실시하여 정책의 성별영향을 분석하고 있다(김둘순, 2015: 20; 김경숙, 2015: 140).

이와 함께 「베이징 행동강령」이 효율적으로 이행되도록 유엔은 5년마다 각국 정부의 이행보고서를 검토, 평가하고 개선책을 모색함으로써 개별 국가의 성평등 증진에 기여하고 있다. 유엔 여성지위향상국(DAW)이 2004년에 134개 유엔 회원국을 대상으로 한 설문 조사에 의하면 「베이징 행동강령」의 가장 큰 성과는 대다수의 회원국에서 여성지위 향상을 위한 국가기구(National Machinery)가 설립되고 그 기능과 위상이 강화되었다는 점이다(조희원·장재남, 2009: 183). 이는 성평등과 여성의 세력화를 증진하고 「베이징 행동강령」의 이행을 모니터링하기 위한 제도적 기반이 강화되고 있음을 의미한다.

베이징 선언문 및 「행동강령」은 포괄적이고 추상적이며 구속력이 없다는 점에서 실효성은 약하지만 여성문제에 관한 국제사회의 인식과 시각을 크게 바꾸는 계기가 되었으며, 1995년에 성안된 행동강령임에도 젠더 관점에서 보면 오히려 지속가능발전목표(SDGs) 등과 같은 최근의 국제규범과 문서보다도 훨씬 진보적이어서 2022년 현재에도 성평등과 여성권 이슈에 대한 기본적인 지침이자 여성정책의 중요한 가이드라인으로 활용되고 있다(여성연합, 2019).

4) 2000년대 이후: 여성·평화·안보 및 지속가능발전

(1) 여성·평화·안보 의제

전쟁과 평화는 여성과는 무관한 남성의 문제이거나, 또는 성 중립적인 영역으로 생각되어 왔다. 그러나 최근의 분쟁 양상은 이러한 시각에 문제가 있음을 여실히 보여주었다. 국지적 분쟁과 내란이 빈번했던 1990년대와 2000

년대를 거치면서 보스니아 사태, 코소보 전쟁 등, 구 유고슬라비아 내전 시 자행된 대규모 강간과 라이베리아, 르완다, 시에라리온, 콩고, 브룬디 등, 아프리카에서 발생한 지역 분쟁에서의 성폭력 사태, 동티모르 내전에서의 성폭력 사태 등, 광범위한 지역에서 계획적·의도적·조직적으로, 그리고 대규모로 자행된 성폭력 사태는 국제사회가 경각심을 갖도록 하였고, 무력분쟁이 여성에게 미치는 차별적 영향을 글로벌 이슈화하였다. 이와 함께 그동안 주변부에 위치하던 비군사적 문제들, 특히 개발, 통상 등과 같은 경제적 이슈뿐 아니라 전 지구적 난제인 인권, 평화, 환경 등, 보다 인간 생존에 관한 이슈들까지 포함하는 포괄적 '인간 안보' 개념이 새로운 국제안보 개념으로 확산되었다.

전시 성폭력 문제를 세계적으로 공론화하여 글로벌 이슈로 만든 데에는 유엔 및 국제 비정부기구의 역할이 컸다. '비정부기구 워킹그룹(NGO Working Group)'과 국제 여성운동계의 지속적인 노력으로 2000년에 '여성·평화·안보(WPS: Women Peace Security)'에 관한 유엔 안전보장이사회 「결의안 1325호(UN SCR 1325)」가 만장일치로 채택되었다. 이는 전시 성폭력의 근절과 함께 무력분쟁이 여성에게 미치는 불균형적이고 특수한 영향을 인정한 최초의 문건이다(강윤희, 2013: 61). 「결의안 1325호」는 '참여(participation), 보호(protection), 예방(prevention), 성 주류화(gender perspective)'를 핵심으로 설정했는데, 모든 의사 결정 수준에 여성의 참여, 분쟁하 성폭력으로부터의 여성 보호, 여성의 권리와 책임성 향상 및 법적 제재 강화를 통한 여성에 대한 폭력 예방, 그리고 평화와 관련한 모든 활동과 영역에서 젠더 관점의 반영을 의미한다(조영주, 2021: 52). 「결의안 1325호」 채택 이후 국제사회의 여성·평화·안보 의제에 대한 관심은 지속적으로 확대되었다.

그러나 2000년대에도 분쟁이 발생한 지역(수단, 다르푸르 분쟁 지역, 코트디부아르 등)에서 여성에 대한 성폭력 사태는 여전히 지속적이고 광범위하게 일어났고, 평화 조성 및 구축 과정에 여성의 참여를 보장하려는 목표는 제대로 이루어지지 않았다(강윤희, 2013: 61). '여성은 평화협상 테이블(peace table)에 거의 부재하며, 대부분의 갈등 지역에서 제3조정자, 혹은 유엔 대표로서 상당히 과소대표되어 있다'는 유엔 사무총장의 보고서는 이를 단적으로 보여준다(United Nations Secretary-General, 2009: 4; 강윤희, 2013: 61 재인용). 더 문제인 것은 세계 각지에서 활동하는 평화유지군에 의해서까지 각종 비리와 성폭력이 자행되었다는 것이다.[16] 2004년 콩고민주공화국에서 활동하던 평화유지군이 난민수용소의 여성들을 집단적으로 성폭력하는 사건이 발생하자 유엔은 자이드 알후세인(Zeid al-Hussein) 유엔인권최고대표를 책임자로 하여 진상조사에 나섰다. 유엔 조직 자체의 개혁과 함께 2005년에 발간된 「자이드 보고서(Zeid Report)」는 모든 평화유지 요원들에게 성적 학대와 성폭력의 기준이 되는 규칙을 적용하고, 성폭력 혐의에 대한 전문적인 조사과정을 정리하여, 관련된 조치들을 수립하는 내용을 담고 있다(59차 총회 문서 A/59/710, 2005; 조한승, 2013: 72~73 재인용).

이런 배경하에 유엔 및 국제사회는 「결의안 1325호」의 중요성 및 실행가능성을 다시 주목하기 시작하였고, 2000년에 채택된 「결의안 1325호」 이후 여성·평화·안보(WPS)의 여성 의제를 다루는 9개의 후속 결의안들을 추가로 채택하였다(표 6-1 참조). 이 결의안들은 기존의 국가 중심적 안보 시각에서 벗어나 국제적·국가적·개인적 차원의 안보 문제를 통합적으로 다룬다는 점에 의미가 있다. 특히, 「결의안 1820호」는 유엔 안전보장이사회가 무력분쟁 시 발생하는 성폭력을 국제평화 및 안보 이슈로 인정함과 동시에 전쟁의 전술로 인정한 최초의 문건이다(강윤희, 2013: 74, 78). 그러나 이 결의안들은 유엔 안전보장이사회에서 여성 관련 의제가 최초로 채택되었다는 점(「결의안

16 유엔 감찰국(Office of Internal Oversight Services) 통계에 따르면 2007년에서 2011년 사이에 유엔 평화유지군과 직원에 의한 성범죄 사건은 440여 건에 달했으며, 2012년의 경우 유엔 평화유지활동 관련 범죄 조사 보고서 총 94건 가운데 45퍼센트가 성범죄 사건이었다(67차 총회 문서 A/67/297 (Part II) 2013; 조한승 2013: 73 재인용).

표 6-1 여성·평화·안보(WPS) 관련 결의안들

2000년	UN SCR 1325호	유엔안전보장이사회 최초의 '여성·평화·안보'에 관한 결의 채택
2008년	UN SCR 1820호	유엔평화유지군의 임무 및 성폭력에 대한 처벌 강화
2009년	UN SCR 1888호	사무총장 특별대표 임명 및 전문가팀 현장 파견
2009년	UN SCR 1889호	평화구축 및 재건의 모든 과정에 성 주류화, 국제적 이행을 평가할 수 있는 지표 개발 및 1325호 이행을 위한 국내 조치
2010년	UN SCR 1960호	무력분쟁지역 성폭력 근절을 위한 해결방안 도출을 분쟁 당사자들에게 촉구
2013년	UN SCR 2106호	자발적 이행 노력 및 체계적·구체적·적극적 조치의 강조
2013년	UN SCR 2122호	분쟁해결과 평화구축의 모든 환경에서 여성의 모든 의사결정 수준에 전면적으로 참여할 수 있는 규범적 틀 강화 촉구
2015년	UN SCR 2242호	여성·평화·안보 요소를 유엔 및 안보리 의제 전반에 걸쳐 적극 반영할 것을 촉구
2019년	UN SCR 2467호	가해자에 대한 안보리 제재 강화, 피해자 중심의 접근과 피해자에 대한 배상 및 생계지원 강화, 여성의 역량 강화
2019년	UN SCR 2493호	여성·평화·안보 관련 그간의 안보리 결의안 이행 촉구, 평화·안보 의제의 여성의 참여 확대 및 여성의 모든 사회·경제적 권리 향상

자료: 여성가족부. 유엔안보리결의 1325호 국가행동계획.

1325호」)에서 자체적으로는 의미가 크나, 법적 구속력이 없는 결의안으로 간주되고 있어, 일부 성과가 있음에도 그 이행은 '극단적으로 느린 속도로' 진행 중이다(Mayanja, 2010: 8).

이에 유엔 안전보장이사회는 사무총장 성명서(2004/40 및 2005/52)를 통해 여성·평화·안보 의제에 대한 국가 차원의 전략 수립을 촉구하면서 회원국들이 자발적으로 국가행동계획(National Action Plan)을 수립할 것을 권고하고 있다. 2005년 덴마크가 최초로 국가행동계획을 수립한 이후 2022년 현재 유엔 회원국의 54퍼센트인 104개국이 국가행동계획을 수립하여 자국의 법과

정책에 여성·평화·안보 의제를 연결시키고 「결의안 1325호」의 이행을 위해 힘쓰고 있다.[17]

유엔과 국제사회의 노력으로 양적인 측면에서 여성·평화·안보 의제의 확산이라는 성과를 달성하고 있는 것은 확실하나, 실질적 성과를 얻기 위해서는 여성·평화·안보 의제가 「여성차별철폐협약」, 「비엔나 선언」, 「베이징 행동강령」, 지속가능발전목표(SDGs)와 연계되어 이행되고, 여성의 참여 보장과 성평등 관점의 적용이 보다 강조되어야 할 것이다.

(2) 지속가능발전 의제와 여성

2000년대에 들어와 유엔의 여성정책 전략은, 새천년개발목표(MDGs: Millennium Development Goals)와 지속가능발전목표(SDGs: Sustainable Development Goals)에서 살펴볼 수 있듯이 지속가능발전 의제로 확장되었다. 새천년개발목표는 2000년 9월 유엔 밀레니엄 정상회의에서 세계 189개국 정상들이 「새천년 선언(Millennium Declaration)」과 함께 발표한 2015년까지의 국제개발 가이드라인이다. 총 8개의 목표 중 여성 의제는 MDGs 3의 '성평등 및 여성권한강화'로 설정되었고, MDGs 1(기아), MDGs 2(교육), MDGs 4(아동사망률), MDGs 5(모성사망률)에 범분야 이슈로 각각 포함되어 있다(장은하 외, 2017: 47). 그러나 새천년개발목표의 여성 의제는 이전의 여성 의제들에 비해 여성권과 성평등의 실현에 관한 내용을 구체적으로 담보하지 못했다는 평가를 받는다. 이는 새천년개발목표 수립과정 당시 여성계의 제한적인 참여로 인해 기존 글로벌 페미니즘의 정신과 담론들이 새천년개발목표에 거의 반영되지 않은 결과이다. 따라서 모성 사망률, 교육에서의 성비 등, 일부 지표에서는 성과를 보이고 있으나 여성폭력, 여성인권과 관련된 이슈나 성차별적

---

17 Women's International League for Peace and Freedom. 1325 National Action Plans (NAPs). http://www.peacewomen.org/member-states(검색일: 2022. 10. 5).

사회구조의 문제들에는 상대적으로 관심을 기울이지 않음으로써 제한적인 여성 이슈만을 다루고 있다(김은경 외, 2014: 27~40).

이후 새천년개발목표를 이을 새로운 개발목표인 지속가능발전목표의 의제를 도출하기 위한 활동이 시작되었다. 2013년 1월, 유엔 지속가능발전정상회의(Rio+20)의 결과로 발족한 유엔 공개실무그룹(Open Working Group of the General Assembly)은 총 13회의 논의 활동을 진행했는데, 젠더 의제 도출을 위한 논의는 8차 세션(2014년 2월 3~7일)에서 이루어졌다. 이번에는 여성단체들도 글로벌 여성 의제의 정신을 지속가능발전목표에 포함하기 위해 시작 단계에서부터 활발하게 움직였고, 사회적 공정성(social equity), 성평등과 여성의 세력화를 위한 논의를 전개하였다.[18]

2015년 제70차 유엔 총회에서 2030년까지의 달성을 목표로 지속가능발전목표를 결의하였다. '2030 지속가능발전 의제'라고도 하는 지속가능발전목표는 17개 목표(goals)와 169개의 세부목표(targets), 231개의 지표로 구성되어 있다. 그중 여성 의제는 SDGs 5, '성평등 달성과 모든 여성 및 여아의 권한 강화(Achieve gender equality and empower all women and girls)'로 설정되어 총 9개의 세부목표와 14개의 지표가 제시되었으며, 다른 16개 SDGs 중 10개 SDGs에 젠더 이슈가 통합되어 있다(표 6-2 참조).[19] 이처럼 지속가능발전 여성 의제의 가장 큰 특징은 성평등이 SDGs 5의 독자 목표로 설정되어 개별적으로 다루어지기도 하지만, 동시에 젠더는 모든 분야에서 공통적으로 고려해야 하는 범분야(cross-cutting) 이슈로 다른 의제와 상호연계되어 있다는 점이다. 유엔여성기구에 의하면 231개 지표 중 약 23퍼센트에 해당하는

---

18 UN Sustainable Development Knowledge Platform, 8th session of the OWG on SDGs https://sustainabledevelopment.un.org/owg8.html(검색일: 2022.9.15).

19 유엔여성기구는 sex, gender, women and girls 등의 키워드를 포함하는 지표(gender-specific indicators)를 기준으로 성평등 크로스커팅 목표를 정의하고 있다(UN Women, 2018).

표 6-2 지속가능발전목표와 성평등 지표 수

	SDGs(지속가능발전목표)	성평등 지표 수
1	No poverty(빈곤 종식)	6
2	Zero hunger(기아 종식)	1
3	Good health and well-being(건강과 웰빙)	6
4	Quality education(양질의 교육)	8
5	Gender equality(성평등)	14
6	Clean water and sanitation(깨끗한 물과 위생)	-
7	Affordable and clean energy(적정한 청정에너지)	-
8	Decent work and economic growth(양질의 일자리와 경제성장)	7
9	Industry, innovation and infrastructure(산업, 혁신과 사회기반 시설)	-
10	Reduced inequalities(불평등 감소)	1
11	Sustainable cities and communities(지속가능한 도시와 공동체)	3
12	Responsible consumption and production(책임감 있는 소비와 생산)	-
13	Climate action(기후변화 대응)	1
14	Life below water(해양 생태계)	-
15	Life on land(육상 생태계)	-
16	Peace, justice and strong institutions(평화, 정의와 제도)	6
17	Partnerships for the goals(SDGs를 위한 파트너십)	1

자료: UN Women(2018).

54개 지표가 성평등 관련 지표이며 이들은 대체로 사회경제발전 관련 목표들과 연계되어 있다.

지속가능발전 여성 의제는 또한 그동안의 글로벌 페미니즘과 전략을 계승함으로써 기존 여성 의제의 정신과 가치를 포괄하고 있다. 「여성차별철폐협약」의 철학적 원칙인 평등과 비차별이 SDGs 5의 첫 번째 세부목표이고, SDGs 5.6에서는 「베이징 행동강령」을 직접 언급하고 있으며, 지속가능발전목표의 이행을 위해 국가 정책의 성 주류화 전략을 강조하는 점은 지난 수십 년간의 글로벌 페미니즘의 결과인 성평등적·인권적 관점의 반영이자, 기존 여성 의제와의 연결성을 강조한 것이다(장은하 외, 2019: 67).

무엇보다도 지속가능발전 여성 의제는 성평등 달성을 위해 전환적(transformative)이고 구조적인 변혁을 시도한다는 점에서 기존 여성 의제의 패러다임을 계승한다. SDGs 5의 세부목표와 지표들은 성별고정관념(gender stereotype)과 불평등한 사회구조적 문제에서 비롯된 젠더 관계에 대한 도전을 담고 있어 1975년 제1차 세계여성회의로부터 1995년 「베이징 행동강령」까지 이어지는 글로벌 페미니즘의 산물이라 할 수 있다. 예컨대, 여성의 정치·경제·사회적 역량 강화, 성평등을 위한 제도 개혁, 폭력 철폐, 성·재생산 건강과 재생산 권리의 강화, 여성 성기절제를 포함한 여성에 대한 유해한 관습의 철폐 등, 여성 이슈를 포괄적으로 아우르고 있어 모든 세부목표에서 여성에 대한 구조적인 차별 철폐와 권리적 접근이 도입되었다(장은하 외, 2017: 49). 이렇게 볼 때, 유엔을 중심으로 한 글로벌 페미니즘의 핵심 전략인 '성 주류화'는 지속가능발전목표의 전환적 변화의 추구를 통해 지속, 확대되고 있는 것이다.

지속가능발전목표의 또 다른 특징인 '누구도 소외시키지 않는' 포용성과 목표 및 지표 이행을 위한 성별분리통계의 강조 역시 성평등 강화와 글로벌 여성 의제의 이행을 점검하는 데 의미 있는 방향성을 제시한다. '누구도 소외되지 않도록' 여성 내 다양한 집단, 예컨대 여아, 장애 여성, 노인 장애여성, 농촌 여성 등 이중적으로 소외될 수 있는 다양한 소외집단을 포괄하고 이들의 특수한 경험과 다양성을 반영하기 위해 성별통계, 성별영향 분석뿐만 아니라 통계의 개발 및 확산이 더욱 중요하게 되었으며, 다양한 분야에서의 성평등 이행의 점검이 국제사회에서 필요하고 필수적인 부분이 되었다(장은하 외, 2019: 67).

지속가능발전 의제는 여성 및 젠더 이슈만을 중심으로 다루었던 기존의 글로벌 페미니즘과는 달리 사회·경제·환경 전 분야를 아우르는 종합적인 발전(Development) 의제들 중에 여성 의제를 포함하고 있다. 성평등(gender equility)이 전 세계 공동의 발전 목표에 포함되었다는 점은 기존의 여성 의제만을 표방하던 시기보다 국제사회에서의 인식과 위상이 한 단계 더 높아졌음을 의미하며, 성평등을 통합적으로 달성할 수 있는 계기로 볼 수 있다(장은하 외, 2017: 49). 특히 지속가능발전 의제는 지속가능발전목표의 달성과 평등성의 확보를 동일하게 다루고 있어 세계 인구의 반을 차지하는 여성의 참여 없이는 목표 달성이 어렵다는 근본적인 인식을 공유한다. 따라서 그간의 차별과 불평등으로 소외되었던 여성에 대한 상징성을 볼 때 성평등에 대한 고려는 지속가능발전목표 달성의 근간이라 할 것이다(장은하 외, 2017: 47). 또한 성평등은 단일 분야에서만 달성하면 해결되는 목표가 아니라 사회 전반에 걸쳐 각 분야 고유의 목표들과의 밀접한 연계선상에서 고려해야 한다고 볼 때, 그동안 성평등과 직접적으로 관련이 없던 다양한 분야에서도 젠더 관점에서 재해석하고 이행해야 할 필요가 있다.

5. 나오며

유엔은 창설 이래 여성문제의 글로벌 의제화에 지속적으로 노력해 왔다. 여성들이 초국적으로 연대하고 네트워킹할 수 있도록 글로벌 페미니즘 담론의 장을 제공함으로써, 여성들은 유엔이라는 장을 통해 여성의 목소리를 낼 수 있었고, 전 지구적으로 확산된 여성 의제의 글로벌 이슈화는 다시 유엔의 역할에 힘을 실어주었다. 무엇보다도 유엔은 성평등 증진과 여성권한의 강화를 위한 국가 간 합의를 이끌어냄으로써 성인지적 규범과 원칙을 설정하였고 이러한 합의의 준수 여부를 지속적으로 점검함으로써 그동안 몰성적으로 비춰지거나 성차별적이었던 많은 영역과 요소들에서 성평등 강화에 기여하고 있다. 「유엔 헌장」, 「여성차별철폐협약」과 「선택의정서」, 「비엔나 협약」 등과 같은 글로벌 규범들이 법적 구속력이 있는지, 아니면 단순한 권고적 도덕

조항인지에 관해서는 현재에도 의견이 갈리지만, 인권 보호 및 성평등을 위한 기본 원칙으로 작동함으로써 여성의 지위 향상과 발전에 실제적인 영향을 미쳤음은 분명하다(박홍순, 1999: 124).

유엔을 중심으로 전개되어 온 여성 의제들을 시기별로 살펴보면, 1980년대까지 평등 담론, 1990년대의 여성 인권 담론과 성평등을 위한 성 주류화 담론을 거쳐 2000년대 이후에는 여성·평화·안보 의제와 지속가능발전 담론으로 확대되어 왔음을 알 수 있다. 평등과 인권은 전 지구적 여성담론이 강조하는 가장 보편적 가치로 여성의 차별 철폐와 성평등 제도화를 위해 다양한 방식으로 추구되어 왔다.

1960년대 이후 유엔의 활동은 세계여성회의들을 통해 국제사회에서 '여성'을 공식적으로 의제화했고, '여성' 이슈에서 '젠더' 이슈로 여성문제의 논의를 확장함과 함께 성별 권력관계를 통한 불평등한 사회구조를 비판함으로써 글로벌 페미니즘의 확산과 성평등 제도화에 큰 역할을 하였다.

1990년대에 오면서 유엔은 인권이라는 보편가치를 바탕으로 인류 절반의 권리로서의 여성인권 담론을 전 지구적으로 확산시켰다. 그동안은 인권 침해로 간주하지 않았던 사적 영역에서의 여성폭력 문제를 이슈화하고 여성폭력 철폐와 여성 인권의 향상을 위한 국제적 규범을 형성하였다. 또한 이 시기는 성주류화 전략을 성 평등 여성 의제의 새로운 패러다임으로 공식화함으로써 성주류화의 담론이 글로벌 정치 의제로 확고해진 시기이기도 하다.

여성인권 담론은 2000년대에 들어오면서 무력분쟁이 여성에게 미치는 차별적 영향이 글로벌 이슈로 부각됨에 따라 여성·평화·안보 의제로 확산되었다. 이에 유엔은 전시 성폭력을 근절하고 평화·안보 영역에 성인지적 관점을 반영하기 위해 노력하고 있다. 한편, 유엔에서의 여성 의제는 2000년대 이후 지속가능발전 담론 속에서 SDGs 5(성평등)로 개별적으로 다루어지는 동시에 다른 의제들과 상호 연계되어 여성의제의 핵심가치가 전 분야로 확대되고 있다. 이는 모두를 포용하는 지속가능발전을 위해서는 성평등과 여성의 세력화가 담보되어야 함을 의미하는 것으로 여성 의제에 대한 유엔과 국제사회의 인식이 확대되어 온 것을 확인할 수 있다.

이처럼 유엔은 여성들의 공통적 인식과 경험에 기반한 평등, 인권과 같은 거시적·보편적 가치담론을 바탕으로 글로벌 페미니즘을 형성하는 데 주도적인 역할을 해왔다. 한편, 현대사회는 신자유주의 속에서 개인의 자유와 자율성을 강조하는 개인화의 시대로 진행되고 있다. 글로벌 페미니즘 역시 연대에 바탕을 둔 평등의 담론보다는 일상의 페미니즘, 온라인 페미니즘에서 볼 수 있듯이 사회적 억압으로부터의 자유를 강조하고 개인화된 여성의 다양한 당면 문제에 더 관심을 갖게 되었다. 즉, 새로운 글로벌 페미니즘의 이슈는 개별화·개인화로 진행되고 있는 반면, 유엔의 노력은 인권과 평등이라는 보편가치와 연대 속에서 이행의 점검과 세부 실천전략의 구체화를 강조하고 있는 것이다. 따라서 오늘날의 글로벌 페미니즘과 유엔의 역할은 집단적 정체성보다 자유권과 개인주의를 강조하는 젊은 세대의 다양한 견해를 수용하고 새롭게 등장한 성불평등한 쟁점들에 대응하는 노력과 함께 국제사회의 동의하에 형성된 글로벌 규범으로서의 보편적 가치의 구축을 위한 노력을 강화하는 것이 더욱 필요하다.

참고문헌

강윤희. 2008. 「글로벌 여성인권 거버넌스와 러시아:행위자의 다변화와 상호작용」. 《한국정치학회보》, 제42권 4호, 499~520쪽.

______. 2013. 「여성, 평화, 안보의 국제규범 형성과 확산-유엔 안전보장이사회 결의안 1325호를 중심으로」. 서울대학교 국제문제연구소 편. 『젠더와 국제정치』, 55~96쪽.

김경숙. 2015. 「UN 젠더 주류화 20년과 한국: 거버넌스적 조망」. 《민족연구》, 제64호, 134~156쪽.

김동식. 2015. 「유엔여성기구(UN Women)」. 조한승, 김도희, 조영태, 김동식 공저. 『국제기구와 보건·인구·여성·아동:WHO·UNFPA·UN Women·UNICEF』. 서울: 오름, 187~234쪽.

김둘순. 2015. 「성별영향분석평가법 제정에 따른 제도운영 전략과 관리 방안」. 《젠더리뷰》, 제36호, 20~29쪽.
김민정. 2016. 「미래사회와 성평등」. 권호정 외. 『호모 컨버전스: 제4차 산업혁명과 미래사회』. 서울: 아시아, 88~104쪽.
______. 2020. 「2015년 이후 한국 여성운동의 새로운 동향」. 《정치·정보연구》, 제23권 2호, 59~88쪽.
김은경·장은하·이미정·김영택·곽서희·조영숙. 2014. 『Post-2015 개발체제에서 젠더의제 분석』. 서울: 한국여성정책연구원.
누스바움, 마사. 2015. 『역량의 창조: 인간다운 삶에는 무엇이 필요한가』 한상연 옮김. 서울: 돌베개.
마경희. 2011. 「성별영향분석평가와 성인지예산 연계 방안」. 《젠더리뷰》, 제23호, 18~24쪽.
박홍순. 1999. 「UN 인권레짐과 국제사회; 탈냉전시대의 변화와 추세」. 《사회과학논집》, 제2권, 122~147쪽.
신혜수. 2010. 「유엔 여성차별철폐협약(CEDAW)과 선택의정서에 의한 여성인권보호」. 《이화젠더법학》, 제1권 1호, 1~39쪽.
여성가족부. 유엔안보리결의 1325호 국가행동계획. http://www.mogef.go.kr/sp/geq/sp_geq_f014.do (검색일: 2022. 7. 20).
여성연합. 2019.08.16. 「'베이징+25주년 기념 베이징행동강령 주요분야 이행점검 국제여성포럼' 개최 소식」. 《국제연대》, 한국여성단체연합. http://women21.or.kr/overseas/14619.
윤지소. 2021. 「2021 세대평등포럼 개최와 향후 글로벌 여성의제 이행전략」. 《젠더리뷰》, 2021 봄호, 64~71쪽.
이봉철. 2001. 『현대인권사상』. 서울: 아카넷.
장은하·김경희·김영택·윤지소·조혜승·홍지현·김정수·박윤정·조영숙. 2019. 『글로벌 여성의제 국내이행 점검』. 서울: 한국여성정책연구원.
장은하·문유경·조혜승·김정수·김지현. 2017. 『지속가능발전목표(SDGs) 내 성평등 관련 지표의 국내이행 현황 및 정책과제』. 서울: 한국여성정책연구원.
전복희. 2006. 「글로벌거버넌스 시대에 여성정치의 변화」. 《21세기정치학회보》, 제16권 1호, 301~319쪽.
《조선일보》. 1995. 2. 23. "UN 인권위 첫 보고서/"곳곳서 대여성폭력 계속"" https://www.chosun.com/site/data/html_dir/1995/02/23/1995022372702.html.
조영주. 2021. 「유엔 안보리 결의안 1325호와 대한민국 제3기 국가행동계획(2021~2023) 수립의 의미」. 《젠더리뷰》, 2021 봄호, 52~62쪽.
조한승. 2013. 「유엔 개혁의 주요 쟁점과 도전과제」. 《평화학연구》, 제14권 4호, 53~87쪽.
조희원·장재남. 2009. 「유엔을 통한 여성정책의 지구화에 관한 연구」. 《평화학연구》, 제10권 4호, 169~190쪽.
최정원. 2018. 「공공정책과 여성」. 김민정·강경희·강윤희·김경미·김성진·박채복·엄태석·

유진숙·전복희·조현옥·최정원. 『젠더정치학』 파주: 한울, 143~170쪽.
최현실. 2005. 「글로벌 거버넌스로서의 유엔과 한국의 의사결정과정에 여성참여정책」. 《여성학연구》, 제14·15권 합본호, 69~92쪽.
테일러, 폴. 2003. 「국제연합과 국제질서」. 존 베일리스·스티브 스미스 편저. 『세계정치론』. 서울: 을유문화사, 350~371쪽.
통, 로즈마리 퍼트넘·티나 페르난디스 보츠. 2019. 『페미니즘: 교차하는 관점들』. 김동진 옮김. 서울: 학이시습.
허민숙. 2012. 「여성주의 인권 정치학: 보편 vs. 상대주의의 전환적 논의를 중심으로」. 《한국정치학회보》, 제46권 1호, 45~62쪽.

Bayefsky, Anne F. 2001. *The UN Human Rights Treaty System: Universality at the Crossroads.* http://www.bayefsky.com/report/finalreport.pdf.
Bunch, Charlotte. 1990. "Women's Rights as Human Rights: Toward a Re-Vision of Human Rights." *Human Rights Quarterly.* 12(4), 486-498.
Charlesworth, Hilary. 1994. "What are "Women's International Human Rights?" Rebecca J. Cook(ed.). *Human Rights of Women: National and International Perspectives,* Philadelphia: University of Pennsylvania Press. pp. 58~84.
Chen, Martha Alter. 1996. "Engendering World Conference: The International Women's Movement and the UN." Tomas G. Weiss and Leon Gordenker(eds.). *NGOS, The UN, and Global Governance.* Boulder: Lynne Rienner Publishers.
Corner, Lorain. 1999. "Capacity Building for Gender Mainstreaming in Development." UNIFEM E&SEARO, Bangkok.
Crenshaw, Kimberle. 1995. "Mapping the Margins: Intersectionality, Identity, Politics, and Violence Against Women of Color", Kimberle Crenshaw. et. al. (eds.). *Critical Race Theory: The Key Writings That Formed the Movement.* New York: New Press, pp. 357~383.
Friedman, Elisabeth Jay. 2003. "Gendering the Agenda: The Impact of the Transnational Women's Rights Movement at the UN Conferences of the 1990s.," *Women's Studies International Forum,* 26(4), 313~331.
Hannan, Carolyn. 2008. "United Nations Gender Mainstreaming Strategy: Achievements and Challenges." 『국제사회의 성주류화 동향과 한국여성정책전략』. 한국여성정책연구원, pp. 51~62, pp. 149~158.
Jahan, Rounaq. 2009. "Approach, Tools and Direction for Implementing Gender Mainstreaming." 『성 주류화의 이론과 실천』. 한국여성정책연구원, pp. 27~55, pp. 166~192.
Mayanja, Rachel. 2010. "The Statement on the '10th Anniversary of Security Council

resolution 1325(2000) — Identifying Progress and Closing Gaps'." https://www.un.org/womenwatch/osagi/pdf/Alphbach-Retreat-03September2010.pdf(검색일: 2022.5.20).

Morgan, Robin. 1984. "Planetary Feminism: The Politics of the 21st Century." Robin Morgan.(ed.). *Sisterhood is Global: The International Women's Movement Anthology*, New York: The Feminist Press at City University of New York, pp.1~37.

Okin, Susan Moller. 1995. "Inequalities Between Sexes in Different Cultural Contexts" Martha Nussbaum and Jonathan Clover(eds.). *Women, Culture, and Development: A Study of Human Capabilities*. Oxford, UK: Clarendon Press, pp.274~297.

Skard, Torild. 2022. "Introductory note: Learning journey for a feminist: Making women visible, recognizing women's achievements, and demanding power to women," Rebecca Adami & Dan Plesch(ed.). *Women and the UN: A New History of Women's International Human Rights*. New York; Routledge, xiii-xvii.

Stamatopoulou, Elissavet. 1995. "Women's Rights and the United Nations" Julie Peters and Andrea Wolper. (eds.). *Women's Rights, Human Rights: International Feminist Perspective*. New York: Routledge, pp.36~50.

UN. 1995. *The United Nations and the Advancement of Women 1945-1995*. New York: UN.

_____. United Nations Charter. https://www.un.org/en/about-us/un-charter/full-text(검색일: 2022.12.10).

_____. CEDAW in your daily life. https://www.ohchr.org/en/treaty-bodies/cedaw/cedaw-your-daily-life(검색일: 2022.6.10).

UN Sustainable Development Knowledge Platform. 8th session of the Open Working Group on Sustainable Development Goals. https://sustainabledevelopment.un.org/owg8.html(검색일: 2022.9.15).

UN Women. 2018. Why Gender Equality Matters Across All SDGs — An Excerpt of Turning Promises into Action: Gender Equality in the 2030 Agenda for Sustainable Development. https://www.unwomen.org/sites/default/files/Headquarters/Attachments/Sections/Library/Publications/2018/SDG-report-Chapter-3-Why-gender-equality-matters-across-all-SDGs-2018-en.pdf(검색일: 2022.9.10).

_____. The Beijing Platform for Action Turns 20. https://beijing20.unwomen.org/ en/about(검색일: 2022.5.2).

Weir, Allison. 2008. "Global Feminism and Transformative Identity Politics." *Hypatia*, No. 23, Vol.4: 110~133.

Women's International League for Peace and Freedom. 1325 National Action Plans(NAPs). https://www.peacewomen.org/member-states(검색일: 2022.10.5).

Yuval-Davis, Nira. 2006. "Human/Women's Rights and Feminist Transversal Politics," Myra

Marx Ferree and Aili Mari Tripp (eds.). *Global Feminism: Transnational Women's Activism, Organization, and Human Rights*, New York: New York University Press, pp. 275~292.

2부

한국의 뉴페미니즘

7장

2015년 이후 한국 여성운동의 새로운 동향*

김민정

1. 들어가며

전 세계적으로 폭발적 반응을 보이고 있는 미투(#MeToo) 운동은 거대한 사회적 물결이 되어서 퍼져나갔다. 미투 운동은 2017년 10월 1980년대 텔레비전 아역스타로 이름을 날렸던 알리사 밀라노(Alyssa Milano)가 하비 와인스타인 미라맥스 영화사 전 사장이 자신에게 성폭행을 저질렀다고 고발하면서 시작되었다. 그녀에 이어 로즈 맥고완과 리즈 위더스푼을 포함하는 할리우드 유명 배우들도 역시 그가 성폭행을 저질렀음을 "나도 당했다(MeToo)"라는 말로 고발해 가면서 할리우드의 우디 앨런과 로만 폴란스키 같은 감독뿐만이 아니라 케빈 스페이시와 제임스 프랑크 등의 영화배우, 코미디언 루이스 C. K. 등도 미투의 대상이 되었다. 이렇게 영화계로부터 시작한 미투 운동은 전 세계로 거세게 퍼지면서 남녀 간의 권력관계에서 강행된 남성의 성폭력 고발이 이어졌다.

---

* 이 장은 《정치·정보연구》 제23권 2호(2020)에 실린 논문을 수정한 것이다.

1970년대 급진주의 페미니스트를 중심으로 사회적 성 역할 분리에 대한 문제제기가 거셌고 1980년대 직장 내 성희롱을 여성의 몸에 대한 남성권력 행사이며 여성에 대한 큰 억압이라고 인식되어 왔지만 아직까지도 사회 많은 부분에 성희롱 및 성추행, 성폭력이 잠재해 있었음이 미투 운동으로 증명된 셈이다. 구호로 외쳤던 남성권력의 여성 몸에 대한 억압이 현실에서는 전혀 해결되어 있지 않았음이 드러난 것이다. 이러한 문제제기는 제2기 여성운동의 문제제기와 일맥상통하지만, 그 방법이 보다 현실적이며 직접적이라고 할 수 있다. 또한 인터넷을 통한 네트워크 사회의 특징이 이 운동에 중요한 환경이 되었다. 미투라는 명칭도 인터넷상에서의 해시태그에서 나타난 주제어였고 해시태그 방식이 쉽게 검색되고 동참하기도 용이하여 이 운동이 짧은 시간에도 전 세계적으로 퍼질 수 있었다. 서구에서는 제2의 물결 페미니즘 이후 국제 페미니즘, 포스트모더니즘적 페미니즘, 차이를 강조하는 페미니즘 등 신조류가 많이 나타나고 있지만 미투 운동은 사회 저변에 아직도 제2기 여성운동적 문제제기가 해결되지 않았음을 보여준 셈이다.

한국에서도 예외는 아니었다. 그러나 그것은 미국 할리우드발 미투의 한국판이라기보다는 2015년부터 이어진 직장 내 성폭행 사건으로 한국사회에서는 여성 몸에 대한 남성의 권력 행사, 여성에 대한 성적 억압이 이미 어느 정도 사회적 문제가 되고 있던 것과 관계 있다. 특히 2015년에는 「남녀고용평등과 일·가정 양립 지원에 관한 법률」 시행 1년 시점으로 여성가족부에서 50인 이상 공공기관과 민간사업체의 성희롱 실태에 대해서 조사한 보고서를 내놓으면서 성폭력 문제는 한국사회의 뜨거운 주제로 떠올라 있었다. 이어서 2016년 강남역 화장실 여성 살인 사건이 일어났다. 2016년 5월 17일 서초동 노래방 화장실에서 불특정한 여성을 칼로 찔러 살해한 '여혐' 사건이 일어나면서 강남역에는 "여성혐오는 사회적 문제", "남아 있는 여성들이 더 좋은 세상 만들게요" 등 여성혐오 문제를 지적하는 내용의 쪽지가 붙고 여성혐오 문제에 대한 사회적 문제의식이 확산되었다. 2018년 홍대 남성 누드모델 '몰카' 사건이 발생한 지 10일 만에 신속하게 피의자 검거가 이루어지면서 청와대 국민청원이 진행되었고[1] 이후 여섯 차례에 걸친 시위가 진행되었다.

이러한 과정을 거치면서 이전과는 양상을 달리하는 새로운 여성운동이 나타났다. 현재까지도 진행되는 상황이기 때문에 한마디로 그 특성을 정리하기는 어렵지만 2015년 이후부터 나타나고 있는 여성운동의 특징을 이전의 여성운동과 비교하면서 정리하고자 하는 것이 이 글의 목적이다. 새로운 여성운동의 주장 내용은 무엇이며 이전의 여성운동과는 어떻게 다른지를 살펴보고자 한다.

2. 2000년대 한국사회의 변화와 여성운동

1) 신자유주의와 개인화

2000년대 한국사회는 전 세계적인 신자유주의의 영향으로 급속하게 개인화되었다. 신자유주의는 다양하게 해석될 수 있지만 일반적으로 1980년대 이후 자유주의적 시장주의의 정책적 적용 경향을 지칭한다. 신자유주의는 그 대표적인 예라고 할 수 있는 미국의 레이거노믹스나 영국의 대처리즘에서 알 수 있듯이 1970년대 이후 서구 경제의 장기적인 침체로 인해 서구 복지국가의 위기와 자본의 세계화라고 하는 1990년대의 전 세계적인 추세와 그 궤를 같이한다. 신자유주의는 20세기 동안 지나치게 비대해졌던 국가권력과

---

1 청와대 국민청원은 2018년 5월 11일자 "여성도 대한민국 국민입니다. 성별 관계없는 국가의 보호를 요청합니다"로 되어 있었고 총 41만 9006명의 참여가 이루어졌다. 이 청원에서는 남성이 피해자인 홍대 남성 누드모델 '몰카' 사건의 범인은 단시간에 검거되었지만 여성이 피해자인 많은 '몰카' 사건은 해결되지 않고 있음을 지적하며 성별에 관계없이 국가가 '몰카' 사건을 처벌해 주기를 촉구했다.

그 비효율성 그리고 이로 인한 재정위기에 대한 반응으로 나타났기 때문에, 국가개입의 축소 및 시장으로의 복귀가 가장 중요한 중심 의제였다. 경제적으로 정치권력의 시장개입을 제한하고 정치권력을 분권화하여 경제적 이윤 추구를 위하여 경제 단위 간의 자율적인 결정을 존중하는 경향을 보인다. 국가의 시장개입을 제한하면서 결국 국가가 공급하던 다양한 복지급여는 상당 부분 민영화되는 것이 현실에서의 신자유주의 정책이다(김민정, 2011: 219~226). 이와 더불어 신자유주의는 기술발전이 가져온 확대된 교통망과 통신망을 바탕으로 이룩된 세계화가 추구하는 중요한 가치였다. 세계화는 기본적으로 자유주의와 잘 어울리는 이데올로기로서 국제정치학에서 자유주의는 국가 간의 협력과 협력의 제도화를 추구하고 시민사회의 초국적 네트워크 형성과 그 세력화를 강조한다.

한국에서 신자유주의가 본격적으로 자리 잡기 시작한 것은 IMF 위기 이후 김대중 정권이 출범하면서부터이다(김민정, 2011: 231). 미국이나 영국에서 신자유주의가 확대된 것과는 달리 한국에서 IMF 차관의 부대조건을 만족시키기 위해 신자유주의 정책을 택하게 되었다. 즉 미국과 영국에서의 신자유주의는 지나친 국가권력의 비대화, 비효율성을 교정하기 위한 처방으로 채택되었다면 한국은 한국 정치·경제에 대한 대비책으로서가 아니라 외부의 강제에 따른 타율적 선택이었다고 할 수 있다. 긴축재정, 긴축금융, 민영화, 정부의 탈규제, 시장개방 등이 IMF에서 요구한 부대조건이었다. 이를 적용하면서 한국 정부는 기업의 대대적인 구조조정을 요구했고 상당수의 한국 기업이 외국 자본에 매각되었다.

이러한 신자유주의는 기본적으로 능력지배 사회로의 전환이다. 신자유주의가 가장 강조하는 것은 개인의 자유로운 행위 보장이다. 사회 발전의 원동력은 자유로운 개인의 능력과 창조적 행위에 따른 개인 간의 경쟁이기 때문에 시장에서의 개인의 성패는 결국 개인의 능력에 달려 있다고 본다. 신자유주의는 능력지배사회이기 때문에 집단이나 공동체의 이익 혹은 이 속에서의 연대보다는 사회의 개인화, 개별화와 연결될 수밖에 없다.

근대에서 개인이 발견되어 공동체 혹은 종교적 대상으로서의 인간으로부터 자유로운 개인이 출현하였다. 근대의 이 개인은 자유를 의미하였다. 전통적 구속으로부터 벗어나 개인의 자유와 독립을 추구하고 자율성을 강조하던 근대 시대의 개인은 진보적 가치를 담보하는 자유로운 개인이었다. 그러나 1990년대 신자유주의에서 진행된 능력지배사회 속에서의 개인화, 개별화는 불확실한 상황 속에서 내던져진 불안한 개인화이다. 바우만은 신자유주의 시대의 개인을 자신의 정체성을 주어진 것(a given)에서 수행해야 할 과제(a task)로 전환시켜서 개인에게 이러한 과업의 결과까지 책임지게 했다고 역설하였다(Bauman, 2002). 능력지배 사회 속에서 개인은 자유와 자유로운 선택이라는 개인의 정체성을 가졌지만 그 정체성은 단지 자유를 향유하는 긍정적 의미의 개인이기보다는 나에게 주어진 과제를 수행해야 할 존재이며 그 수행을 통해 사회 속에서 나의 존재를 인정받아야 하는 것이다. 여기에 신자유주의시대 무한경쟁 시대의 불확실한 상황 속에서 증대되는 위험과 사회적 모순을 오롯이 대처해야 하는 그런 개인인 것이다.

이러한 개인화의 시대에 집단의 이익과 동일시되는 나의 이익이나 집단 속에서 연대를 통해 불안한 사회를 극복하려는 시도는 불가능하다. 왜냐하면 능력이 지배하는 사회에서 내가 능력을 함양하지 않으면 자유란 의미 없는 것이 되기 때문에 나의 능력 함양에 집단의 이익은 의미가 없는 것이며 나의 능력 함양은 집단 속 연대를 통해서 해결되지 못한다. 그래서 인생은 운명도 사회적 제 법칙도 아닌 자신의 계획과 설계를 통해서 기획되고 관리되어야 하는 것으로 부추기는 자기계발 담론이 지배적인 사회가 되었다. 협력과 유대를 발생시키는 쪽보다는 인간의 상황들을 분할하고 과도한 경쟁을 야기하는 것이 오늘날 신자유주의 시대의 개인화이다(바우만, 2005).

공동체 내의 협력과 연대의 약화는 결국 공적인 관심에서 멀어지고 사적인 것이 강조되는 사회로 바뀌게 된다. 공적 관심 자체가 사라지지는 않지만 많은 곳에서 목격되는 것은 사적 감정이 공적 고백으로 축소되거나 공적인 것이 사적인 것에 의해서 식민화되는 형태로 나타난다. 즉 공적인 삶의 기술은 사적 사건의 공적인 과시로 나타나고 사적인 문제들이 공적인 이슈들을 다루는 언어로 새롭게 해석되면서 공공의 해결책이 모색되는 공적인 장소는 공허화된다(박기남, 2012: 84). 이러한 경향은 여성에게 더욱 심화될 수 있는데, 사적 영역에서 아직 개인이 되지 못한 채 남아 있던 여성들은 개인화, 개별화의 강제 속에서 불안과 위험에 노출되고 있다. 가족이나 계급, 종교, 국가와 같은 제도들이 약화되고 역할들이 탈규범화되는 사회 속에서 여성 개인들은 이제 스스로 규칙을 찾아다니지 않으면 안 되게 됨으로써 더욱 불안한 상황 속에 노출된 것이다(신경아, 2012: 12). 이러한 이유는 거대담론의 시민운동이나 여성운동의 영향력은 축소되고, 시위를 하더라도 일인시위나 혹은 소그룹의 개인화되고 특수한 이익 중심의 운동으로 전환되는 경향이 있기 때문이다. 각자가 겪는 고통의 원인은 동질적이지만 함께 모여 실천을 모색하기보다는 각자의 일상에서 살아남기 위해 애쓰는 상황으로 능동적이나 매우 불확실하고 불안정한 삶이 여성의 삶이 된 것이다(신경아, 2012: 14).

개인화되고 개별화된 여성들은 신자유주의 시대 경쟁 중심의 사회에서 자신의 능력으로 자신의 정체성을 찾아가야 하는 불안함에 직면하면서 거대 연대체의 여성운동 단체를 통한 여성문제에의 접근으로는 자신들의 문제를 해결할 수 없다는 생각을 하게 되었다. 알파 걸과 같이 뛰어난 능력의 여성, 남성과의 경쟁 속에서도 성공할 수 있는 여성은 여성단체의 주장이나 연대 없이도 자신들이 성공할 수 있는 반면, 능력지배사회에서 성공하기 어려운 여성들은 개별화되고 개인화된 사회 속에서 집단적 정체성을 상실한 채 자신에게 주어진 취업, 결혼, 육아 등의 과업에서 살아남기 위해 여성운동과 같은 연대에 의존하지 않게 된 것이다. 이렇게 신자유주의 시대의 개인화는 거대 여성운동의 쇠퇴로 나타나게 되었다.

2) 정보화시대와 여성 삶의 변화

21세기 정보화시대에서는 정보기술의 발전이 인간 삶을 바꾸고 사회의 메커니즘을 바꾸고 있다. 이전 시대에서는 사회 구성의 핵심이 가족을 기반으로 하는 공동체의 속성을 보였다면, 디지털 기술을 기반으로 한 정보화시대에서는 정보통신 기술의 발전으로 가족이 함께 거주하는 공동의 공간 속에서 서로 소통하기보다는 무형으로 형성된 네트워크를 통해서 소통하고 정보를 교환하는 방식이 일상화되고 있다. 또한 인터넷에의 상시 접속을 통한 인간관계의 형성과 SNS로 소통하는 방식으로 관계 맺기가 이루어지면서 한편으로는 늘 네트워크 속에서 소통하지만 그 소통이 대면소통에서 발생하는 심도 있는 소통보다는 표피적인 접속으로 인한 공허함이 오늘날 소통의 특징이 되고 있다.

정보화시대에서 여성의 삶을 이전 시대와 비교해 볼 때 동전의 양면처럼 긍정적인 면과 부정적인 면이 모두 존재한다. 정보화시대는 이전의 시대와는 달리 남성적인 것, 남성성, 아버지의 역할 등의 가치를 여성적인 것, 여성성, 어머니의 역할 등에 비해서 더 우월한 것으로 상정하지 않는다(김민정, 2017: 90). 오히려 정보화시대는 3F의 시대라고 명명되듯이 가상성(Fiction), 감성(Feeling)과 더불어 여성성(Feminity)을 중요한 가치로 생각한다. 토플러와 같은 미래학자들은 산업사회에서 정보사회로의 변화는 재화생산에서 서비스 생산으로의 변화를 가져오기 때문에 경성(hardness)에서 연성(softness)으로, 동력 또는 근력에서 섬세성과 창조성의 방향으로 사회가 변화된다고 지적하였다(김민정, 2017: 92). 이에 따라 정보화사회에서는 남성에 비하여 상대적으로 섬세하고 감수성이 발달된 여성들이 활동하기에 편리한 사회가 될 수 있으며 여성적인 가치가 비정상적이거나 열등한 가치로 이해되지 않는다고 할 수 있다. 현실적으로도 21세기에는 이전 세기보다 여성지도자가 많이 등장하는 것도 이러한 사회적 변화와 무관하지 않을 것이다(김민정, 2012).

또한 정보화로 인해 경제영역에 나타나는 변화 역시 다른 어떤 분야에서의 변화보다도 여성들에게 긍정적인 변화라고 할 수 있다. 기든스를 비롯한 많은 사회학자들은 정보화가 진전됨에 따라서 여성 취업 기회가 확대되고 성별 분업은 완화되었다고 주장했다(이영애, 1999: 292). 영국에서 21세기 초 10년간 창출된 정보화 관련 140만 개의 일자리 가운데 여성이 100만 개의 일자리를 얻었고 미국의 애플 전체 개발자 가운데 여성의 비율은 20퍼센트이며 MS의 여성 임원 비율 역시 20퍼센트이다(《전자신문》, 2016.12.22). 또 정보화와 더불어 개인용 컴퓨터 및 휴대용 컴퓨터, 각종 정보기기의 발달로 다양한 서비스가 온라인으로 간편화되었고 재택근무 및 유연근무 등의 근무 상황이 바뀌면서 여성들이 일과 가정을 양립할 수 있는 사회적 구조가 확대되고 있다.

이러한 사회적 변화와 더불어 여성의 의식에도 큰 변화를 가져왔다. 가상공간의 확대는 각 개인이 자기를 표현하고 관계 맺는 새로운 공간이 생겨남을 의미한다. 가상공간이 오늘날처럼 확대되기 이전 사회에서 여성들은 사회적 성 역할에 대한 억압과 가족의 일원이라는 보이지 않는 제약으로 인하여 상당히 폐쇄적인 관계 맺기 및 자기표현의 방식으로 사회와 소통하였다. 그러나 정보화 사회의 확대로 여성들에게 자기를 표현하는 그대로의 자아를 표출할 수 있는 가상공간이 마련됨으로써 사회경제적 배경이나 연령, 성차와 같은 사회적 단서가 배제된 공간 속에서 아무런 방해 없이 평등한 지위에서 자신의 생각과 의견을 자유롭게 개진할 수 있는 가능성이 나타났다(신희선, 2005: 232). 한국사회에서 인터넷이 보편화되기 시작한 것은 1990년대 이후인데 이때로부터 여성들은 보다 능동적이고 주체적으로 자기를 표현하는 수단으로 인터넷을 활용하였다. 특히 1990년대 이후에 어린 시절을 보낸 오늘날의 20대는 인터넷에서 소통하면서 온라인 공간에서 자유롭게 자신을 표출하고 표현하는 데 익숙해졌다.

그러나 정보화 사회가 가져온 가상공간이 여성들에게 반드시 우호적인 것은 아니다. 인터넷상의 정보는 불평등하게 소유되고 있으며 여성들은 성상품화되고 대상화되어 가고 있다. 즉 사이버 공간은 성에 무관한 공간이 아니고 오히려 성적 코드를 자극하고 다양한 문제를 발생시키는 공간이다. 가상공간의 활용에서 남성이 수적으로 압도하는 현실에서는 남성의 규범과 관행이 지배하는 문화를 통해 여성들에 대한 차별적인 공간이 되어가고 있다(김민정, 2017: 1000). 가상공간에서 다수인 남성들은 자기가 속한 집단의 정체성과 그 집단의 규범을 실제보다 더 극화시켜 자각하고 동조하는 경향을 보인다(김수아, 2015). 때로는 현실 속에서의 여성에 대한 거부감 혹은 여성의 지위 상승에 대한 상대적 박탈감 등을 현실에서는 공격할 수 없기 때문에 온라인상에서 표현하고 극대화시키는 경향으로 해석할 수도 있다. 여성에 대한 온라인에서의 스토킹, 명예훼손, 성폭력 등 인권침해는 이미 상당히 문제가 되고 있다. 그래서 많은 여성들이 인터넷 공간에서 가명을 사용하거나 여성들만의 커뮤니티를 선호하는 현상도 이러한 이유에 기인한다고 할 수 있다.

한 연구자는 '인터넷의 사회성'이라는 용어로 인터넷상에서의 지나친 언어폭력, 극대화된 여성혐오를 표현하였다(정인경, 2016). 그녀는 게시물의 선전성과 자극성 심지어 반사회성조차도 타인의 즉각적인 반응을 유도하고 이를 통해 인정받으려는 전략으로 사용되며, 이러한 인터넷의 사회성은 인터넷상에서의 여성에 대한 비하와 혐오가 점점 극단화되는 현상의 원인이 되고 있다는 것이다. 또한 이러한 현상은 권위적인 운영자가 존재하지 않거나 혹은 최소한의 자체 검열이나 확인 등의 과정을 거쳐 자유롭게 글을 게시하고 있는 인터넷 공간은 익명성과 결부된 무책임한 방종의 장이며 이것은 일종의 '놀이문화'라고 그녀는 비판했다(정인경, 2016: 192).

이렇게 정보화 사회는 인터넷이라는 가상공간에서 자유로운 자기표현이라는 귀중한 선물을 여성들에게 주었지만 다른 한편으로 여성들을 성상품화하고 대상화하며 극단화된 언어폭력의 대상이 되도록 만들고 있다. 이 양면적인 현상은 여성들에게 미러링과 같이 자기표현을 하면서 남성들의 폭력적인 인터넷 사용을 그대로 돌려주는 문화의 가능성을 만들어주었다.

3) 여성운동의 제도화

1990년대 이후 한국의 여성운동은 참여의 정치라고 부를 수 있는 적극적인 대정부 개입정책을 펼치면서 젠더 이슈의 법제화에 영향력을 행사하였다. 여성운동이 여성 관련 주요 이슈들의 정책형성 과정에서부터 중요한 역할을 하였고 이들의 법제화를 이끌어냈다(신상숙, 2011). 또한 여성단체들이 정부와의 공동협력사업에 참여함으로써 적극적으로 참여의 정치를 전개하였다. 김대중 정부의 등장과 함께 많은 시민 단체들이 정부에 사단법인으로 등록하면서 여성단체들은 국가와 갈등 혹은 경쟁관계를 청산하고 협력으로 전략을 전환하였다(김민정, 2015). 1993년 한국성폭력상담소를 필두로 하여 여성사회교육원, 제주여민회, 여성민우회 등 많은 단체들이 사단법인으로 등록했는데 이는 중앙 여성단체뿐만이 아니라 지역 여성단체들도 사단법인화하였다. 이렇듯 여성단체의 사단법인화가 급속하게 진행되어 중앙부처에 사단법인으로 등록한 단체는 모두 139개(여성가족부, 2014)가 되었고 이 중 여성가족부에 법인 신청이 되어 있는 단체가 49개로 가장 많다. 지방자치단체에는 총 601개의 단체가 등록되어 있는데 이 중 가장 많은 단체가 등록된 지자체는 경기도로 총 102개 단체가 등록되어 있다. 중앙부처와 지방자치단체를 합하면 총 740개의 여성단체가 사단법인으로 등록되어서 정부와 협력관계로 활동하고 있다. 물론 이러한 사단법인화는 여성단체 내부의 전략 변화에 따른 것이기도 하지만 다른 한편으로 정부의 태도 변화도 영향을 미쳤다. 2000년에 제정된 「비영리민간단체지원법」에 따라, 정부에 등록한 단체는 활동을 하는 데 정부의 재정 지원을 받을 수 있게 되면서 보다 많은 단체들이 등록하게 된 것이다.

사단법인화하면서 참여의 정치로 그 전략을 바꾼 여성단체들은 집회나 시위 위주의 활동 등으로부터 합법적인 형태로 그 활동방식을 전환하였다. 사단법인화하면서 합법적인 단체로 활동하기 이전에는 운동조직이 스스로 조직한 매체나 뉴스레터 등을 통해서 자신들의 운동 목적과 활동을 알렸지만 사단법인화 후에는 일반적인 대중매체를 통해서 홍보하고 있다. 또한 각종 서명, 청원, 성명서 발표, 피케팅, 로비 등의 제도화된 형태로 자신들의 의견을 주장하고 있다. 이것이 메이어와 테로(Meyer and Tarrow, 1998)가 말했던 제도화의 한 요소인 일상화(routinization)이다. 이는 제도권 행위자와 운동세력이 서로 타협할 수 있는 익숙한 이슈와 방법을 사용하여 자신들의 의제를 표출하는 것을 말한다. 1990년대 이후 사단법인화한 여성단체들은 제도권 기관의 프로그램화, 의제화, 법제화 과정에 편입되어서 자신의 의제를 표출하는 방식을 사용하였다.

1990년대 후반 여성운동단체의 사단법인화가 진행되면서 법과 제도의 개선 및 제정, 정책평가, 선거정치에의 개입 등을 중심으로 적극적으로 정치를 대상으로 하는 활동을 전개했다. 제도화 과정에서 여성운동단체들의 행동은 정부 정책을 비판하고 선언적일 뿐이던 여성정책을 개정하거나, 새로운 법과 제도를 제정하기 위한 노력으로 나타났다. 지난 기간 동안 여성운동 단체의 가장 중요한 지속적인 의제였던 호주제 개정운동은 국회의 입법화를 거치면서 폐지되었고 같은 맥락에서 「민법」의 개정도 1970년대 부분적으로 이루어진 것에서 미진한 부분이 보완되면서 훨씬 여성주의적으로 개정되었다. 또한 1991년 「영유아보육법」이 제정되면서 초등학교 취학하기 전 1년 동안의 유치원 무상교육이 의무화되었고 1993년 「성폭력특별법」, 1996년 「가정폭력방지법」, 2004년 「성매매방지법」 등 3대 여성폭력 방지법이 모두 제정되었다. 또한 여성의 정치참여 활성화를 위해서 2002년 선거법의 개정을 통해 국회의원 및 지방의회 비례대표 여성할당제가 도입되었다. 이 법안의 필요성에 대한 제기로부터 시작하여 여론에 대한 홍보나 법안 마련에 이르기까지 여성운동은 상당히 적극적으로 법제화에 참여하였다. 「성폭력특별법」 제정 당시 여성연합은 국회의원과 무려 20여 차례 면담을 했고 12차례에 걸친 서면 질의를 통해서 법제화에 직접적으로 영향력을 행사했다. 민주화 직후의 활동방식이었던 시위라든지 집회 중심의 영향력의 정치로부터 직접 정치에 개입하는 방식으로 전환이 나타난 것이다(김민정, 2015: 189).

1990년대 후반 이후 여성운동단체들이 정부 및 지자체에 등록하고 사단법인화하면서 정부의 각종 위탁사업의 수행비율이 증가하였다. 1995년 90개 단체의 165개 사업에 20억이 지원되는 것을 시작으로 하여 매년 사업수 및 지원액수가 증가하였다. 최근에는 2010년 30억으로 최대 액수가 지원되었고 지원사업 수에서도 2010년 149건의 가장 많은 지원이 이루어졌다(김민정, 2015: 194~195). 이러한 공모사업 신청과 선정을 통해서 사업을 맡는 것 외에도 「비영리민간단체지원법」에 의해서 단체들은 등록한 정부부처에 활동계획을 내고 이에 대한 보조금을 받을 수도 있다. 또한 정부로부터 시설을 위탁받아 운영하는 일도 할 수 있다. 1990년대 후반으로 갈수록 입법운동의 대중시위는 줄어들고, 대신 「가정폭력방지법」의 경우처럼 보다 확장된 시민연대를 구성하여 입법청원에 힘을 싣는다든지, 사안별로 정책 네트워크의 논의 과정에 참여하여 보다 실무적인 차원에서 여성정책에 의견을 개진하는 방식으로 이들 단체의 활동이 전개되었다(신상숙, 2011: 165).

여성운동이 여성정책전담기구와의 연대를 통하여 여성운동의제가 정치화하면서 여성운동단체들은 과거의 진보적이고 근본적인 의제들을 버리고 정부의 위탁사업에 맞는 의제를 중심으로 일상화하게 되었다(김경희, 2007). IMF 금융위기 이후의 대량실업 사태에 대응하여 정부는 복지서비스 제공을 확대하였는데 이 과정에서 여성단체들이 정부와의 협력사업으로 복지서비스 제공의 한 축을 담당하게 된 것이다. 정부의 위탁사업 및 공모사업이 여성운동단체의 활동영역이 아닌 것은 아니지만 그것이 여성운동단체 활동의 전부는 아니다. 여성단체가 정부의 정책 네트워크의 한 축을 구성하는 시민사회의 다양한 주체들 가운데 하나로 활동함으로써 여성단체는 다른 시민사회 다양한 주체들과의 갈등도 피할 수 없었고 정부의 가족주의적 담론에 목소리를 내기 어려운 상황도 발생하였다(신상숙, 2011: 168).[2] 또한 정부의 위탁 사업 및 공모 사업이 활동의 주가 되면서 여성운동단체는 독자적인 시민운동단체이기보다는 정부 조직의 하급기관으로서 대민업무를 담당하는 기구처럼 변화되었다. 젠더 거버넌스에서 정부와의 동반자 관계였던 여성운동단체가 차츰 정부의 대행자 역할로 전락해 가면서, 정부의 부족한 전문인력을 대신하여 각종 사업 실적을 생산하는 수단으로 여겨지게 되었다(신상숙, 2011: 176).

참여의 정치라는 전략으로 정부와의 협력관계를 유지하는 상황에서 정부가 바뀌면서 이러한 협력관계는 정부 주도로 끌려가는 상황을 맞게 되었다. 2008년 이명박 정부가 들어서면서 정부가 추진하고자 하는 사업을 여성부에서는 친정부적인 단체들과 함께 추진하게 되면서 여성단체들 사이에서 배제와 동원의 정치가 심화되었다. 이러한 상황 변화는 결국 제도화한 여성운동이 성취한 것도 많았지만 정부의 재정지원으로부터 자유롭지 못한 문화를 만들었고 정부의 지향에 따라 여성단체들의 활동이 동원될 수도 있음을 보여주었다. 2000년대에 오면서 급격하게 제도화되었던 여성운동은 의제조차도 상당히 순화되었고 독자적인 시민운동단체로서의 영향력은 일정 부분 상실하고 정부 지원금으로 운동단체를 운영하는 상황에 놓이게 되면서 여성 대중의 진보적인 의제에 대한 갈망과 괴리가 나타났던 것으로 보인다.

3. 새로운 여성운동의 등장

1) 메갈리아의 탄생

2001년 여성부가 신설되었고 「남녀고용평등법」의 제정 및 고용에서의 남

---

2 여성단체들은 2004년 보건복지부가 추진한 건강가정기본법의 제정과정에서 건강가정 담론을 둘러싼 갈등에서 정부의 가정 및 가족주의 담론에 대해서 비판하기 어려운 입장에 처한 상황이 있었다.

녀평등을 주장하는 여성들의 목소리에 응답하면서 군가산점제가 폐지되었다. 군가산점제의 폐지가 이루어진 시점은 마침 인터넷 활용이 보편화되었던 시기로서 매체 환경의 변화는 토론장을 신문지면으로부터 인터넷으로 이동시켰다. 신문지면은 주로 교수, 언론인, 정치인, 법조인 등의 엘리트 지식인들을 중심으로 하는 말하자면 '대리인' 간의 논쟁의 장이었다면 인터넷 토론장은 당사자들의 논쟁의 장이었다. 또한 인터넷의 속성상 신문지면에서의 논쟁과는 달리 보다 원색적이면서 직접적인 공방이 오고가는 뜨거운 논쟁의 장소였다. 이미 1995년에 설립된 '한국남성연구회'와 2006년 설립된 남성연대는 정부의 여성편향적 정책과 여성들의 이중적 태도를 인터넷상에서 공개적으로 비판하면서 온갖 부정적인 여성의 이미지를 확산하였고 여성가족부의 정책을 비판하였다. 온라인 공간은 상당히 반여성적 용어가 난무하는 논쟁의 장이 되었다. 2010년대에는 페이스북, 트위터 등 SNS가 활성화되면서 SNS 유저들을 중심으로 논쟁과 갈등이 심화되었고 사회 전체로 확산되었다.

다른 사건으로서, 2015년 메르스가 사회에 퍼지면서 38명의 사망자를 냈고 병원이 폐쇄되는 등 사회 전체에 큰 불안의 요소가 되던 와중에 메르스 첫 확진자가 홍콩 여행을 다녀온 여성이라는 추측성 보도가 있었고, '일간베스트저장소(일베)' 등 남초 온라인 커뮤니티를 중심으로 여성혐오 발언이 등장하였다. 이에 대한 반응으로 '디시인사이드(DCinside)' 내에 '메르스 갤러리'가 생성되었다. 열흘 뒤 메르스 첫 확진자가 남성임이 밝혀지면서 디시인사이드 내 '남자연예인갤러리' 등 여초 게시판의 여성이용자들이 '메르스 갤러리'로 모여들어 '확진자가 만약 여성이었다면 인터넷에서 얼마나 많은 욕을 먹었을지 모른다'며 확진자가 남성이라는 점을 아무도 지적하지 않는 현실을 비판하였다(서복경, 2018: 18). 이 사이트를 중심으로 메르스 확진자가 여성이라는 추측만으로 일어났던 남성들의 여성혐오 발언을 거울처럼 따라하며 여성혐오를 혐오(여혐혐)하는 '미러링(mirroring)' 언어를 구축해 나갔다. 이러한 미러링 방식의 여혐혐은 의도적 모방행위를 통해서 여혐을 극도로 비판하는 형식이었다(김익명 외, 2018). 미러링 방식의 비판은 큰 수고 없이도 많은 게시물을 생성할 수 있었기 때문에 온라인에서 매우 빠르게 퍼져나갔고 많은 여성들이 여기에 참여하였다.

이러한 두 가지 사건으로 인하여 기존의 제도권 운동 외에 새로운 여성운동이 생겨났다. 그것은 온라인이라는 매체를 기반으로 하면서 10대부터 30대에 이르는 광범위한 온라인 여성 유저들을 중심으로 그 세력이 확장되었다. 거기에 더하여 메르스 갤러리로부터 시작한 여성참가자들이 미러링 전략을 통하여 여성의식을 확산하던 중 브란텐베르그(Gerd Brantenberg)의 소설『이갈리아의 딸들(Egalia's daughters: a satire of the sexes)』속 남녀 역할이 현실에서의 남녀 역할을 바꾸어놓은 것이라는 데 착상하여 메르스와 이갈리아를 합친 합성어 '메갈리아'라는 단어로 2015년 8월에 메갈리아라는 인터넷 사이트가 탄생하게 되었고 페이스북에도 페이지가 생성되었다. 메갈리안(메갈리아 이용자)들은 레몬테라스나 여성시대와 같은 여초 사이트에 미러링 글을 게시하면서 홍보하였고 이에 호응하여 여초 사이트 이용자들이 메갈리아 사이트를 찾기 시작하였다(채반석, 2015). 이들은 온라인상의 주요 담론이 여혐이라는 데 동의하면서 SNS를 통하여 여혐이 끊임없이 재맥락화되고 상황에 대해서 비판하였다. 메갈리아는 온라인상의 주요 담론인 여혐을 비판하면서 온라인 담론에서 사용하고 있는 형태를 미러링하여 그대로 그것을 비판하였다. 예를 들어 인터넷상에서 여혐의 대표적인 용어인 '김치녀'라는 용어를 비판하기 위해서 '한남충'이라는 용어로 대응하는 방식이었다. 소설『이갈리아의 딸들』에서는 여성을 의미한 wom으로부터 남성이라는 manwom이 나온 것과 같은 방식이었다.

메갈리아는 젊은 여성들에게 큰 관심을 불러일으켰다. 이제까지의 여성운동과는 달리 메갈리아는 젊은 여성들에게 안정감과 위안을 주었다는 것이 메갈리안들의 평이었다. 한 인터뷰에 따르면 "경험담이 서로 폭발하면서 고통을 공유하게 됐다"며 "거친 언어와 미러링에 익숙하지 않던 소위 '코르셋'이란 여성들도 빨리 메갈리아에 적응했다. 이미 경험했지만 말로 표현하지 못했던 문제를 설명해 줄 단어를 만나면서, 듣는 순간 그 의미를 확 깨닫는 것"이라고 말했다. 다른 한편으로 "사회적으로 비난받아 온 여성의 욕망을 적극적으로 인정하고 수용하는 일종의 프라이드 운동"이라고 평가했다(김서영, 2016).

그러나 다른 한편으로 메갈리아에서 사용하였던 미러링 방법의 여혐에 대한 대처는 오히려 남성혐오라는 비판을 받았고 더 나아가서 때때로 성 소수자나 장애인, 아동 등 사회적 약자에 대한 혐오발언들, 심지어는 남성 성기절단 게시물까지 등장하면서 비판의 대상이 되었다. 과도한 혐오 표현을 사용했던 일부 회원들은 피해자들에 의해서 명예훼손과 모욕으로 고소를 당하기도 하면서 메갈리아가 남성 혐오를 한다는 주장이 사회에 확산되었다(김동환, 2016). 이 문제로 메갈리아 내부에서 논쟁이 일어나서 최종적으로 '메갈리아 내에서 성 소수자 혐오는 인정할 수 없다'는 입장을 밝혔고 이러한 운영진의 결정에 반대하는 회원들이 메갈리아로부터 떠나서 새로운 사이트 '워마드'를 만들었다. 그리고 이어서 메갈리아의 페이스북 사이트는 폐쇄되었다.

2) 여혐 범죄와 미투 그리고 '몰카' 사건

인터넷상에서 여혐과 여혐혐, 남혐으로 논쟁이 뜨거웠던 시점에서 2016년 5월 17일에 강남역 10번 출구 화장실에서 '여혐 범죄'라고 할 수 있는 여성에 대한 살인 사건이 발생하였다. 이 사건은 온라인상에서의 토론을 오프라인의 행동주의로 전환하였고 사회 전반에도 여성혐오 범죄라는 새로운 유형의 범죄의 위험성을 알리게 된 계기가 되었다. 2016년 5월 17일 젊은 층의 인구 이동이 많은 강남역 인근 주점의 종업원이었던 김모 씨는 오전 0시 33분경, 서울특별시 서초구 서초동에 있는 노래방 화장실에 들어가서 대기하고 있다가 남성 여섯 명은 그냥 보내고 약 30분 뒤인 오전 1시 7분에 들어온 여성 하모(23세)를 길이 32.5cm인 주방용 식칼로 좌측 흉부를 네 차례 찔러 살해했다. 그는 체포 뒤에 (주점에서) "여성들로부터 무시를 당해서 범행을 저질렀으며, 피해자와는 모르는 사이"라고 진술했다. 경찰은 '묻지 마' 범죄라고 명명하였지만 여성들은 '묻지 마' 범죄라면 왜 여성 앞에 화장실에 들어왔던 여섯 명의 남성은 그냥 보내고 하필이면 여성을 찔렀는지 물었고 또한 그의 범행동기가 명백한 여혐 범죄라고 주장하면서 '묻지 마' 범죄라고 명명함으로써 사건의 본질을 흐리지 말라고 비판했다. 이러한 경찰의 태도는 온라인상에서도 여성혐오라는 언어폭력에 시달리고 있었던 수많은 여성들의 분노를 자극했으며 범죄 현장인 강남역 10번 출구에 포스트잇을 붙이면서 여성의 안전에 대해 불안해하며 동지의식을 확산하였다. 결국 여성들은 온라인상에서의 여성혐오에 대해서 아무런 대책도 내놓지 않는 정부와 사회 속에서의 여혐의 확대가 결국 여혐 범죄에 이르게 한 상황에 대해서 절망하면서 직접 행동에 나서게 되었다. 이들의 행동주의에는 이제까지의 사회적 성 혹은 젠더, 아니면 성 역할, 성성에 대해서 비판하고 여성지위 확대에 초점을 둔 기존의 여성운동에 대한 비판도 함께 포함되어 있어서 이들의 불안감은 사회적 성이 아니라 생물학적 성으로서의 여성의 안전에 대한 관심이었다.

2017년 10월 미국에서 미투 운동이 나타났고 한국에도 이어지면서 연예계를 시작으로 하여 문학계, 미술계, 학계로 이어지다가 정치계로까지 연결되었다. 2018년 1월 법조계에서도 미투가 나타나면서 급기야 한국사회 어디에도 미투로부터 자유로운 영역이 없음을 알게 되었다. 미투는 단순한 성희롱에 대한 고백이라기보다는 이를 넘어서서 성희롱은 '너만이 아니고 나도 당했다. 우리 모두가 성희롱의 희생자다. 남성 권력이 여성의 몸을 억압하는 것은 사회 전반의 일'이라는 고백이었다. 특히 한국사회처럼 성희롱, 성폭력에 희생자인 여성들에게 오히려 2차 피해를 가하는 사회 속에서 여성들이 너도 나도 미투 운동에 참여함으로써 여성들 간의 연대를 보여주었고 2차 피해의 중대함에 대해서도 일깨웠다.

2018년 5월 1일 워마드에 홍익대 회화과 수업 도중 찍힌 남성 누드 모델의 얼굴과 성기 '도촬' 사진이 올라왔고 5월 4일 홍익대의 의뢰를 받아 경찰이 수사에 착수, 5월 5일 사건이 발생한 강의실과 학생, 교수 등을 조사하여 5월 9일 사건발생 9일, 수사착수 5일 만에 피의자가 입건되었다. 피의자 입건 다음날인 5월 11일 청와대 국민청원 게시판에 "여성도 대한민국 국민입니다. 성별 관계없는 국가의 보호를 요청합니다"라는 제목의 청원이 게시되어 6월 9일 1개월 만에 40만 명이 이에 서명하였다. 이 청원은 홍대 남성 누드모델 '몰카' 사건'의 피해자가 남성이었기 때문에 공권력이 수사착수 5일 만에 피의자를 검거하였지만 여성이 피해자인 수많은 '몰카' 범죄의 경우에는 공권력이 적극적으로 수사하지 않거나 수사하여 검거하여도 무죄나 집행유예로 방면되는 이유는 무엇인지를 물으면서, 피해자의 성에 따라서 국가가 달리 대하는 태도를 강하게 질타하였다. 이와 더불어 음란사이트 소라넷[3]은 '17년 동안 방관'해 오면서 워마드는 압수수색하는 정부의 이중잣대를 강하게 비판하였다.

이에 인터넷 포털사이트 '다음'에 개설된 카페 '불편한 용기'(http://cafe.daum.net/Hongdaenam, 2019년 5월 현재 회원수 4만 6032명)는 2018년 5월 19일 혜화역에서 1차 집회를 개최하였고 12월 22일 광화문에서의 6차 집회를 끝

3 소라넷은 캐나다와 오스트레일리아에 서버를 둔, 성인 사이트가 합법인 국가 내의 한국어 사용자를 대상으로 한 한국어 음란사이트이다. 소라넷에 접속할 수 있는 주소가 차단되면 트위터를 통해 대한민국에서 접속이 가능한 새 주소를 계속 제공하는 방식으로 방송통신심의위원회의 불법 사이트 접속 차단을 우회하여 대한민국에 거주하는 사람들을 대상으로 운영된다. 이용자가 직접 제작한, 사람의 성기 등의 모습이 포함된 나체 사진 그리고 성행위를 촬영한 사진 및 동영상 등의 자료를 올릴 수 있다. 폐쇄 전 '몰카', 리벤지 포르노, 약물을 사용한 강간 같은 범죄영상을 제작, 공유하여 사회적으로 문제가 되었다. 사이트에서 광고를 하여 수익을 얻었다. 사이트 새 주소 안내 및 공지사항을 게시하는 트위터를 운영하고 있는데 2010년 대한민국의 트위터 중 3위로 선정되었다. 2018년 9월 현재 운영자 중 한 명이 기소되어 재판을 받고 있다.

으로 시위를 끝냈다. 이 시위는 1차 1만 2000명, 2차 4만 5000명, 3차 6만 명, 4차 7만 명, 5차 1만 5000명, 마지막 6차 11만 명이 참가하여 2000년대 호주제 폐지 운동 이후 최대 규모라는 평가를 받았다(《조선일보》, 2018.12.24). 혜화역 시위는 여러 가지 면에서 이전의 여성운동 시위와는 차이를 보인다. 우선 첫째로 이 시위의 참여 조건은 '생물학적 여성'이다. 경찰들이 쳐놓은 펜스 안에는 생물학적 여성만이 입장할 수 있었다. 또한 얼굴을 마스크와 선글라스, 모자 등으로 가리고 불법촬영에 대해서 철저히 개인을 보호하기 위한 조치들을 취하였다. 시위 과정 중에 있었던 많은 퍼포먼스 가운데 가장 눈길을 끌었던 퍼포먼스는 삭발이었는데 이는 이제까지의 여성들의 치장을 '꾸밈노동'으로 칭하고 이로부터 자유로워지겠다는 의지의 표명이었다고 할 수 있다. 두 번째 특징은 시위를 주관했던 '불편한 용기' 운영진들로부터 나온다. 운영진들은 철저하게 '전문시위꾼'의 속칭인 '꿘'을 배척했다. 꿘을 배척한 것은 두 가지 의미를 가지는데, 하나는 2016년 이화여대 학내 분규 집회 당시 '외부개입 거부'를 천명했던 것과 같이 외부자의 개입으로 인하여 자신들의 순수한 요구가 왜곡될 것을 우려한 점이다. 이들은 철저하게 정치적 의견이나 정당과의 연대를 거부하고 오로지 남성 권력에 저항하는 여성이라는 명제 하나만을 주장했다. 다른 하나는 기존의 시민운동, 여성운동에 대한 거부감의 표명이다. 이들은 기존의 여성운동이나 거대 여성운동단체에 대한 불신과 거부감을 통해서 엘리트 중심의 대리자 여성운동이 아닌 당사자 여성운동을 지향하고 있다. '불편한 용기'는 강남역 살인사건 추모집회를 함께 개최하자는 기존 여성단체들의 제안을 거부했고 독자 집회를 개최했다. 2018년 5월 17일 강남역 살인사건 1주기 추모집회를 한국여성단체연합 등 300여 개의 시민단체가 함께 결성한 '미투 운동과 함께하는 시민행동'이 강남구 신논현역 인근 교보타워 앞에서 '성차별, 성폭력 끝장 집회'를 개최하였고 '불편한 용기'는 5월 19일 혜화역에서 독자 집회를 개최하였다. 이를 통해서 이들의 기존 시민운동과 여성운동에 대한 불신이나 혹은 거부감을 엿볼 수 있다.

4. 새로운 여성운동의 새로움

1) 직접 행동주의 vs 엘리트 여성운동

기존 여성운동의 행동방식은 '설득의 언어'를 통하여 엘리트 운동가들이 다수의 대중을 설득시키는 형태였다(윤지영, 2018: 48). 거대 우산조직인 여성운동단체를 중심으로 하여 수백 개의 단체들이 연합하여 운동을 전개하였고 그 운동의 어젠다와 주요 주장들은 엘리트 여성운동가, 페미니스트 이론가들을 중심으로 생성되었다. 이들은 페미니즘이라는 진보적 사상을 대학 내 운동권 중심으로 학습하였고 이어서 단체 내에서 활동하면서 전문적인 활동가로서의 경력을 축적하였다. 특히 1990년대 후반부터는 정부와 연대와 「성폭력특별법」 제정과 호주제 폐지 등의 정책 산출 및 입법활동에 개입하였다. 또한 사회적으로 안티 미스코리아 운동이나 부모 성 같이 쓰기 운동과 같은 활동을 통하여 가부장적인 사회에 대해서 문제제기를 하는 방식으로 운동을 전개하였다. 이들의 행동방식은 일종의 '대리자 운동'으로서 사회를 선도하고 여성들의 의식을 개선하며 이를 통해서 정책 산출에 영향을 미치려는 운동이 대부분을 이루었다.

한편 2015년 이후 일련의 사건을 통해서 드러난 여성운동의 양상이 이러한 기존의 여성운동과는 상당히 차이를 보인다. 우선 거대 여성운동단체들의 주도, 혹은 이들과의 연대는 보이지 않는다. 2018년 5월 17일 강남역 살인사건 1주기 때에서 보이듯이 한국여성단체연합의 추모집회와는 별도의 집회를 다른 장소에서 주도하는 형태로 운동을 전개하였다. 또한 기존의 여성단체 운동이 여성단체 회원들을 중심으로 동원된 시위 방식을 보였다면 2015년 이후의 여성운동은 인터넷을 통하여 시위에 참여하는 방식으로 이전과는 참여자의 성격에서 차이가 있다.

또한 시위에 참여하는 참여 자격에서도 철저히 기존 단체들의 참여를 거부하였다. 혜화동 시위를 주관했던 '불편한 용기'는 'No펀'이라는 슬로건으로 기존 운동단체들의 참여를 거부했다. 이들은 '넷페미'와 '펀페미 혹은 선생님'을 분리하고 '넷페미'는 정치적 이념적으로 순수한 반면 기존의 운동권 '펀페미'는 정책적 의제에 집중한다고 생각한다. 즉 혜화역 시위에 나타난 이들의 주장은 정책적 의제나 정치적 거대 담론보다는 대중적 메시지에 더 무게를 두고 있으며 사소할지는 모르지만 일반 여성들의 삶에 직접 와 닿는 중요한 문제들을 주창한다는 것이다. 이들에게는 정책적 의제보다는 '불법 촬영에 대한 공포' 혹은 '코르셋'과 같은 자신을 억압하는 외부의 시선들이 더 중요한 문제인 것이다. 이들의 비판 속에는 국가 페미니즘화되어 있는 체제에 편입된 페미니즘이 아니라 이러한 페미니즘이 담아내지 못하는 여성들의 삶의 현장 속에서 발생하는 자신들의 이야기를 털어놓고 있는 것이다.

사실 1990년대 이후의 여성운동은 엘리트 중심으로 법이 여성 인권에 대한 사회 전반의 의식보다 앞서서 법은 마련되었지만 이를 적용할 젠더 감수성이나 실천의지가 따라오지 못한 상황이었다. 그래서 제도화된 여성운동의 활동으로 관련법은 마련되었지만 성폭력이나 육아부담, 고용차별과 같은 문제가 해결되지 않은 채 법과 현실의 괴리만 커지는 결과를 낳았다(조효석, 2018). 참여의 정치라는 여성운동의 전략은 입법과 정책에서 많은 진보를 가져왔지만 실제 생활에서 여성들이 느끼는 불평등의 체감은 나아지지 않았다. 더구나 1990년대 후반 한국사회에서 '여풍' 담론이 미디어를 통해서 확대되었지만 매일매일의 삶 속에서 성차별적 현실을 경험하는 여성들의 현실과는 달리 여성운동의 역할은 완료되었다는 착시를 일으키게 하였다(김리나, 2018: 91). 이러한 상황 속에서 가부장제적인 사회의 억압을 크게 느끼고 있는 젊은 여성들이 자신의 목소리를 쏟아내고 있는 것이 2015년 이후의 여성운동이라고 할 수 있다. 실제로 메갈리아 유저들 사이에서 그리고 이들의 지지자들 사이에서는 "메르스 갤러리 사태 이후의 행보에 아쉬운 점이 있다면 말로만 떠들며 비판하지 말고 직접 보완하고 실행하라"라는 것이 주류적 의견이었다(홍혜은, 2018: 85).

2015년 이후 여성운동의 주체는 페미니즘 이론가들이나 여성엘리트, 혹은 여성단체의 활동가들이 아니다. 2015년 강남역 사건 이후로부터 여성운동 시위에 참여해 온 이들은 어려서부터 컴퓨터에 접해온 네트워크 세대이며 인터넷을 통해서 친구를 사귀고 인터넷을 통해서 정보를 얻고 인터넷으로 다른 사람과 소통해 온 세대이다. 2010년 이후 스마트폰이 보급되고 보편화되면서 실시간으로 네트워크에 접속해서 의견을 교환해 온 세대이다. 이들에게 인터넷은 일종의 '해방공간'인 셈이다. 현실 속에서는 여성이라는 이유로 가부장적인 사회의 각종 억압에 노출되지만 인터넷 속에서는 '사적인 육체와 공적인 정치학의 경계가 상호 침투할 수 있고 공간과 정체성이 혼용되는 네트워크 이미지'로 자신을 표현할 수 있었다(헤러웨이, 1995: 95; 홍혜은, 2018: 81 재인용).

이러한 세계에 익숙해진 젊은 여성세대들에게 인터넷 세계는 또 다른 성적 억압의 세계였고 언어폭력 속에 노출된 세계였다. 인터넷은 여성들에게 해방의 공간이며 자신을 있는 그대로 표현하는 공간이었지만 동시에 여성혐오가 넘쳐나고 여성을 성적 대상으로 소비하고 놀이하는 인터넷 사회성의 공간이었다. 이들은 이에 대해 미러링(mirroring)이라는 방식으로 대항했고 이를 극복해 나갔다. 이러한 과정에서 체득한 연대와 대항의 기술들을 통해서 자신들을 억압하는 사회적 기제들에 대항하는 것이 그들의 여성운동이다. 그래서 이들은 페이스북, 트위터, 학교 커뮤니티를 포함한 사이트에서 적극적으로 대응했을 뿐만이 아니라 혜화역 시위에도 직접 나와서 자신들의 의사를 표출하였다. 이러한 현상을 한 연구자는 페미니스트 다중의 탄생으로 설명하였고 연구자 - 활동가 - 다중이라는 세 축으로 여성운동이 재편되고 있다고 주장하였다(윤지영, 2018: 47). 이런 점에서, 이전의 여성운동은 엘리트 중심의 대리자 여성운동이었다면 2015년 이후의 여성운동은 일반 여성들의 직접 행동주의적 여성운동이라고 할 수 있다.

2) 자유 vs. 평등

2015년 이후 여성운동의 두 번째 특징은 그들이 주창하고 있는 내용이다. 그 내용은 이전의 여성운동과는 달리 자유 혹은 자율성이다. 한국의 페미니즘은 서구 페미니즘의 이론을 수용해 왔지만 유독 '자유'에 대한 내용적인 측면에서의 수용은 없었다는 지적이 있었다(김희강, 2006). 이제까지 한국 페미니즘 학계에서 논의되고 있는 주요 담론의 내용은 평등에 초점이 맞추어져 있었다. 호주제, 「성매매특별법」, 생리 공결제, 여성공무원 채용 목표제, 여성할당제, 군가산점제, 국공립대 여성교수 채용목표제, 성희롱·성폭력 문제 등 대부분의 논의들이 직간접적으로 '양성평등' 논리하에서 전개되었다. 여성의 자유에 관한 논의는 거의 이루어지지 않고 있었다.

이미 서구에서는 양성평등에 대한 집착과 공적 영역의 확대를 통해서 개인의 문제에 국가를 개입시키려는 방법은 여성 개인의 자유와 자율성, 주체성을 간과할 수 있다는 문제를 지적해 왔다. 제미슨(Beth Jamieson)은 남성과의 평등을 요구하는 페미니즘은 집단으로서의 남성과 집단으로서의 여성의 평등을 주장을 하기 때문에 여성 개개인의 구체적인 관심을 깊이 있게 다루지는 못한다고 비판하였다(Jamieson, 2001). 그녀는 페미니스트 운동은 개인의 자아결정과 자아방향성의 가치를 강조하는 데 초점을 맞추어야 한다고 주장했다. 서구 페미니즘의 오랜 역사 속에도 여성의 자유 및 자율성에 대한 주장이 있어왔다. 울스턴크래프트에서도 보이듯이 여성의 자유를 보호하고 존중하는 것이 초기 페미니즘의 핵심이었다. 여성 스스로가 그들이 원하는 삶을 선택하고 선택한 삶을 자유롭게 보장받도록 하는 사회가 바른 사회이며 국가는 이러한 여성의 삶을 보장해 주어야 한다는 것이 초기 페미니즘의 주장이었다.

2000년대에 와서도 서구 페미니즘의 한 분파에서는 여성에게 환경이 허락하는 자유와 자립을 누릴 수 있게 하는 것이 페미니즘의 기본이라는 여성 개인의 자유에 대한 주장이 나온다. 마사 누스바움(Martha C. Nussbaum)은 개인

역량 이론을 통하여 여성들이 자신의 삶을 그들의 의지대로 살아갈 수 있는 선택의 자유와 이를 실현할 수 있는 역량을 회복시켜야 한다는 주장을 했다(누스바움, 2015). 양성평등만을 강조하는 페미니즘은 소극적 페미니즘이며 어떤 의미에서는 여성 삶의 기준이 남성에 있는 것은 아닌가 하는 의문을 가지게 한다. 보다 적극적으로 여성 삶의 향상을 위해서는 여성에게 자신이 원하는 것을 선택하게 하고 스스로 선택한 것을 어떠한 제약 없이 이루도록 하는 것이 필요하다고 할 수 있다.

2000년대 한국사회에서 신자유주의와 더불어 개인화, 개별화가 진행되면서 거대 여성운동이 쇠퇴하고 거대 담론으로서 여성의 문제에 대한 관심이 급속히 저하되었다. 새로운 세대의 여성들은 모든 여성을 아우르는 평등의 담론보다는 개인화된 여성, 개별화된 여성이 당면한 문제에 더 관심이 많았다. 이러한 과정에서 자유에 대한 주장이 나온 것은 자연스러운 일일 것이다. 2015년 이후에 나타난 여성운동에서는 이러한 자유에 대한 강조, 자율성에 대한 천착, 여성의 삶을 가부장적인 질서로부터 해방시키려는 모습이 보인다. 메갈리아에서 자주 사용하던 구호는 '네 마음대로'인데(김리나, 2018: 88) 이전의 여성운동에서 주장하던 사회적 불평등과 혹은 부정의에 항의하기보다는 마음 내키는 대로 혹은 내 뜻대로 하겠다는 자유에 대한 선언이다. 이와 같은 맥락에서 2015년 이후의 여성운동세대들의 운동 방향은 '탈코르셋', '꾸밈노동 반대' 등인데, 이러한 운동들은 결국 코르셋으로 불편하게 신체를 가리는 행위는 가부장적 사회에서 여성에게 주어진 억압이며 화장을 하는 이유 역시 가부장적 사회에서 여성을 바라보는 시선의 억압으로부터 주어지는 일종의 강제라는 인식이 강하다. 이러한 가부장적 시선으로부터 자유롭게 원하는 대로 하겠다는 의지가 이러한 운동의 방향에서 보인다. 또한 혜화동 시위 과정에서 상반신 노출 시위 퍼포먼스가 이어졌는데, 이 시위의 이유에 대해 운영진은 여성의 몸을 음란물화하는 사회에 대한 비난[4]과 동시에 자신의 몸을 자유롭게 한다는 의미가 포함되어 있다고 말했다. 이러한 표현은 인터넷 시대에 인터넷이라는 공간 속에서 자신을 자유롭게 표현했던 세대가 인터넷에서 연습해 왔고 인터넷에서 그렇게 소통해 왔던 내용을 현실에서 실천한 것이다.

국내 성평등이 제도화하면서 여성들의 교육수준도 높아졌고 여성들의 경제활동 참가율도 꾸준히 증가하였다. 이를 통해서 여성들은 자신의 삶을 스스로 기획하려는 욕망도 크게 자극되었다. 그러나 사회는 쉽게 바뀌지 않았고 오랫동안 관행으로 이어져 온 가부장적 사회문화는 여성들에게 참을 수 없는 억압으로 나타났다. 특히 30세 이하의 세대는 민주화 이후 출생한 자들로써 권위주의나 독재체제에 대한 직접적 경험이 없으며 가정과 학교에서 민주주의와 인권을 배워왔고 개인의 자유와 권리에 대해서 보장되어야 함을 배워온 세대들이다. 이들에게 사회 도처에 남아 있는 성불평등 문화는 당연히 받아들여야만 하는 문화가 아니고 왜 그래야 하는지에 대해서 의문을 제기하는 문화였다. 더구나 2000년대 이후 거세진 사회의 반페미니즘적 문화는 이들에게 많은 거부감을 주었다. 최근의 한 여론조사에 의하면 20대 남성 25.9퍼센트는 페미니즘에 강한 반대를 표하는 반페미니즘이라는 '확고한 정체성 집단'으로 나타나고 있다는 것을 보여주었다(천관율, 2019). 사회적 백래시(backlash)에 대해서 여성들은 저항하면서, 이제는 남성과 평등한 대우를 요구하는 것이 아니라 "우리를 자유롭게 내버려 두라"라는, "우리가 하고 싶은 대로 하겠다"라는 주장을 펴는 것으로 해석할 수 있다.

3) 생물학적 성 vs 사회적 성

2015년 이전의 여성운동이 가장 큰 거부감을 가졌던 불평등 문화는 사회

---

4 2018년 5월 28일 세계 월경의 날에 월경페스티벌을 개최하였는데 이 페스티벌에서 몇몇 참여자들이 상의를 탈의하고 촬영한 사진을 페이스북에 게재하였다. 이를 음란물로 규정하여 페이스북에서는 5분 만에 삭제하였다(〈KBS 일요진단〉, 2018.7.15 참고).

적 성 역할 분리 문화이다. 남성과 여성의 사회적 성 역할을 분리하여 여성들을 가사영역에 매몰하고 여성들에게 여성성을 강요하는 사회문화가 여성을 억압하는 기제로 인식되었다. 그래서 가사영역이 여성들의 영역으로 해석되는 문화는 잘못된 문화이며 남녀가 공히 함께 가사일을 분담해야 하고 특정한 직업에서 남성 중심인 사회적 관행을 고쳐야 하며 여성도 남성과 동등한 대우를 받아야 한다는 주장이었다.

그러나 2015년 이후의 새로운 여성운동은 사회적 성보다는 생물학적 성에 큰 관심을 가지는 것으로 보인다. 메갈리아의 폐쇄와 워마드 사이에는 새로운 메갈리아를 중심으로 하는 새로운 페미니즘 내부의 갈등, 즉 성 소수자를 비롯한 사회적 약자들과 연대할 것인가 아니면 이들을 배제하고 생물학적 여성만으로 이루어진 활동을 할 것인가에 대한 갈등이 있었다. 사실 1980년대와 1990년대의 페미니즘은 노동운동이나 진보적 사회운동과 연대하면서 전개되었고 이러한 전통은 기존의 여성운동에도 어느 정도 남아 있다. 이에 대해서 새로운 페미니즘은 모두를 위한 페미니즘이 가지는 허상을 지적하면서 남성 중심적 질서에서 위계적으로 분배된 억압의 강도와 종속 위상들의 세밀한 차이를 은폐한 채 모두가 같은 억압을 가졌다고 동질화해 버리는 것을 비판했다(윤지영, 2018: 55). 이들은 남성 중심 사회의 구조는 남성이라는 개인들에 의해서 이루어지는 것이 아니라 남성이라는 성별 계급 전체로 이루어지기 때문에 의식적·무의식적으로 이루어지는 지배적 집합성이 남성지배구조의 속성이라는 주장이다. 그렇기 때문에 성 소수자라고 하더라도 남성 성 소수자의 경우에는 결국 남성지배구조의 지배권력이기 때문에 연대란 불가하다는 철저히 생물학적 성에 기초한 운동을 강조하고 있다. 이러한 강조는 결국 사회적 억압의 기초는 여성의 몸에 대한, 생물학적인 여성에 대한 억압이라는 것을 의미한다. 그렇기 때문에 여성의 몸과 관련된 각종의 억압으로부터 자유롭고자 하는 것이 이들의 주된 주창 내용이다. 그래서 월경은 불결하고 금기시되는 부끄러운 활동이 아니고 여성의 몸은 음란물이 아니며 여성들의 몸을 가리기 위해서 노력할 필요가 없다는 행동방향이 여기로부터 나온다. 생물학적 여성만이 연대의 대상인 것이다.

이러한 강조는 새로운 여성운동의 출발이 강남역 여혐 살인사건으로부터 출발했다는 것에서 잘 드러난다. 2015년 이후의 여성운동의 출발은 강남역 사건으로부터 출발하며 피해자가 피해자인 이유는 단지 하나 생물학적으로 여성이라는 이유였다. 인터넷상에서 이루어지는 수많은 여성에 대한 혐오적인 언어폭력은 사실상 생물학적 여성의 몸에 대한 공격이었다. 새로운 여성운동에서 강조하는 인터넷 '몰카' 범죄 역시 여성의 몸에 대한 범죄이다. 이어서 미투 운동 과정에서 드러나는 것도 남성권력의 행사는 생물학적 여성의 몸에 나타났고 이어서 홍대 남성 누드모델 '몰카' 사건으로 일어난 혜화동 시위 역시도 여성의 몸을 놀이하는 남성들에게는 관대한 정치권력에 대한 비판으로부터 시작되었다.

5. 나오며

2015년 강남역 사건으로부터 시작된 새로운 여성운동은 2015년에 시작된 것은 아니다. 이미 2000년대의 성평등 제도화와 더불어 성장한 세대들이 인터넷 기반 네트워크 사회를 통해서 자신들의 의견을 표출하고 소통하였고 인터넷 네트워크는 이들의 활동의 장이 되었다. 여기에 신자유주의 세계화로 인한 경쟁에 내몰린 남성들의 반페미니즘 정서가 인터넷상에서 여혐이라는 언어폭력으로부터 출발하여 급기야 실제에서 여혐 살인으로 나타나는 환경은 새로운 세대 여성들에게 자신들의 안전을 위한 행동주의로 나타나기에 이른 것이다. 이들은 인터넷 환경 속에서 자신을 표현하였고 신자유주의의 개인화 속에서 자신의 개인적인 문제에 집중해 온 세대들이었다.

사실상 성평등 제도화는 새로운 사회화의 단초가 되어 사회를 변화시켜서 새로운 문화를 형성해 가야 하지만 신자유주의라는 극한의 경쟁은 남성들의 상대적 박탈감으로 나타나면서 새로운 문화를 형성하려는 움직임에 큰 반작용이 되었다. 서구에서는 신자유주의 극한 경쟁으로 인한 상대적 박탈감을 느낀 사회 집단에게 이주민 혹은 이민자라는 희생양이 있었지만 한국사회에는 여성이 이 희생양의 자리에 놓이면서 극심한 여혐 현상으로 나타난 것으로 해석할 수 있다. 그렇기 때문에 새로운 여성운동은 여혐이라는 여성의 생물학적 성에 대한 공격의 표현이었다. 이에 대해서 여성들의 대응은 남성과 평등하게 대우해 달라거나 남성들이 향유하는 것을 여성들도 누리게 해달라는 평등의 요구가 아니라 여성을 여성 그대로 내버려 두라는 여성의 자유 선언이라고 할 수 있다. 서구 1기 여성운동에서 주창되었던 사회적 억압으로부터의 자유 선언이 한국에서는 21세기에 나온 셈이다. 이런 점에서 2015년 이후의 한국 여성운동은 1기 여성운동의 의제를 가져온 듯하지만 21세기 한국이라는 상황 속에서의 새로움이다.

그러나 자유라는 담론은 자칫하면 여성들이 당면한 구조적 문제를 놓칠 위험이 있다. 더구나 오늘날의 사회가 인간을 개인화, 개별화시키고 있으며 집단의 연대나 공동체적 대응방식보다는 개인 문제를 스스로 해결하려는 경향을 만들어내고 있다. 그렇기 때문에 여성들이 당면한 구조적 문제는 알파걸과 같은 몇몇 여성들은 스스로 해결할 수 있을지 모르지만 대다수 여성들은 스스로의 힘으로 벗어나기 어렵다. 이런 점에서 한국 여성운동의 새로운 동향이 이전의 여성운동을 극복하고 새로운 지향점을 마련한 점에서 의미를 두지만 자치 인터넷 공간에서 개인화의 위험에 매몰될지도 모른다는 위기의 일단이 엿보인다.

참고문헌

김경희. 2007.「법제화 운동을 중심으로 본 한국여성운동의 제도화와 위기론」.《사회과학연구》, 제15집 1호.

김동환. 2016.「메갈리아를 어떻게 볼 것인가」.《월간 참여사회》, 9월호.

김리나. 2018.「포스트페미니즘과 메갈리아: 비/일탈적 행위의 자율성 논쟁을 중심으로」. 한국여성철학회 학술대회 발표논문집 봄 정기학술회의(2018.4).

김민정. 2012.「여성 최고 정치 지도자 등장에 관한 시론적 연구」.《페미니즘연구》, 제12권 2호.

_____. 2015.「한국 여성운동과 국가와의 관계: 여성운동의 제도화와 그 효과」. 고상두·민희 편.『후기산업사회와 한국정치』. 서울: 마인드랩.

_____. 2017.「미래사회와 성평등」. 권호정 외 지음.『호모 컨버전스: 제4차 산업혁명과 미래사회』. 파주: 아시아.

_____. 2011.「신자유주의와 여성」. 김민정 외 공저,『젠더정치학』. 파주: 한울엠플러스.

김서영. 2016. "나는 왜 메갈리안이 됐나?"《경향신문》, 9월 12일자.

김수아. 2015.「온라인상의 여성혐오 표현」.《페미니즘연구》, 제15권 2호.

김익명 외. 2018.『근본 없는 페미니즘: 메갈리아로부터 워마드까지』. 서울: 이프북스.

김희강. 2006.「서구 페미니즘 이론의 동향과 쟁점: 글로벌 맥락에서의 한국 페미니즘에 미치는 의미」.《21세기정치학회보》, 제16집 2호.

누스바움, 마사. 2015.『역량의 창조』, 한상연 옮김. 서울: 돌베개.

문경희·전경옥·김미성. 2007.「제도화된 여성운동의 가능성과 한계: 스웨덴의 페미니스트 정당을 중심으로」.《국제정치논총》, 제47집 2호.

바우만, 지그문트. 2005.『액체근대』. 이일수 옮김. 서울: 강.

박기남. 2012.「개인화 시대의 여성운동 방향 탐색. 한국여성민우회의 회원 인터뷰를 중심으로」.《페미니즘연구》, 제12권 1호.

박현정·신민정. 2018. "왜 많은 여성이 모이나? 혜화역 시위 운영진에게 물었다."《한겨레》 6월 21일자.

서두원. 2012.「젠더 제도화의 결과와 한국 여성운동의 동학」.《아세아연구》, 제55권 1호.

서복경. 2018.「2018년 '혜화역 시위'에 대한 해석」. 행정안전부 보고서.

신경아. 2012.「서구사회 개인화 논의에 대한 여성주의적 고찰」.《페미니즘연구》, 제12권 1호.

신상숙. 2011.「신자유주의 시대의 젠더 - 거버넌스: 국가기구의 제도적 선택성과 여성운동」.《페미니즘연구》, 제11권 2호.

신희선. 2005.「디지털 시대와 사이버 페미니즘」.《아시아여성연구》, 제44집 1호.

여성가족부. 2014.『2014 여성단체 현황』.

오장미경. 2005.「여성운동의 제도화, 운동정치의 확대인가. 제도정치로의 흡수인가」. 한국여성연구소 주최 토론회 자료집,『페미니즘과 대안적 가치: 최근의 한국 사회 변화에 관한 젠더분석과 전망 모색』, 3월 25일.
윤지영. 2018. 「페미니즘 지각변동: 페미니즘들의 대립각, 새로운 사유의 터」. 한국여성철학회 발표논문집, 2018년 춘계학술회의.
이영애. 1999. 『국가와 성』 서울: 법문사.
정경자. 2005. 「여성 운동의 제도화 그 후 20년: 호주의 경험을 중심으로」. 한국성폭력상담소 발간자료.
정인경. 2016. 「포스트페미니즘 시대 인터넷 여성혐오」. 《페미니즘연구》, 제16권 1호.
정현백. 2005. 「한국의 여성운동 60년: 분단과 근대성 사이에서」. 《여성과 역사》, 제4집.
조효석. 2018. "미투와 함께 크는 한국의 '영영 페미'." 《국민일보》, 11월 19일자.
채반석. 2015. "'녹색의 땅' 메갈리아는 어떻게 탄생했을까." http://www.bloter.net/archives/236071(검색일: 2019. 5. 10).
천관율. 2019. "[20대 남자 현상] '반페미니즘' 전사들의 탄생."《시사IN》, 제605호. 4월 22일자.
홍혜은. 2017. "분절될 수 없는 것들: '넷페미'와 '펀페미'의 이항 대립을 넘어서." 《여/성이론》, 통권 27호.
"들끓는 여성 분노… 페미니즘 현주소는?" 〈KBS 일요진단〉, 2018. 7. 15. http://www.kbs.co.kr/news/view.do?ncd=4009317(검색일: 2019. 5. 3).
"좌담회, 4차산업혁명시대. 여성인재가 SW경쟁력 좌우한다." 《전자신문》, 2016. 12. 22(검색일: 2020. 4. 13).
《조선일보》, 2018. 12. 24(검색일: 2019. 5. 10).

Bauman, Z. 2002. "Forward" *Individualization Institutionalized Individualism and its Social and Political Consequences.* London: Thousand Oaks.
Jamieson, Beth. 2001. *Real Choices: Feminism, Freedom and the Limits of the Law.* University Park: Pennsylvania State University Press.
Kim, Mihyun. 2018. "New Feminism Flow in South Korea from 2015 to 2017" 이화여자대학교 아시아여성학센터 학술대회자료집. 13th EGEP workshop(2018.1).
Meyer, David and Sidney Tarrow. 1998. "A Movement Society: Contentious Politics for a New Century" David Meyer and Sidney Tarrow(eds.). *The Social Movement Society: Contentious Politics for a New Century.* Rowman and Littlefield Publishers.

8장

디지털 공간에서 젠더의 주체화와 저항의 정치
온라인 페미니즘을 중심으로*

박 채 복

1. 문제제기

2010년대 후반 페미니즘의 재부상과 대중화가 일어나면서 디지털 공간에서 새로운 젠더의 주체화가 활발하게 진행되고 있으며, 이들의 정치세력화에 대한 젠더적 접근이 요구되고 있다. 새로운 소통 공간으로서 온라인의 비약적인 발달은 한국사회의 정치와 경제, 문화 전반의 변화에 지대한 영향을 미쳤을 뿐만 아니라 페미니즘과 교차하며 젠더 변화의 새로운 정치성을 만들어 내고 있다. 더 나아가 온라인과 페미니즘의 조우는 새로운 페미니즘과 기존 페미니즘 사이의 차이와 연대 문제와 함께 온라인을 통한 페미니즘 운동을 둘러싼 페미니즘 논쟁을 가속화시키고 있다. 사이버 테러 및 성폭력, 극단적인 여성혐오와 이에 대한 여성들의 반격 그리고 페미니즘에 대한 반격(backlash) 등 새롭게 표출된 젠더 갈등과 반페미니즘(antifeminism) 정서의 가속화로 인해 기존 성평등 및 젠더 이슈와는 다른 포괄적인 젠더 관점에서의

---

* 이 장은《동서연구》제32권 4호(2020)에 실린 논문을 수정 및 발췌한 것이다.

접근이 절실해진 상황이다.

강남역 살인사건, 여성혐오 범죄와 미투(#MeToo) 운동 그리고 홍익대학교 누드 크로키 수업 불법촬영 사건 등 2016년 이후 터져 나온 페미니즘 의제들은 공통적으로 온라인 공간에서부터 공론화되었고, 다양한 디지털 플랫폼을 중심으로 저항의 정치가 확산되었다는 특징을 갖는다. 온라인 공간을 통해 친숙하고 대중적인 방식으로 페미니즘을 접하고 자신의 의견을 자유롭게 표출하고 공유하는 과정에서, 여성들은 페미니스트로서 자신의 정체성을 확립하고 남성적 규범과 관행이 지배하는 문화를 통한 성적 차별과 불평등, 그리고 온라인에서의 극대화된 언어폭력과 차별화된 여성혐오 문제에 대한 적극적인 해결을 요구하게 되었다.

여성의 몸과 섹슈얼리티에 대한 남성의 권력 행사에 대한 반감과 분노는 여성들을 결집시키고, 온라인에서의 운동 동력을 오프라인으로까지 조직화하고, 저항을 정치적으로 세력화하는 근간이 되었다. 실제 일상의 삶과 생활 속에서 여성들에게 무슨 일이 일어났는지, 당장의 생계를 위해 일해야 하는 여성들의 고충과 이들이 겪는 성차별에 대한 관심과 기억의 집합들은, 여성 개개인의 자유가 그동안 페미니즘이 표방하던 집합적 평등보다 더 중요하다고 인식하게 하였다. 더 나아가 변화에 대한 요구의 정당성과 합법성은 기존 제도권 여성운동이나 정치권과의 연대를 거부하고 오로지 남성 권력 행사에 저항하는 여성들의 개인화된 주체화와 새로운 연대를 통한 저항의 정치를 가능하게 하였다(김민정, 2020; 정인경, 2016).

디지털 네이티브(digital native)라 불리는 10대에서부터 20·30대 청년세대 여성들의 디지털 공간에서 새로운 젠더의 주체화와 주체의 정치세력화는 페미니즘의 대중화에 기여했을 뿐만 아니라 기존 제도권 페미니즘과는 다른 운동 방식과 개인화된 정치 양상을 보이는 새로운 페미니즘 운동으로 인식되고 있다(김리나, 2017; 김수아, 2015; 장민지, 2016). 미투 운동, 혜화역 시위와 함께 탈코르셋 운동은 기존 페미니즘 운동 방식과 다른 소통과 지속성, 그리고 확장 가능성을 보여주며 주요한 온라인 페미니즘의 일환으로 이해되고 있다(김애라, 2019). 이와 같은 온라인을 중심으로 하는 페미니즘은 한국뿐만 아니라 세계적인 글로벌한 현상이라는 점에서 페미니즘의 제4의 물결로 명명되기도 한다(김은주, 2019; Munro, 2013).

온라인 페미니즘이라는 새로운 페미니즘 운동에 집중하는 배경에는 디지털 공간에서 젠더의 주체화와 주체의 정치세력화가 함께 이루어지고 있기 때문이다. 한국의 경우, 2018년 5월부터 12월 사이 6차에 걸쳐 이뤄진 불법촬영 편파수사를 규탄하는 혜화역 시위에 최대 11만 명의 여성이 결집한 사건은 온라인을 중심으로 활동한 페미니즘 운동이 온라인을 넘어 오프라인까지 대중적 확산성을 가지면서 성폭력 이슈가 공론화되고 정치세력화하는 계기가 되었다는 점에서 주목할 만하다(김민정, 2020: 75). 개인화된, 디지털로 매개된 정치 참여(personalized, digitally mediated political engagement)(Bennett and Segerberg, 2013: 5)는 정치의 개인화(personalization of politics)를 가속화하며 디지털 공간에서 새로운 젠더 주체의 등장과 이들의 세력화 그리고 저항의 정치학의 근간이라는 점에서, 온라인 페미니즘은 페미니즘 이론과 운동의 방식, 페미니즘 의제 등에 대해 전혀 다른 입장과 방식을 갖고 있다.

한국의 여성운동은 젠더에 기반한 폭력, 극단주의와 보수주의의 성장, 여권과 페미니즘에 대한 저항과 반격의 확산, 여성운동의 세계적 단절 등 거대한 도전에 직면해 있다. 젠더 평등을 추구하는 제도적 개혁의 성과가 지난함에도, 한국의 경제·사회적 문제 그리고 노동시장에 고착되어 있는 성차별 및 성별 분리문제를 해소하지 못한 상황에서 여성의 차별과 사회적 배제 현상은 여전히 존재한다. 일상의 모순적 상황에 대해 온라인을 통한 페미니즘은 기존 성평등을 둘러싼 제도적 개혁과는 결이 다른 새로운 젠더 감수성을 요구하며 페미니즘 의제를 다루고 있다. 또한 새로운 여성들이 주체가 되어 정치세력화를 시도하는 온라인 페미니즘은 기존의 점진적 제도 개혁으로 추진되었던 성평등 정책과 성차별을 규범의 일부로 용인하는 사회적 담론의 한계를 비판하고 지금보다 더 많은 그리고 실질적인 변화를 행동으로 요구하고 있다.

이와 같은 문제의식을 중심으로 이 글은 새로운 페미니즘 운동으로서 온라인 페미니즘이 기존의 페미니즘과 어떤 차이와 운동 동력을 확보하고 있는지 살펴보고, 온라인과 페미니즘의 조우를 통해 젠더의 주체화와 주체의 정치세력화 과정을 분석해 보고자 한다. 이를 통해 세대, 정체성, 관심 영역, 활동 기반 등이 서로 상이한 페미니스트들이 어떻게 연대할 수 있는가 하는 문제에 대한 일정 정도의 답을 찾아보고자 한다.

2. 새로운 페미니즘 운동으로서 온라인 페미니즘

온라인 페미니즘은 디지털 공간, 인터넷 및 온라인 기술 관계를 포괄하는 페미니즘을 의미한다. 전 지구적 차원의 디지털 기술의 발달로 만들어진 복합적이고 새로운 사회 조건에서 페미니스트 이론과 실천을 새롭게 형성할 기회로 온라인 페미니즘은 소셜 네트워크 서비스(social network service)의 대규모 확산과 연결되며, 2011년 정도부터 발흥된 새로운 페미니즘 운동이다(Chamberlain, 2017: 3). 그렇다면 온라인을 통한 페미니즘으로 명명되고 있는 온라인 페미니즘은 기존의 페미니즘으로 규명할 수 없는 새로운 페미니즘, 즉 페미니즘의 제4의 물결인가 하는 질문을 남긴다.[1]

---

1 페미니즘의 제4의 물결은 제니퍼 바움가드너(Jennifer Baumgardner)가 *Fem: Goo Goo, Gaga and some thoughts on balls*(2011)에서 맨 처음 제시했으며, 키라 코크런(Kira Cochrane)의 저서 *All the rebel women*(2013)에서 본격적으로 개념화되었다. 제4의 물결 페미니즘은 인터넷을 이용한 운동 방식과 온라인 행동주의에 의해 특징지어지며, 소셜 미디어는 페미니즘 논쟁과 저항의 재탄생을 위한 중요한 공간으로 페미니즘 제4의 물결

온라인 페미니즘을 페미니즘의 제4의 물결로 본다면, 또 제4의 물결의 핵심 이슈가 교차성(intersectionality)[2]이라면, 그것은 지금까지 진행되었던 페미니즘의 의제가 아닌 새로운 의제인가 하는 논의와 함께 과거 페미니즘의 물결과 다른 점은 무엇인지 등 온라인 페미니즘은 한국사회의 페미니즘의 지형 변화를 체감하게 하는 이슈임에 분명하다. 이에 온라인 페미니즘이 세대, 미디어, 디지털 등 새로운 특성과 디지털 공간에서 미디어의 기술적 변화가 추동하는 사회적 변혁과 연계되어 기존 페미니즘과는 다른 특정한 모습과 방식이 반영되어 있다는 점에서 이를 페미니즘의 제4의 물결로 보는 주장에서부터, 페미니즘의 주체화가 매체의 다름과 기술의 개입에 따라 주체의 차이를 반영한다는 점에서 새로운 페미니즘으로 개념화하는 것의 유용성에 대한 문제제기에 이르기까지 활발한 논쟁이 진행되고 있다(김은주, 2019; 윤보라, 2014; 한우리 외, 2018).

한국에서 온라인 페미니즘은 '#나는페미니스트입니다' 트위터 해시태그의 공론화로 본격적으로 출현하였다(김은주, 2019: 4). 해시태그는 온라인 공간에서 특정 이슈에 대한 다중의 생각을 매우 빠르게, 그리고 효율적으로 파악할 수 있게 해준다는 점에서 온라인 페미니즘 연구에서 활발하게 활용되고 있다(김효인, 2017; 김해원 외, 2018). 강남역 살인사건, 서지현 미투 사건, 김지

의 발상지라 할 수 있다(Baumgardner, 2011; Cochrane, 2013; Dean and Aune, 2015; Kimble, 2009; Solomon, 2009).

2 1989년 페미니스트 크렌쇼(K. Crenshaw)가 처음 고안한 교차성은 흑인 여성들의 차별 경험을 이해하는 방식으로 등장한 개념이지만, 매우 다양한 차별들 사이의 관계를 포괄적으로 이해하려는 시도로, 불평등 문제를 젠더, 인종, 계급, 계층, 여성, 인종, 섹슈얼리티, 계급, 장애, 종교 등 상호교차성의 관점에서 접근해야 한다는 것이다. 교차성 분석은 서로 다른 여성들의 차별과 억압을 동시다발적이며 다층적인 서로 맞물린 복합적인 사회적 불평등 관계 속에서 분석해야 함을 강조하며, 페미니스트적 실천을 보다 구체적 역사성 속에 자리 잡을 수 있게 정체성을 정치화하는 데 도움을 준다. 교차성을 통한 여성 억압의 복잡성과 저항의 역동성의 분석은 교차하는 범주와 질문들의 교차적 적용이 어떻게 작동되는지 보여주는 데 유용하다(한우리 외, 2018: 87~88).

은 업무상 위력에 의한 성폭력 사건, 스쿨 미투의 확산, 혜화역 시위 등을 거치면서 온라인에서 시작해 오프라인으로 확장되며 현실적인 변화를 추동하는 온라인 페미니즘은 다양한 페미니즘 의제에 대한 문제제기를 통해 기존 여성운동과는 다른 이슈의 선점 및 이슈화를 통한 정치세력화를 도모하고 있다. 특히 직접적인 참여와 적극적인 여성주의의 실천을 통해 온라인 페미니즘은 젠더 어젠다의 내용뿐만 아니라 그 우선순위도 변화시키고 있다.

온라인 페미니즘은 페미니즘을 일종의 플랫폼(platform)화하여 디지털 공간에서 조직화하고, 이를 기반으로 다양한 네트워크를 만들어 페미니즘 지식과 정보를 생산·유통하는 장을 만드는 것을 근간으로 한다. 온라인 페미니즘의 운동 방식은 기존 운동과는 달리 익명성과 일상성에 기반하여 개인화된 운동이라는 특징을 갖는다. 이러한 방식은 여성들의 인식론적 차원에서의 변화를 신속하게 이끌어내는 데 효과적일 뿐만 아니라 일상에서의 삶과 실천 그리고 페미니스트라는 정체성을 주요한 의제로 설정하여 젠더 이슈를 공론화하는 데에도 효용성을 갖는다. 더 나아가 온라인 공간에서의 상호 수평적인 소통 과정에서 자신을 표현하고 또 학습하며 자연스러운 관계를 맺는 여러 연결행동을 통해 온라인 페미니즘은 일상 속에서 페미니즘을 접하지 못했을 다수의 여성들의 페미니즘으로의 접근을 가능하게 한다. 또한 온라인 공간에서 여성의 연대 및 네트워크를 통한 공감대를 형성하고 삶의 방식과 새로운 미래의 가능성을 희망하는 순수한 여성들을 위한 연결행동(connective action)을 창출한다는 점에서 페미니즘의 대중화에 기여하였다(김수아, 2017: 302).

페미니즘의 대중화는 신자유주의의 경제 논리를 반영하며 포스트페미니즘이라는 이상 속에서 부상한 측면이 강하다(Banet-Weiser, 2018; Gill, 2016). 평등을 넘어 자유에 대한 갈망을 신자유주의적 방법론을 통해 찾는 등 포스트페미니즘과 구조적 유사성도 존재한다(김애라, 2019; Hester, 2015). 독재 철폐와 민주화에 대한 갈망과 남녀평등 및 여성해방에 관심을 가졌던 기존 여성운동의 지향과는 달리, 신자유주의적 경쟁과 생존이라는 가치와 문화에 영향을 받은 청년세대 여성들은 남녀의 차별과 평등보다는 개인의 자유가 더 중요하며, 여성도 남성과 똑같이 경쟁하여 독자적인 실력과 경력을 쌓아 성공하기를 원한다. 성차별과 평등 역시 신자유주의적 경쟁과 생존 과정과 맞물리며 새롭게 재해석된다. 이런 의미에서 온라인 페미니즘은 한국사회에서 청년세대 여성들의 사회적 위치와 욕구 그리고 다층적인 이해관계를 반영하는 새로운 페미니즘 운동으로 이해할 수 있다.

온라인 페미니즘에 대한 연구에서 개인화되고 개별화된 여성들의 공간적 연결성과 감정적 연대에 대한 규명은 매우 중요한 부분이다. 다양한 매체를 통한 온라인 공간에서 개인화된 소통의 일상성과 익명성은 청년세대 여성의 문화를 반영하며, 그들의 요구를 대변한다는 점에서 보편성을 가지고 쉽게 확산될 수 있는 특징을 가진다. 따라서 정치의 개인화라는 키워드는 온라인 페미니즘이 공통적으로 보여주는 개인화된 운동 방식과 맥을 같이한다. 신자유주의 시대적 경쟁 속에서 일상에서의 차별과 사회적 배제를 경험하고 자신의 정체성을 찾아야 하는 개인화된 여성들은 생존에 대한 불안감 속에서도 집합적 정체성과 협력, 그리고 연대를 통한 방식으로는 자신들의 문제를 해결할 수 없다고 생각하며, 기존 여성운동을 비판하고 배척하는 맥락 속에서 기존 페미니즘과의 연대를 거부하게 된다(김민정, 2020; 김애라, 2019; 김은주, 2019; 신경아, 2012).

다양한 디지털 공간에서 페미니즘을 접하고 페미니스트 정체성을 확립한 청년세대 여성들의 페미니즘 운동의 특성과 방식은 무엇인지 기존 여성운동과의 차이는 무엇인지에 대한 규명 작업과 이를 통한 여성운동의 방향성을 새롭게 모색해 보려는 연구가 다양하게 진행되었다(김보명, 2018; 2019; 김지혜·이숙정, 2017; 류진희, 2015; 박영민·이나영, 2019; 유민석, 2015, 장민지, 2016; 조혜영, 2016; 홍혜은, 2017). 이들 연구는 공통적으로 디지털 공간에서 페미니스트 정체성이 확립되고 공론화되는 배경 및 과정을 탐색하고 온라인 페미니즘의 사회적 맥락과 그 의미를 체계적으로 분석하는 데 주력하고 있다. 또한 촛불시위와 신자유주의의 한국적 적용 및 대응이라는 맥락에서 온라인 공간에서 페미니스트 주체로 등장한 청년세대 여성의 새로움과 다름, 그리고 이들의 욕구에 대한 심층적인 분석도 다각적으로 이루어졌다. 특히 미투 운동, 몰래 카메라 및 불법촬영 문제, 탈코르셋 운동과 같은 새롭게 제기된 페미니즘 의제들이 어떻게 운동 동력을 획득할 수 있게 되는지 탐색하고, 디지털 공간에서의 여성혐오의 배경을 면밀하게 분석하는 연구를 통해 온라인 페미니즘에 대한 새로운 의미부여 및 탐색 작업이 체계적으로 진행되었다.

온라인 공간에서 가시화된 페미니스트의 운동 방식과 확산성을 특징화하고 이들의 페미니스트 실천에 대한 접근이 시도되었음에도 온라인 페미니즘이 기존 페미니즘 운동과는 결이 다른 페미니즘 의제를 다루고 있으며, 기존의 페미니즘 이론과 분석틀로 분석하거나 진행 중인 논쟁으로 설명하기 어려운 점이 존재한다. 특히 온라인 공간에서 여성들의 주체화와 정치세력화는 기존의 여성운동의 지향점과 성평등 규범으로는 설명할 수 없는 새로운 담론과 동력으로, 온라인 페미니즘의 의미와 한국 여성운동에 대한 기여는 보다 체계적으로 논의할 필요가 있다. 따라서 새로운 주체들이 차별과 사회적 배제에 대한 분노와 저항을 디지털 공간에서 집합적으로 선점 및 의제화하고 이를 정치적으로 조직화하는 과정에서, 다양한 차이가 있음에도 자신들의 경험과 이해관계에 따라 연대하고 저항의 정치를 재구성하려는 움직임에 대한 포괄적인 논의를 시도하고자 한다. 이를 통해 상이한 페미니스트들이 어떻게 연대할 수 있는지, 더 나아가 새로운 페미니즘으로서 온라인 페미니즘의 지속성, 확장성 그리고 방향성에 대해 전망해 보고자 한다.

3. 온라인과 페미니즘의 조우, 정치성의 확산

1) 온라인 공간에서 페미니즘 의제의 선점과 이슈화

온라인 공간은 다양한 사회·문화적인 의미와 가치를 창출하는 자율적인 장소이자, 동시대성을 가지며, 한국사회의 급격한 젠더 변동을 경험하고 새로운 변화를 실험하는 공간이다(김리나, 2017; 김수아, 2017). 실제 온라인 공간에서 표출되는 젠더 담론들이 다수의 숙의를 반영하여 실질적인 변화로 이어질지에는 아직 불확실성이 많은 것도 사실이다. 또한 온라인 공간이 기존의 가부장적인 남성 중심적 사회질서를 극복할 수 있는 대안적 공간으로 여성들에게 열린 젠더 정체성을 구성할 수 있는 가능성을 제공할 것인지, 그 결과에 대한 논란 역시 계속되고 있다. 그럼에도 그동안 주목받지 못하고 기존 여성운동에서 배제되었던 여성들에게 온라인 공간은 페미니즘과 조우하는 장소이자 급변하는 젠더 변동의 공론장이며, 한국사회의 급격한 젠더 변화를 추동하며 온라인 행동주의를 자발적으로 조직화하는 저항의 정치의 공간이기도 하다. 익명성과 개별성을 통한 탈권위적 소통을 근간으로 디지털 기술과 결합된 온라인 페미니즘이 페미니즘 실천의 주체와 방식, 그리고 효과에서 차이를 보이며 빠르게 확산되고 있는 이유이다(김보명, 2018).

온라인 공간에서 서로 다른 페미니즘적 지향과 논쟁들은 온라인을 매개체로 하나의 의제로 취합되는 과정에서 페미니즘 의제의 선점 및 이슈화가 이루어지고 있다. 온라인 공간에서는 개인이 어떤 위치에 있는지와 상관없이 주체적으로 행동하는 개인들이 존재한다. 구조와 경계 역시 불분명하기 때문에 자아의 표현이 연대감보다 더 우선시되는 경향이 강하다. 이는 온라인 페미니즘에서 목도되는 여성들 사이 주체성이 치열한 대립과 공존, 혹은 특정 정체성에 대한 집합적 공감적 연대를 통해서도 극명하게 드러나며, 페미니즘의 대중화가 개인화된 이해에 기반하고 있다는 것을 보여주기도 한다

(김애라, 2019: 56). 따라서 온라인 공간에서의 익명성과 개별성은 여성들이 각자의 일상의 삶과 경험, 생활 방식을 토대로 자신의 페미니즘 의제를 선별하고 이슈화할 수 있는 자율성을 부여하며, 더 나아가 자발적으로 행동에 참여하게 하는 정치성을 확대하는 기반이 된다(Bennett and Segerberg, 2011; Lichtermean, 1996).

소셜 네트워크 서비스에서 페미니즘 의제의 공론화와 자유로운 대화의 장을 모색하는 여성 개개인의 필요와 욕구에 부합한다는 점에서 온라인 페미니즘은 행동주의를 통해 정치세력화를 도모할 것을 강조한다. 온라인 페미니즘은 디지털 공간, 인터넷 기술의 출현과 연결된 여성운동이라는 점에서 온라인상에 존재하는 개인 간의 연결을 기반으로 온라인에서 오프라인으로 확대 연결되며 확장성을 가진다. 개인화된 관계가 소셜 네트워크 서비스를 통해 다양한 네트워크로 결집되고, 메시지의 확산과 특정 관심사를 중심으로 느슨한 연결이 형성된다. 여기에 참여의 용이성과 주체의 다양성 그리고 무엇보다 참여 행위의 효과의 즉각성은 경험의 공유뿐만 아니라 그 확산에 기여한다.

개별적이며 단독적인 사건이 트위터의 해시태그를 통해 의제화되고 공론화되는 과정은 새로운 정치적 집단성을 낳는 확산을 쉽게 가능하게 한다. 소셜 미디어는 온라인 페미니즘의 주요한 공적 플랫폼으로, 온라인 페미니즘 운동의 일상화와 대중화라는 정치성을 확보하게 되는 것이다. 다양한 해시태그 운동은 자신들의 경험을 직접 인증하고 공론화하며 더 나아가 확산시킨다. 익명성과 개별성을 통한 확산은 더 많은 여성들의 자발적인 참여를 독려하며, 여성들의 저항의 정치가 조직되는 고무적인 경험을 공유하게 한다(김효인, 2017; 김해원 외, 2018).

주류 미디어가 이슈화하지 않은 젠더 이슈를 선점하여 이슈화하고 정치화하는 과정에서 온라인 페미니즘의 주체들은 기존 페미니즘 의제들에 비해 자신들의 감정을 온라인 공동체에서 즉각적으로 확인하고 판단을 외주하며 상대적으로 개인적 관심이나 일상의 정치에 집중되는 특징을 갖고 있다. 이렇듯 정체성과 차이가 다양함에도, 온라인 공간에서 서로의 공통된 관심 이슈에 대해 수평적으로 함께 결정하며 서로 다른 상반된 의견을 규합하여 이를 의제화하는 과정은 젠더의 주체화와 정치세력화가 함께 이루어지는 기반으로 새로운 동력과 운동 방식을 만들어내고 지속적으로 확대하는 근간이 된다.

2) 복합적인 젠더 주체화와 온라인 페미니즘의 정치성의 확산

2016년 5월 17일 강남역 살인사건 이전과 이후 한국사회에 페미니즘의 재조명이 이루어지며 페미니즘 리부트, 페미니즘 뉴웨이브, 영영 페미니즘의 출현 등 다양한 키워드를 통한 온라인과 페미니즘의 조우가 이루어졌다(손희정, 2017). 온라인을 매개로 한 디지털 공간은 새로운 매체의 등장과 디지털 미디어 플랫폼의 대중적인 확산을 통해 새로운 젠더 담론장을 형성하고 페미니즘과 여성운동을 매개하는 공간이 되고 있다(윤보라, 2014: 167). 온라인 페미니즘은 개인의 일상적 경험을 기반으로 분노와 저항을 온라인을 통한 공유와 확산을 통해 자발적으로 조직화하는 과정에서 기존 방식과는 다른 운동 방식으로 복합적인 젠더 주체화와 정치성의 확산에 기여하고 있다. 온라인 공간이 이제 더는 온-오프라인으로 구별되는 가상공간이 아니라 현실 세계보다 더 강력하게 주체를 형성하는 공간으로 기능하게 됨에 따라, 복합적인 젠더의 주체화 과정과 함께 저항의 정치가 조직되고 확산되는 공간이 되는 것이다.

전문가 집단으로서의 페미니스트에서 페미니스트, 전문가 집단, 여성 활동가, 그냥 여성 등 '다중(multitude)'의 복합적인 정체성의 출현(윤지영, 2017)으로 페미니즘 지형이 확장되었다. 이는 2010년대 후반 한국사회의 페미니즘의 대중화와 영영 페미니스트로 일컬어지는 페미니스트 여성들의 등장뿐만 아니라 반페미니즘과 포스트페미니즘 등 페미니즘에 대한 각각의 다른 입장을 가진 개인들이 등장하고 있음을 의미하는 것이기도 하다. 다중의 복합적인 정체성의 출현으로 인한 페미니즘 지형의 확장뿐만 아니라 이슈의 선점과 공론화, 그리고 소통 방식 역시 확장되었다.

일반적으로 연령대가 낮고 여성의 지위가 낮은 사회일수록 소셜 미디어 사용자가 증가한다는 점에서, 온라인 페미니즘은 미러링, 집단적 발화, 공격적 발화 등 새로운 운동 방식과 소통 구조를 중심으로 이슈의 설정 과정과 공론화, 그리고 정치세력화에 이르기까지 뚜렷하고 조직화된 방식을 기반으로 한다. 특히 해시태그를 통한 소통 방식은 동시대의 여성들을 직접 연결할 수 있는 효용성을 갖는다. 또한 소비자로서 여성, 시민으로서 여성, 생산자로서 여성 등 다중의 정체성을 가진 여성들을 주체적으로 인지하게 하여 단순한 정서적인 연결을 넘어 정치적 확장성을 담보하는 데 기여한다. 온라인과 페미니즘의 결합으로 만들어낸 변화와 이를 조직하는 힘을 체감하게 되고 온라인 공간에서 자신들의 확장성을 통해 활력을 느끼는 정동(affect)을 체험하면서 온라인 페미니즘은 새로운 정치성을 발휘하게 되는 것이다(김은주, 2019).

온라인 페미니즘의 정치성 문제는 온-오프라인을 오가며 권력의 구성적 관계의 변화를 만들고, 다양한 차별과 억압의 근간인 가부장제의 복잡한 작동 구조를 변화시키고자 하는 젠더의 주체화를 추동하는 데 기여한다. 기존 제도화된 페미니즘이 담아내지 못하는 여성들의 일상 속에서 직면한 성폭력 문제들에 대해 여성들은 자발적이고 주체적인 참여를 통해 온라인 담론장에서 페미니즘 이슈를 공론화하였다. 미투 운동, 탈코르셋 운동, 불법촬영 반대 시위 등은 이와 같은 저항의 정치의 중요한 사례가 될 것이다. 여성들은 더 많은 성평등 실현을 위해 성폭력 문제를 정치적으로 이슈화하여 폭넓게 확산시키고, 실질적인 변화를 위한 실천과 행동주의의 연결행동을 유연하게 수행하는 정치적 주체가 된다.

새로운 페미니즘 주체들은 자신들의 요구를 관철시키는 과정에서 기존의 여성운동이나 제도권의 여성단체에 대한 불신과 거부감을 표명하며, 엘리트 중심의 대리자 여성운동이 아닌 평범한 여성들, 당사자 여성운동을 지향하였다(김민정, 2020: 75). 이와 같은 운동 방식은 차이와 정체성을 강조하는 기존 여성운동과는 달리 디지털 플랫폼을 기반으로 온라인 공간에서의 공간적 연결성과 감정적 연대를 통해 특정 페미니즘 의제의 공론화와 수평적 확산을 주체적으로 판단한 결과라 할 수 있다.

페미니즘 의제의 이슈화 및 공론화, 익명성 및 다중의 정체성의 허용은 평범한 여성들의 자기 규정성의 존중 속에서 과거에는 중요시되지 않았지만 이해관계가 상충되는, 새롭게 직면한 젠더 이슈의 공유 및 확산, 그리고 이에 대한 담론의 형성을 훨씬 수월하게 한다. 또한 다양한 소셜 미디어를 통해 텍스트, 메시지, 사진 및 영상 등을 공유하고 실시간 방송을 통해 정보를 확산하는 과정에서 다중의 복합적 정체성을 가진 여성 주체들이 상호 긴밀한 연대감을 만들며 성차별과 성폭력을 용인하는 사회적 담론을 비판하는 젠더 담론을 형성하는 데 정치적 영향력을 발휘한다. 미디어의 변화와 함께 트위터와 인스타그램, 그리고 페이스북 등 다양한 소셜 미디어로 연결된 새로운 페미니즘 운동의 주체인 여성 개인의 익명성과 정치세력화라는 특성은 더욱 강하게 부각되고 있다.

미투 운동은 물론 탈코르셋 운동, 혜화역 시위 등에서도 각종 고발의 증거들이 인증되었다. 이를 온라인 공론장에서 빠르게 유통, 확산시키고 이슈화되는 과정에서 익명적 개인의 정치세력화는 확대되었다. 운동에 대한 동참과 자발적인 참여를 다양한 미디어를 통해 독려하고 다른 관련 네트워크의 참여를 통해 재현하면서 스스로에게 정치성을 부여했다. 이 과정에서 여성들은 다양한 네트워크를 활용해 정치적 공간을 창조했으며 주체화되었다. 남성 중심적 규범과 관행의 문화에 대해 여성들은 분노했고, 차별과 여성혐오를 공고화하고 유지하는 데 저항했다. 이에 온라인 페미니즘은 대한 공적 영역에서의 문제 해결을 요구하는 목소리에 직접 참여하는 여성들의 주체화 및 정치세력화에 기여했으며, 제도권이나 기존 여성운동이 해결하지 못한 여성들의 문제를 해결하려는 과정에서 참여를 넘어 저항의 정치학의 가능성을 열고 있다.

4. 사이버 테러와 여성혐오에 대한 반격

1) 여성혐오와 새로운 젠더 감수성의 공존과 혼란

온라인 페미니즘은 한국사회의 여성에 대한 조롱과 혐오, 사이버 테러 및 성폭력 문제를 수면 위로 부상시켰다. 여성혐오 문제는 온라인 페미니즘 여성운동의 양상을 변화시키는 데 크게 기여하였다. 반면에 여성혐오에 대항하는 여성들의 반격과 함께 페미니즘은 남성혐오라는 담론이 힘을 얻게 되었다. 일간베스트(일베)의 출현, 남성 중심 온라인 공간에서의 반페미니즘과 여성혐오 정서의 증대, 그리고 소라넷 및 메갈리아 논쟁[3] 등을 거치면서 반페미니즘의 반격도 거세졌다(배은경, 2016; 이나영, 2016; 윤보라, 2014). 여성혐오와 젠더문제를 둘러싼 경험 속에서 혐오와 침묵이 공존하고, 더욱 강화되는 경쟁과 서열 중심 사회에서 평등과 차별의 공존과 혼란이 계속되고 있다.

여성혐오라는 개념을 둘러싼 상반된 이해와 반응은 여성들의 반격과 주체의 정치세력화를 증폭시키는 계기가 되었다. 특히 1999년 군가산점 폐지 논란에 따른 남성들의 대대적인 사이버 테러와 한국사회의 대중 정서 가운데 목도되는 여성혐오, 그리고 여성혐오와 결합된 반페미니즘 정서는 신자유주

---

3 2015년 5월 29일 개설된 메갈리아는 당시 유행하던 전염병 '메르스'와 페미니스트 소설 『이갈리아의 딸들』의 '이갈리아'를 합성한 용어다. 메갈리아 논쟁에 대한 자세한 논의는 김리나(2017), 장민지(2016) 등 참조.

의적 무한 경쟁 사회에서 성차별적인 제도의 개선이 남성의 기득권과 대립할 수 있음을 보여주는 예라 할 수 있다. 더 나아가 남성 기득권의 상실에 대한 박탈감과 남성들의 피해의식이 반영된 여성에 대한 분노의 표출이라는 정서도 부각되었다(유정미, 2019: 7).

여성혐오는 가부장제의 학습된 여성에 대한 집단적인 혐오감정이다. 여성을 열등한 존재로, 남성은 이성적 존재로 집단화하고 이분화하는 여성혐오는 여성 개인에 대한 공격을 넘어 사회적 젠더 규범에 위반하는 일탈현상으로, 한국사회의 가부장적 문화와 제도를 구성하는 성차별적 관행을 그대로 반영한다(치즈코, 2012). 따라서 여성혐오는 여성을 소극적이고 제한된 성 역할의 틀 속에 가두어 성적으로 대상화하며 남성 중심 지배사회를 유지하는 억압과 불평등을 정당화하는 수단으로 작용한다(김수진, 2016; 홍지아, 2017). 악성 댓글, '몰래카메라' 불법촬영, 온라인 커뮤니티의 집단적 언어폭력뿐 아니라 성폭력, 가정폭력, 데이트폭력, 심지어 일면식도 없는 여성을 대상으로 한 '묻지 마 범죄'의 표적이 되는 사건들은 단지 여성이라는 이유로 폄훼되고 혐오의 대상이 되는 것으로 정당화될 수 없는 문제이기 때문이다.

여성혐오는 여성을 모욕하는 폭력적인 표현을 쏟아내는 일간베스트와 2015년 '페미니스트가 싫고 IS가 좋다'는 고등학생 김 군의 발언, 그리고 이에 대응하는 메갈리아의 미러링에서부터 2016년 강남역 살인사건에 이르기까지 한국사회에서 주요한 페미니즘 의제가 되었다. 온라인 공간에서의 여성혐오는 익명성이 낳은 반사회적 일탈행위로 가짜, 거대한 거짓임에도 타인의 공감과 인정을 얻고 유통되며, 이 과정에서 그 진위 여부와 상관없이 인터넷에서 사회성을 가지며 일종의 온라인 문법이 되는 것이다(이길호, 2014: 254~255). 여성혐오와 관련하여 메갈리아는 청년세대 여성들의 호응을 받으며 온라인을 기반으로 한 새로운 여성운동으로, 여성혐오와 이혐혐, 그리고 남성혐오에 대한 논쟁을 불러일으켰으며, 정체성의 정치, 차이의 정치를 더욱 부각시켰다(장민지, 2016). 급기야 2016년 강남역 여성 살인사건 이후 한국사회는 여성혐오에 대한 대중적인 인식 확대와 함께 성폭력에 대한 결이 다른 젠더 감수성의 공존과 혼란을 경험하고 있다.

2) 강남역 살인사건 이후: 여성들의 반격과 저항의 정치

강남역 살인사건 이후 페미니즘의 급격한 변화를 목도하는 가운데 한국사회의 여성혐오 논쟁이 폭발적으로 증대되었다. 여성혐오를 비판적으로 접근하고 여혐 범죄에 적극적인 반격으로 대응한 새로운 페미니즘이 부상하기 시작하였다(김민정, 2020; 박영민·이나영, 2019; 이나영, 2016; 엄진, 2016; 장민지, 2016). 강남역 살인사건 이전과 이후 한국의 페미니즘의 지형 변화는 여성혐오와 페미니즘 이슈에 대한 인식과 경험의 차이와 함께 변화를 위한 조건 및 그 가능성에 대한 믿음과 회의가 공존하고 있다는 것을 분명하게 한다. 여기에서 그치지 않고 온라인 공간을 통한 변화의 가능성과 현실과의 연계라는 근원적인 질문이 제기되었다.

강남역 살인사건 이후 여혐 범죄와 성폭력 피해는 역사적으로 불평등한 젠더 권력관계로 인한 구조적 폭력에서 발생하는 일종의 사회적 고통이다(유현미, 2016)라는 사회적인 인식과 공감대가 확대되고 있다. 그럼에도 페미니즘에 대한 거대한 반격은 현실과 단단히 밀착된 채로 일상과 가치관 형성에 큰 영향을 미치고 있다. 여성들은 여성에 대한 무분별한 혐오와 적대의 표출을 자신의 당면한 문제로 인식하고 국가와 공적 영역에서 적극적인 해결을 요구하며 자신의 언어로 그리고 행동으로 두려움과 분노에 맞서기 시작했다. 강남역 살인사건을 계기로 온라인에서 벌어지는 여성혐오에 대한 불편함과 거부감을 가진 청년세대 여성들의 분노와 저항의 움직임이 결집되기 시작했다.

여성혐오에 강력하게 저항하는 페미니스트들의 등장과 오프라인으로까지 확장되는 여성들의 반격은, 당면한 문제에 대한 해결과 이에 대한 행동주의의 실천으로 나타나기에 이르렀다. 온라인 공간에서 페미니즘의 대중화를 경험하며 재부상한 새로운 페미니즘인 온라인 페미니즘은 강남역 사건과 촛불시위를 거치면서 광장 페미니즘으로 확장되었으며, 미투 운동과 혜화역 시위로 이어진 여성들의 변화에 대한 요구 속에서 여성들이 겪는 차별과 억압에 대한 국가의 책임을 묻기 시작했다(김보명, 2019). 미투 운동, 불법촬영 문제 등과 같이 새롭게 부상한 젠더 이슈에 대해 여성들은 온라인을 통해 자신의 생각을 공유하고 주체화할 수 있는 네트워크를 만들고 실제 자신의 일상의 의제와 연결시켰다. 여성혐오와 페미니즘에 대한 반격과 혼란 속에서 페미니스트 주체와 이들을 실천으로 연결하는 네트워크의 중요성이 더욱 강조되었기 때문이다.

이에 새롭게 제기되는 페미니즘 의제에 대해 다양한 여성주의 사이트와 여성 전용 커뮤니티가 신설되었다. 새로운 페미니즘 집단들과 다양한 네트워크는 온라인에서 성폭력 담론을 극단적인 대결구도로 여성혐오를 둘러싼 비판적 젠더담론의 확대에 기여하였다. 더 나아가 이들은 온라인 공간에서 직접적이고 적극적인 참여와 행동주의를 근간으로 한 실천을 주체적으로 진행하며 자신들의 요구사항을 구체화해 나갔다. 여성혐오를 중심으로 전개된 여성들의 반격과 페미니즘의 재부상은 한국사회의 젠더 불평등과 실질적인 변화를 요구하는 청년세대 여성들의 저항의 정치, 그리고 페미니즘 정치를 보여주는 데 충분하다. 동시에 저항의 주체인 청년세대 여성들의 생존의 위험과 위태롭고 불안정한 일상과 삶의 조건들을 그대로 반영하고 있다는 점에서 새로운 젠더의 주체화와 저항의 정치학의 공존을 엿볼 수 있다.

5. 온라인 페미니즘의 지속성, 확장성 그리고 페미니즘적 지향

새로운 페미니즘 운동으로서 온라인 페미니즘은 젠더의 주체화와 정치세력화의 전개과정에서 지속성과 확장성이라는 동력을 매우 전략적으로 추동하고 있다. 가부장적 질서에 작지만 미세한 균열을 주어 지금보다 더 평등하고 폭력과 고정관념으로부터 자유로운 삶과 세상을 원하는 여성 주체들의 저항의 정치는 기존 페미니즘과의 다른 동학과 특성을 가진다. 온라인 페미니즘의 주체인 청년세대 여성들은 한국사회의 급격한 젠더 지형의 변화를 유연하게 수용하면서도 자신의 정체성을 주체적으로 구성하기 위해 저항 담론을 내세우며 팽팽하게 힘겨루기를 하고 있다. 온라인을 매개로 작동하는 젠더의 주체화에 대한 탐색과 저항의 정치의 확산은 페미니즘의 개입과 그 방식의 중요성을 강조하고 있다. 새로운 매체와 온라인 공간에서 여성들의 주체화는 페미니즘에 대한 정의, 주요한 구조적 문제와 그 원인, 그리고 연대에 대한 관점과 최소 조건 등에 대한 차이와 연계되기 때문이다.

그렇다면 온라인 페미니즘은 지속성과 확장성을 가지며, 페미니즘적 지향이 다른 여타의 페미니즘과의 연대가 가능한 것일까. 한국사회라는 동시대성 속에도 어느 공간에 속해 있느냐에 따라 다양한 페미니즘이 존재하며, 서로 다른 페미니즘적 지향과 규범을 가진다. 페미니즘이 젠더 의제의 시급성과 중요성에 대한 부각 그리고 가부장적 남성 중심 사회에 대한 비판을 중심으로 해야 한다고 주장하는 입장과, 다양한 차별의 철폐와 포괄적인 인권운동을 지향하여 모두를 위한 페미니즘이어야 한다는 논쟁은 여성 내부의 차이와 정체성의 정치를 대변한다.

온라인 페미니즘은 기술과 페미니즘의 결합과 실천적인 행동주의를 통해 동시대성을 통한 참여를 시대적으로 경험하게 된다는 점에서 기존 페미니즘과는 분명 다른 새로운 페미니즘이다. 여기에서 동시대성은 온라인 페미니즘 운동 내에서 다른 페미니즘 물결들의 출현과 조우를 의미한다. 이에 온라인 페미니즘은 초기 페미니즘 의제와 물결에 대한 관심뿐만 아니라 현재의 상황과 결합하여 서로 다른 페미니즘 논의들을 동시적으로 출현시킨다는 점에서 성차별과 여성혐오를 종식시키는 것을 목표로 광범위한 사회적·정치적·문화적 맥락에 따라 변화하고 저항의 정치에 관여하고 있다. 따라서 온라인 페미니즘은 이와 같은 한국사회의 동시대성을 반영한다는 점에서 페미니즘적 지향의 차이가 있음에도 페미니즘으로서 지속성을 가지며, 또 확장성을 갖는다(김은주, 2019).

온라인 페미니즘에서 동시대성과 함께 교차성은 매우 중요한 개념이다. 교차성은 젠더, 계급, 섹슈얼리티, 나이, 국적, 인종, 종교 등이 서로 맞물려 억압을 강화하며 권력네트워크를 구성하는 방식을 규명한 페미니즘의 핵심 개념이다. 젠더 불평등과 여성 억압에 맞서 싸우는 과정에서 끊임없이 재규정되고 생산되는 페미니즘은 하나가 아니다. 모든 페미니스트가 똑같이 생각하는 것도 아니며 페미니즘에 대한 입장, 주체, 지향점 역시 다르다. 따라서 교차성의 개념은 정체성과 경험의 차이가 다양함에도 서로의 차이와 다름을 인정하고 페미니즘이 추구하는 복잡한 젠더 변화의 지형 속에서 발전해 갈 것임을 분명하게 한다. 온라인 페미니즘에서도 주체인 청년세대 여성들의 정체성 역시 하나가 아니다. 결코 내적으로 동질성을 가진 단일한 실체가 아니라는 점이다. 이들 사이에 내부의 차이가 존재하며, 페미니즘 의제에 대해서도 견해가 상이하다. 다양한 차이와 배제가 상호 교차하고 정체성의 구성이 복합적임에도 온라인과 페미니즘의 결합을 통한 온라인 페미니즘이 사회적 불평등과 억압에 대해 더 많이 인식하고 시간이 경과할수록 더 많은 교차성을 발견하게 된다면 페미니즘으로서 지속성을 가질 수 있을 것이다.

또한 온라인 페미니즘이 인간의 억압과 불평등 문제를 지속적으로 언급하고 제도화된 권력 구조와 메커니즘에 의해 배제되었던 여성들의 생각과 행동 그리고 그들의 삶을 온전히 드러낼 수 있는 기회를 만들어낸다면, 온라인을 통해 기존 운동의 주변부에 있는 소외되어 있는 많은 여성들로 페미니즘의 확장성을 구현하는 것이다. 여성이 직면한 억압과 차별이 복수의, 탈중심화된, 그리고 함께 구성하는 축들을 통해 생산된다는 점에서 온라인 공간에서 기존 여성운동의 주변부에 위치한 여성들이 자신의 목소리를 낼 수 있는 기회를 창출해 내고, 기존 주류 여성운동의 주변부에 있는 소외된 더 많은 여성들로 페미니즘의 확장성을 구현한다면, 온라인 페미니즘이라는 이름으로 집결된 여성들의 새로운 연대와 실천의 역사를 만들어내고 이들 여성 주체의 정치세력화를 지속하고 확장할 수 있는 역동성을 확보할 수 있을 것이다.

6. 나오며

온라인 페미니즘은 온라인의 발전에 의해서 대중화된 페미니즘이다. 또한 온라인 페미니즘은 온라인에서뿐만 아니라 오프라인으로까지 확장되어 페미니즘 의제를 이슈화하고 공론화하여 실제 정치·사회적 변화를 추동해 가고 있는 새로운 페미니즘 운동이라 할 수 있다. 그러나 온라인 페미니즘이 포스트페미니즘과 신자유주의에 영향을 받아 진행되었다는 점은 새로운 페미니즘의 담론의 탈정치화에 대한 비판과 연결된다. 그렇기 때문에 신자유주의와 보수화된 정치·사회적 환경이 페미니즘의 동력을 변질시키거나 왜곡시킨 것이 아닐까 하는 우려도 지속되고 있다. 포스트페미니즘은 기존 페미니즘이 낡은 기획으로 이미 완수되었으며, 페미니스트의 이념적 목표나 행동주의는 이제 더는 필요하지 않다는 것을 의미한다. 따라서 신자유주의적 개인주의와 자유, 선택, 개인의 책임과 일상의 개인적 경험을 강조하며, 대중문화에 비쳐진 객체화된 여성성을 비판하고 소비문화에 의해서 제공되는 삶의 방식을 개인의 선호에 따라 자유롭게 선택하는 여성을 주장한다.

온라인 페미니즘은 현재 한국사회의 시대적 요구에 맞게 순수한 생물학적 여성들만의 페미니즘 운동으로 여성의 범주를 확정하며 페미니즘의 역사성을 인정하지만, 여성해방적 특성을 가진 기존 페미니즘과 거리 두기를 시도하고 있다. 이에 따라 온라인 페미니즘은 세대 간의 갈등을 야기하여 페미니즘과 여성운동의 발전을 저해할 수 있으며, 여타 페미니스트 집단과의 연대 형성의 어려움이 한계로 지적된다. 온라인 페미니즘이 기존 페미니즘과는 차별적인 동시대성을 가진 페미니즘으로서 1980년대와 1990년대와는 다른 페미니즘을 상정하지만, 내부의 차이와 균열을 봉합하기 위해 단일하지 않은 여성들을 단일화하고 다른 여성들을 타자화하는 과정에서 더 많은 갈등이 제기될 수 있다는 점에서 다양한 비판에 대한 숙고가 필요하다는 생각이다.

한국사회의 성차별과 언행과 성별 위계적 관행, 데이트 폭력, 불법촬영, 여성혐오와 성폭력에 대해 여성들이 겪는 억압은 똑같지 않으며 느끼는 고통 또한 다르다. 또 여성으로서 변화에 대한 요구도, 정치화를 위한 전략과 비전도, 각기 다를 수 있다. 여러 억압과 차별의 교차점에 놓인 여성들이 존재한다. 그럼에도 여성의 일상의 차별과 사회적 배제 경험을 분명하게 인식하고 이를 언어화하는 일은 중요한 변화의 첫걸음이자 페미니즘의 귀중한 자원이 될 것이다. 여성의 수만큼 많은 페미니즘과 상호 교차하는 쟁점에 대해 공유할 수 있다면, 다층적 억압에 맞서는 여성들의 페미니즘을 상상할 수 있을 것이다. 정체성, 권리, 차이와 평등 개념을 전환하고 연대를 통해 모든 페미니즘 안에는 이미 교차성이 내포해 있음을 인식할 수 있다.

이에 한국사회의 젠더 갈등을 봉합하고 여성운동의 발전을 도모하는 과정에서 온라인 페미니즘과 관련된 논의와 담론에 페미니스트들의 적극적인 참여와 연대가 무엇보다도 절대적으로 필요하다. 이 과정에서 온라인 페미니즘은 개인화되고 개별화된 여성들에 의한 정치성과 운동 동력을 기반하기 때문에 페미니즘적 실천을 위한 집합적 차원에서 정치세력화의 지속성을 확보하고 이를 기반으로 확장성을 이끌어갈 수 있는 동력을 마련해야 한다. 성 소수자와 사회적 약자에 대한 연대 문제, 생물학적 여성의 정체성 논쟁 등 새로운 페미니즘 내부의 차이와 정체성의 문제를 넘어 지속적인 운동 동력을 확보하는 데에도 주력해야 한다.

온라인에서 지속성과 확장성을 근간으로 저항의 정치를 정치세력화하고 페미니즘을 활성화하는 문제도 중요하다. 그러나 결국은 오프라인에서의 저항의 정치를 기존 페미니즘과 적절하게 연계해 나가는 전략과 방법을 강구해야 실질적인 정치·사회적 변화를 추동해 낼 수 있으며, 한국사회의 젠더 지향의 변화에 지속적으로 영향력을 행사할 수 있다는 점이다. 이는 비단 여성만의 문제가 아닌 한국사회 전체가 직면하고 있는 새로운 도전으로 인식되어야 하며 함께 해결책을 모색해야 하는 새로운 과제이기도 하다.

참고문헌

김리나. 2017. 「메갈리안들의 '여성'범주 기획과 연대」. 《한국여성학》, 제33권 3호, 109~140쪽.

김민정. 2020. 「2015년 이후 한국 여성운동의 새로운 동향」. 《정치·정보연구》, 제23권 2호, 59~88쪽.

김보명. 2018. 「페미니즘 재부상, 그 경로와 특징들」. 《경제와 사회》, 제118호, 100~138쪽.

______. 2019. 「젠더갈등과 반페미니즘의 문법」. 《비교문화연구》, 제56호, 1~25쪽.

김수아. 2015. 「온라인상의 여성혐오 표현」. 《페미니즘연구》, 제15권 2호, 279~317쪽.

______. 2017. 「연결행동(Connective Action)? 아이돌 팬덤의 트위터 해시태그 운동의 명암」. 《문화와 사회》, 제25호, 297~336쪽.

김수진. 2016. 「여성혐오, 페미니즘의 새 시대를 가져오다」. 《교육비평》, 제38호, 163~188쪽.

김애라. 2019. 「'탈코르셋', 겟레디위드미(#getreadywithme): 디지털경제의 대중화된 페미니즘」. 《한국여성학》, 제39권 3호, 43~78쪽.

김은주. 2019. 「제4물결로서 온라인-페미니즘: 동시대 페미니즘의 정치와 기술」. 《한국여성철학》, 제31호, 1~32쪽.

김지혜·이숙정. 2017. 「여성혐오에 대응하는 온라인 커뮤니티의 실천 전략과 장치의 세속화 가능성」. 《커뮤니케이션학 연구》, 제25권 1호, 85~113쪽.

김해원 외. 2018. 「5월 19일, 여성들은 혜화역에 어떻게 모였나? '불법촬영 편파수사' 규탄시위의 의제화와 조직화 과정을 중심으로」. 《언론과사회》, 제26권 4호, 85~139쪽.

김효인. 2017. 「SNS 해시태그를 통해 본 여성들의 저항 실천: '#00_내_성폭력' 분석을 중심으로」. 《미디어, 젠더 & 문화》, 제32권 4호, 5~70쪽.

나영. 2017. 「2016년 '검은 시위', '낙태죄 폐지'의 정치 의제화를 시작하다」. 《페미니즘연구》, 제17권 1호, 301~320쪽.

류진희. 2015. 「기획 1: 한국 사회와 성; "촛불 소녀"에서 "메갈리안"까지, 2000년대 여성혐오와 인종화를 둘러싸고」. 《사이間 SAI》, 제19호, 41~66쪽.

박영민·이나영. 2019. 「'새로운' 페미니스트 운동의 등장?: 〈불편한 용기〉 참여자들의 경험을 중심으로」. 《시민과 세계》, 제34호, 135~191쪽.

배은경. 2016.「젠더관점과 여성정책 패러다임」.《한국여성학》, 제32권 1호, 1~45쪽.

손희정. 2017.『페미니즘 리부트』. 서울: 나무연필.

신경아. 2012.「서구사회 개인화 논의에 대한 여성주의적 고찰」.《페미니즘연구》, 제12권 1호, 1~33쪽.

엄 진. 2016.「전략적 여성혐오와 그 모순: 인터넷 커뮤니티 '일간베스트저장소'의 게시물 분석을 중심으로」.《미디어, 젠더 & 문화》, 제31권 2호, 193~236쪽.

유민석. 2015.「혐오발언에 기생하기: 메갈리아의 반란적인 발화」.《여/성이론》, 제33호, 126~152쪽.

유정미. 2019.「반격의 양성평등에서 (양)성평등의 재정립으로」.《한국여성학》, 제35권 2호, 1~35쪽.

유현미. 2016.「사회적 고통으로서 성폭력피해의 의미구성과 젠더효과: 20·30대 여성의 생애사를 중심으로」.《페미니즘연구》, 제16권 2호, 351~393쪽.

윤보라. 2014.「온라인 페미니즘」.《여/성 이론》, 제30호, 166~180쪽.

윤지영. 2017.「페미니즘 난국(feminism crisis)의 도발적 변곡점」.《한국여성학》, 제33권 3호, 141~198쪽.

이길호. 2014.「'일베'를 어떻게 인지할 것인가」.《시민과세계》, 제25호, 244~256쪽.

이나영. 2016.「여성혐오와 젠더차별, 페미니즘 강남역 10번 출구를 중심으로」.《문화와사회》, 제22호, 147~186쪽.

장민지. 2016.「디지털 네이티브 여/성주체의 운동 전략」.《미디어, 젠더 & 문화》, 제31권 3호, 219~255쪽.

정인경. 2016.「포스트페미니즘 시대 인터넷 여성혐오」.《페미니즘 연구》, 제16권 1호, 185~219쪽.

조혜영. 2016.「상호매개적 페미니즘: 메갈리아에서 강남역 10번 출구까지」.《문학동네》, 제23권 3호, 1~12쪽.

치즈코, 우에노. 2012.『여성혐오를 혐오한다』. 나일등 역. 서울: 은행나무.

한우리 외. 2018.『교차성×페미니즘』. 서울: 여이연.

홍지아. 2017.「젠더화된 폭력에 대한 뉴스 보도: 4개 언론사(조선일보, 동아일보, 한겨레, 경향신문)의 강남역 여성살인사건 보도를 중심으로」.《한국언론정보학보》, 제83권 3호, 186~218쪽.

홍혜은. 2017.「분절될 수 없는 것들: '넷페미'와 '꿘페미'의 이항대립을 넘어서」.《여/성이론》, 제37호, 79~101쪽.

Banet-Weiser, Sarah, 2018, "Postfeminism and Popular Feminism." *Feminist Media Histories*, No. 4, Vol. 2: 152~156.

Baumgardner, J. 2011. "Is There a Fourth Wave? Does It Matter? Excerpt from F'em: Goo Goo, Gaga and Some Thoughts on Balls." http://www.feminist.com/resources/

artspeech/genwom/baumgardner2011.html(검색일: 2020.07.30).

Bennett, W. Lance and Alexandra Segerberg. 2011. "Digital Media and the Personalization of Collective Action: Social Technology and the Organization of Protests against the Global Economic Crisis." *Information, Communication & Society,* No.14, Vol.6: 770~799.

______. 2013. *The logic of connective action: Digital media and the personalization of contentious politics.* NY: Cambridge University Press.

Chamberlain, Prudence. 2017. *The Feminist Fourth Wave: Affective Temporality.* London: Palgrave Macmillan.

Cochrane, K. 2013. *All the Rebel Women: The rise of the fourth wave of feminism.* London: Guardian Books.

Dean, Jonathan and Kristin Aune. 2015. "Feminism Resurgent? Mapping Contemporary Feminist Activism in Europe." *Social Movement Studies,* Vol.14, No.4: 1~21.

Gill, Rosalind. 2016. "Post-postfeminism?: New Feminist Visibilities in Postfeminist Times." *Feminist Media Studies,* Vol.16, No.4: 610~630.

Hester, Baer. 2015. "Redoing Feminism: Digital Activism, Body Politics, and Neoliberalism." *Feminist Media Studies* , Vol.16, No.1: 17~34.

Kimble, Harriet. 2009. "The Fourth Wave of Feminism: Psychoanalytic Perspectives Introductory Remarks." *Studies in Gender and Sexuality,* Vol.10: 185~189.

Lichtermen, P. 1996. *The Search for Political Community.* Cambridge: Cambridge University Press.

Munro, Ealasaid. 2013. "Feminism: A Fourth Wave?" *Political Insight* ,Vol.4, No.2: 22~25.

Solomon, Debora. 2009. "Fourth Wave Feminism." *The New York Times.* November 9. http://www.nytimes.com/2009/11/15/magazine/15fob-q4-t.html?_r=0(검색일: 2020.08.02).

9장

온라인 페미니즘
전개와 시사점

김감미 · 김성진

1. 들어가며

정보통신기술(ICT: Information and Communication Technology) 발전은 온라인 기반 커뮤니티 발전과 다양한 행위자 간의 연결망 변화, 소통 내용의 다양화와 결집, 그리고 온라인과 오프라인을 교차하는 운동성 변화 등 사회집단의 형성과 상호작용, 그리고 이에 기반한 사회운동 성격에 근본적인 변화를 초래하고 있다. 이런 의미에서 온라인 페미니즘의 발전을 '제4의 물결(the fourth wave)'로 부르기도 한다. 제4의 물결로 정의되는 페미니즘은 어떤 성격을 가지고 있으며, 우리 사회에서 어떻게 확산되고 있는가?

ICT와 소셜 미디어, 그리고 온라인 커뮤니티의 발전은 불특정 다수가 일상적으로 모일 수 있는 사회적 공간을 제공하였다. 온라인 커뮤니티는 2021년 6월 기준으로 방문자 수는 '디시인사이드' 1억 3700만 명, '펨코' 4600만 명, '루리웹' 3800만 명, '뽐뿌' 3600만 명 등 상위 10위권이 1600만 명 이상을 기록하고 있다. 이러한 공간은 다수뿐만 아니라, 그동안 사회적으로 결집되지 못하고 물리적 공간에서 서로 격리되어 흩어져 있던 소수자들이 결집할 수 있는 기회를 제공한다.

이러한 사회적 결집은 단순히 수의 문제가 아니라 온라인 커뮤니티의 특성상 구성의 교차성, 참여의 익명성, 활동의 일상성, 행위자 간 연결성과 결속 등에서 오프라인 공동체와 차이를 보여준다. 이와 함께 온라인 커뮤니티는 일종의 '필터 버블(filter bubble)'을 형성함으로써 의견이나 입장 형성과정에서 편향성을 증가시킬 수 있으며, 이는 관여도의 증가나 '태도의 극화'를 야기할 수 있다(김미경, 2019).

이러한 환경에서 '제4의 물결 페미니즘'에 대한 기존의 연구는 온라인 페미니즘이 가지는 교차성, 여성 중심 커뮤니티에서의 진행되는 일상적인 교류와 임파워먼트 효과, 그리고 향후 이러한 발전이 가져올 수 있는 양성평등 개선에 대한 기대를 담고 있다. 이러한 기대는 강남역 사건 이후 온라인 페미니즘의 확산과 오프라인 시위, 정책적 개선이라는 가시적인 효과가 나타나면서 페미니즘 확산과 양성평등 수준의 향상이라는 긍정적 평가로 이어진다. 그러나 이러한 기대와 평가는 다른 한편에서 혐오문제가 동시에 확산되는 현상을 간과하는 경향이 있다. 온라인 커뮤니티의 결집은 페미니즘에게만 주어진 기회가 아니며 반페미니즘 혹은 페미니즘 백래시(backlash)의 출현과 강화에도 기여한다. 결과적으로 온라인 페미니즘은 그 자체의 변화와 함께 이에 반발해 나타나는 '여혐' 문제와의 상호작용 속에서 이해될 필요가 있다. 이는 온라인 페미니즘 발전과 페미니즘 백래시의 상호작용의 결과로 나타나는 페미니즘의 사회적 확산을 구분해 볼 필요가 있음을 시사한다.

ICT와 소셜 미디어의 발전 그리고 이에 따른 사회적 관계나 현상의 변화는 기술발전에 따른 당연한 귀결이라고 할 수 있다. 그러나 기술발전과 적용은 사회와의 조응에 따라 상이한 양상을 보여준다. ICT 기술발전과 소셜 네트워크 서비스(SNS: Social Network Service)의 연결망과 개방성은 권위주의 사회에게는 정권 안보에 부정적인 영향을 주는 것으로 여겨질 수 있으며, 이런 경우 ICT 기술은 개방성이 증가하는 성격임에도 정보 통제와 차단 그리고 그 사회의 특수한 가치에 기여하게 된다. 이는 과학기술이 사회적 가치를 포함한 사회 환경에 따라 사회적 영역에서 상이한 양상을 만들고 있음을 시사한다. 이러한 양상은 온라인 페미니즘 발전에서도 예외가 아니다.

온라인 페미니즘은 강남역 사건 이후 급속하게 활성화되고 있으며, 이에 대한 연구도 활발히 진행되고 있다. 그러나 기존 연구들은 온라인 매체의 변화에 따른 온라인 커뮤니티 성격의 변화나 사회 내 가치 지향이 온라인 커뮤니티에 반영될 수 있다는 사회적 맥락과 그 영향에 대해 큰 관심을 보이지 않고 있다. 이 글에서는 강남역 사건부터 혜화역 시위까지의 시기와 서울시장 보궐선거부터 2022년 대통령 선거까지의 시기로 나누어 온라인 커뮤니티 발전과 함께 확산되고 있는 온라인 페미니즘의 발전과 이에 대응하는 '여혐'의 확산을 살펴보고, 이러한 대립적인 양상의 발전이 페미니즘 발전에 미치는 영향을 분석해 보고자 한다.

2. 온라인 커뮤니티 발전과 페미니즘

1) 온라인 커뮤니티의 특징

온라인 커뮤니티란 "인터넷을 통해 공동의 혹은 동시대의 이해로 연결된 지속적인 집합체"이다(Preece, 2000). 이러한 연결은 비즈니스, 유용한 정보의 공유, 정서적 지원, 정치·사회적 토론, 그리고 사회적 네트워크 유지하고 새로운 사람들을 만나는 방법을 제공하는 채널이다(Ren et al., 2012).

온라인 커뮤니티에 대한 정의는 다양하게 내려지고 있으나 몇 가지 공통점이 발견된다. 첫째, 온라인 커뮤니티는 오프라인 활동이 나타나긴 하지만 대부분 인터넷 매체를 활용한 사이버 공간에 존재한다. 둘째, 온라인 커뮤니티의 참여 동기는 공동 관심사에 대한 의견, 정보, 지식의 교환과 공유, 그리고 이를 기반으로 하는 사회적 관계설정이다. 여기에서 공동의 관심사는 공동의 경험, 가치, 이익 등을 포괄한다. 이와 관련하여 SNS와 온라인 커뮤니티의 차이에 대한 연구에서는 전자가 사회관계에 중점을 두지만 온라인 커뮤니티는 정보와 관심사에 중점을 두고 있다는 주장도 제기된다(황주성, 2016). 이러한 구분은 여전히 유효하지만 이주 관련 정보를 공유하는 페이스북 그룹과 같이 사회적 관계와 무관하게 필요한 정보와 관심사에 초점을 맞추어 무작위로 구성되는 SNS 그룹을 찾는 것은 어렵지 않다.

온라인 커뮤니티에 대한 연구들은 다음 몇 가지—연결성, 익명성, 교차성, 일상성, 그리고 결속성 등—를 특징으로 언급한다. 첫째, 온라인 커뮤니티는 시간·공간으로 분리된 사람들을 인터넷을 통해 연결하고 있다. 온라인 커뮤니티는 전통적 커뮤니티에서 형성된 개인의 단일한 정체성을 해체하고, 네트워크에 기반해 전과 다른 정체성과 소속감을 제공한다(송준모·강정한, 2018: 162). 이러한 연결성은 비대면 접촉이라는 점에서 대면접촉과 비교해 비동기적이고 시각적 제약이 높으며, 수신자에 따라 메시지 해석이 다양할 수 있다(한은영 외, 2021: 449). 이러한 특징은 온라인 커뮤니티의 결속력 유지에 어려움을 야기할 수 있다.

둘째, 온라인 커뮤니티는 특수한 목적과 그 필요에 따라 실명으로 운영될 수 있으나 대부분 닉네임이나 가명을 사용함으로써 익명성을 유지하는데, 때로 일정 수준의 정체성 유지를 위해 개인인증을 하거나 개인정보를 제공하되 익명을 허용하는 등의 장벽이 마련되기도 한다. 인터넷 공동체 참여자들이 자신의 신분을 드러내지 않고 자유롭게 활동할 수 있는 점은 온라인 실명제 논쟁에서처럼 다양한 부작용을 낳기도 하며, 비대면 익명 활동은 공동체 내 정서적 유대감을 형성하고 유지하는 데 어려움을 초래할 수 있다. 무엇보다 온라인 커뮤니티 내 익명성은 커뮤니티 이용자들을 행위에 일관성을 갖는 하나의 행위자로 간주하기 어렵게 만들며, 익명성의 정도에 따라 커뮤니티 내 정체성 형성에 영향을 주기도 한다(송준모·강정한, 2018). 다른 한편으로 온라인의 익명성은 인구사회적 특성을 드러내지 않은 채 커뮤니티를 구성하고, 보다 자유롭게 주제를 설정하고 토론할 수 있게 해주는 장점을 제공한다.

셋째, 온라인 커뮤니티는 공간적 제약을 극복하고 익명성을 유지하면서 다양한 사람들이 참여할 수 있다는 점에서 구성원의 교차성이 높다. 구성원들의 다양한 인구사회학적 배경이 하나의 공동체에 모이게 될 경우, 배경의 차이가 인식과 이해관계 차이로 이어지고 대립과 갈등을 촉발할 수 있다. 그러나 다양한 배경에서 야기되는 이러한 갈등과 대립은 기존의 논점과 문제의식에 대한 도전으로 발전할 수 있고, 이를 극복하는 과정에서 새로운 시각과 논의가 촉발되고 보다 현실적이고 실효적인 대안이 마련될 수 있다는 점에서 온라인 커뮤니티의 큰 장점이 될 수 있다. 특히 페미니즘 발전과정에서는 교차성이 큰 의미를 가지기에 온라인 커뮤니티는 양성평등에 기여할 수 있는 구조적 성격을 가지고 있다.

넷째, 온라인 커뮤니티의 또 다른 특징은 일상성이다. 모바일 기기의 발전은 온라인 커뮤니티에 접속하는 물리적 장벽을 실질적으로 제거하며, 커뮤니티 내 콘텐츠의 일상성과 접속에서의 일상성을 모두 확대시킨다. 이러한 일상성은 다양한 사회적 배경에서 비롯된 차이가 나날의 일상이라는 편한 내용으로 제시되고, 이러한 내용이 커뮤니티 활동의 정서적 유대와 만족감을 높이는 요소가 된다. 온라인 커뮤니티 활동은 일상생활에서 중요한 역할을 하며, 사회적 유대와 존재감, 정보교류에서 오는 유용성, 그리고 교류와 소속감에서 오는 즐거움과 만족감으로 연결된다(김광모 외, 2014). 특히 일상성은 커뮤니티 내에서 상대적으로 무거운 이론보다는 현실의 경험을, 추상적·논리적 해석보다는 다양한 일상의 공유와 직장 등에서 직면한 모순적·대립적 상황에 대한 직관적 이해를, 사회 거대담론보다는 당면한 현실문제에 대한 대응과 해결을 중시하면서 보다 일상적인 페미니즘을 만들고 있다.

다섯째, 온라인 커뮤니티의 또 다른 특징은 결속성이다. 공동체적 결속은 "구성원 간의 긍정적 인식과 상호의존적 연결 정도"로 정의되기도 한다(한은영 외, 2021: 449). 이러한 결속성에 대한 정의는 정체성 이론에서 논의되는 정체성의 경계를 만드는 자기범주화(self-categorization)와 공동체 내 가치와 지향이 외부에 비해 선하거나 바람직하다는 인식을 강화하는 자기 고양(self-estimation)과 유사하다. 무엇보다 자기범주화 과정은 객관보다는 주관적 해석과 의미를 강조하는 인지 과정이며, 온라인 커뮤니티의 결속력은 주관적 의미에 대한 동의와 이러한 동의에 대한 외부의 대응에 영향을 받는다. 온라인 커뮤니티의 결속성은 온라인 커뮤니티의 목적이나 지향, 그리고 연결과 소통의 방식에 따라 큰 차이를 보일 수 있다. 커뮤니티의 결속력은 커뮤니티 내 교환구조의 호혜성에 영향을 받으며, 호혜성은 지식의 분산도에 영향을 받는다는 연구도 제시되고 있다(한은영 외, 2021: 449~450). 그러나 지식 분산에 따른 커뮤니티 내 수평적 관계와 호혜적 교환구조가 커뮤니티의 결속력을 강화시킨다는 주장은 커뮤니티 내 수직적 관계 속에서 특권과 수혜가 제공되고, 이에 따라 수직적 관계에 동의하는 구성원들을 중심으로 구성되는 온라인 커뮤니티의 존재와 결속을 설명하지 못한다.

온라인 커뮤니티의 결속력은 사회 내 반지성주의적 성향, 중도보다는 양극단의 선택을 강요하는 대결적 사회구도, 커뮤니티 내 선별적 지식제공에 의한 확증편향(confirmation bias) 강화, 커뮤니티 내 집합적 지식의 독점에 반발하는 구성원의 퇴출 등을 통해서도 강화될 수 있다. 호혜성이 약하고 지식 분산 수준이 낮은 커뮤니티는 구성원의 이탈이나 낮은 참여로 규모와 영향력이 축소될 수 있으나, 온라인 연결은 지리적 거리를 지움으로써 여전히 상대적으로 큰 규모를 유지할 수 있는 기회를 제공한다.

2) 온라인 페미니즘과 페미니즘 백래시

온라인 커뮤니티 발전은 페미니즘의 확산에 기여하고 있다. ICT 발전과 매체 보급의 확대, 다양한 유형의 SNS 증가, 그리고 무엇보다 인터넷 사용과 사이버 공간에 익숙한 세대가 증가하면서 온라인 페미니즘의 발전의 외적 조건들이 마련되었다. 온라인 페미니즘은 무작위의 다수가 활동하는 대규모 온라인 커뮤니티에서 일상화된 성차별적 인식과 발언, 그리고 여성혐오 주장의 확산에 대한 '여초 커뮤니티'의 대응으로 시작되었다(김민정, 2020).

온라인 페미니즘 확산과정에서는 페미니즘 관련 지식의 전파와 공유, 경험적 사례에의 적용, 교차성에 따른 새로운 문제 발견과 해석 등 지식 분산에 기초한 집단지식 형성이 나타나고 있다. 이러한 수평적 관계는 효율적인 온라인 임파워먼트를 낳고 있으며, 정서적 유대와 결속, 그리고 논쟁적인 사안에 대한 행동으로 연결되고 있다. 한국 내 온라인 페미니즘의 시작이라고 여겨지는 트위터 해시태그 '#나는페미니스트입니다' 운동은 고립되어 있던 페미니즘 지지자들을 연결하고 사회적 반향을 이끌어냄으로써 운동의 효과성을 보여주었다. 이러한 효과성은 이후 양성평등 관련 사회적 쟁점에 참여와 대안 마련으로 이어지면서 페미니즘 확산에 크게 기여하였다.

온라인 페미니즘은 무작위의 다수가 활동하는 대규모 온라인 커뮤니티에서 일상화된 성차별적 인식과 발언, 그리고 여성혐오 주장의 확산에 대해 자연스럽게 연결된 '여초 커뮤니티'의 대응이 반복되면서 확산되었다. '여초 커뮤니티'는 익명성과 다양한 인구사회학적 배경으로 일상적인 경험과 '재미'를 추구하다가도 페미니즘 쟁점에 대한 문제제기와 인식 그리고 대응을 논의하는 과정에서 집단지식을 형성·공유하고, 사회적 쟁점에 대해 집단지식에 기초해 문제를 제기함으로서 '일상'과 '운동'을 연결하였다. 무엇보다 온라인 커뮤니티는 나날의 일상에 대한 가벼운 대화는 물론, 일상에서 경험하는 차별과 폭력에 대한 경험, 그리고 이와 관련한 페미니즘 관점과 대응에 대한 경험과 지식을 공유하는 집단지식 확대과정을 통해 일상과 집합지식의 연결을 통한 여성 임파워먼트에 기여하였다. 이러한 과정은 일상을 통해 페미니즘을 접하는 자연스러운 기회를 제공하고 온라인 커뮤니티의 효용성을 높여주고 있다.

표 9-1 온라인 페미니즘 발전 유형

		온라인 페미니즘	
		약함	강함
사회 내 여성혐오	약함	탈페미니즘	페미니즘 확산
	강함	반페미니즘 확산	온라인 대결구도

그러나 온라인 페미니즘이 확산됨에도 여성혐오와의 페미니즘 백래시가 나타나면서 새로운 과제가 제기되고 있다. ICT와 온라인 커뮤니티 발전은 사회 내 갈등과 다양한 입장이 온라인-오프라인 공간을 오가며 증폭되는 양상을 보여준다. 이는 온라인 커뮤니티 내 갈등이 사회갈등을 투영하기도 하지만, 역으로 온라인에서 나타난 갈등이 사회 갈등을 증폭시킬 수 있음을 시사해 준다.

온라인 페미니즘의 발전은 사회 전반의 양성평등에 대한 입장과 상호 연결되어 있다. 표 9-1에서와 같이 사회 내 양성평등 수준이 높고 여성혐오가 약할 때 페미니즘도 약하다면 이는 페미니즘 논의가 제한적인 상황이 될 것이며, 여성혐오 수준이 낮고 온라인 페미니즘이 강하게 나타난다면 이는 페미니즘 확산에 기여하게 될 것이다. 이에 반해 사회 내 양성평등 수준이 낮고 여성혐오가 강한 상황에서 온라인 페미니즘 역시 약할 경우 반페미니즘 성향이 강하게 사회에 확산될 것이며, 온라인 페미니즘이 강할 경우 온라인에서의 대결과 이러한 대결의 오프라인으로의 확산이 나타나게 될 것이다.

온라인에서 나타나는 양상은 사회 내 갈등을 투영할 수도 있으나 '확증편향'과 강한 결속을 통해 갈등양상을 증폭하거나 왜곡하고, 이를 다시 사회에 투영시킴으로써 사회갈등을 증폭시킬 수 있다. 온라인 커뮤니티는 SNS와 달리 기존의 인맥과 무관하게 정보와 콘텐츠에 대한 관심에서 새로운 관계가 설정되고 공동체가 만들어진다고 분석되고 있다. 이러한 입장에 따르면 SNS는 유유상종과 집단 극화를 통해 확증편향을 강화하고, 온라인 커뮤니티는 교차성 높은 참가자 간의 다양한 정보와 의견교환이 가능한 것으로 평가된다(황주성, 2020: 140). 그러나 이러한 입장에 따르면 극우성향 온라인 커뮤니티에서 나타나는 확증편향성을 설명하기 어렵다.

온라인 커뮤니티의 집합지식은 지식 분산과 수평적 구조 속에서 형성·발전된다. 그러나 여전히 온라인 커뮤니티의 운영에 따라서는 집합지식의 독점과 '확증편향'적 지식 공유를 통해 특정 인식과 지향을 강화할 수 있다. 낮은 수준의 지식 분산성 혹은 집합지식의 독점은 이에 동의하지 않는 구성원의 이탈을 초래함으로써 온라인 커뮤니티의 규모를 축소시킬 수 있다. 그러나 지리적 제한이 없는 온라인 커뮤니티의 연결성은 정치·사회적으로 충분히 의미 있는 수준의 규모 확보와 유지를 가능하게 해주고 있다. 특히 이러한 온라인 커뮤니티 역시 여전히 건강정보나 다른 관심사에 대한 논의 등과 같은 일상성과 만족감을 제공할 수 있다. 이를 통해 확증편향에 의존적이거나 반지성주의적인 온라인 커뮤니티가 오프라인에서 분산되어 있는 소수를 결집하고, 커뮤니티 내 집합지식의 통제와 핵심적 인식이나 입장에 반대하는 구성원들의 퇴출 등을 통해 높은 결속을 유지함으로써 영향력을 확보·강화할 수 있다. 특히 이러한 온라인 커뮤니티는 사회적 쟁점에 대한 대결이 첨예화하고 사회가 양분될수록 캐스팅보트(casting vote)를 가질 수 있는 수준의 회원 수만으로도 전체의 의사결정을 주도할 수 있는 기회를 가지게 되며, 이 경우 정치·사회적 영향력과 커뮤니티 내 효용과 만족감은 극대화될 수 있을 것이다.

3. 한국사회 내 온라인 페미니즘의 촉발과 확산

한국사회의 페미니즘 리부트(feminism reboot)는 2015년 메갈리아의 등장, 2016년 강남역 살인사건을 거치면서 온라인에서의 동력이 오프라인으로 확장되며 시작되었다. 온라인 커뮤니티인 메갈리아를 통해 한국사회에서 보이지 않았던 여성혐오에 대한 논의가 점화된 것이다. 이와 같은 과정에서 페미니즘 운동은 정치적·사회적 영역에서 여성의 가시성(visibility)을 높이는 방향으로 전환되는 양상을 보였다. 특히 '강남역 살인사건'과 '미투 운동(Me Too Movement)'은 여성들의 집단적 정치 투쟁으로 표출되는 양상이 나타났다(김영선, 2022). 이러한 과정은 한국의 청년층이 기성세대보다 젠더 갈등을 심각하게 인식하는 결과를 낳았으며, 여성주의에 대한 정치사회적 주목도 높아졌다. 이에 따라 일부 남성들 사이에는 페미니즘이 만들어내는 여성 인권 향상을 위한 논의와 정책이 남성을 차별하는 것이라는 집단적 대항 담론이 형성되었다. 이러한 대항 담론은 시간이 지날수록 심화되었으며, '남성 역차별'을 의식한 젊은 남성들은 페미니즘에 대한 반감을 표출하기도 하였다(천관율, 2019). 역차별을 주장하는 젊은 남성들과 페미니즘 리부트의 흐름을 만들고 있는 청년 여성들 간의 갈등 구도는 온라인 커뮤니티를 중심으로 '여성혐오 대 남성혐오'라는 소통의 갈등구도를 형성하였다(김감미 외, 2019).

이러한 일련의 사건의 핵심적 공간이 온라인이라는 것은 우연이 아니다. 젠더 갈등의 중심에 있는 2030 세대는 '90년대생'으로, 이들은 태어날 때부터 컴퓨터와 스마트폰 등 IT 기기를 접해왔다는 점에서 한국의 첫 디지털 네이티브(digital native) 세대로 구분된다. 이들은 사회화 과정 대부분이 오프라인에서 이루어졌던 과거 세대와는 차이가 있다(Prensky, 2001). 정보를 찾고, 공동의 경험을 공유하는 글을 공유하며 이를 통해 구성원과 상호의존하는 관계를 형성할 수 있는 커뮤니티라는 가상공간은 청년세대에게 친근한 토론장이 되는 것이다.

1) 강남역 살인사건부터 혜화역 시위까지

(1) 강남역 살인사건

한국사회의 페미니즘 논의를 관통하는 이슈들은 온라인 커뮤니티를 통해 사건이 대중에게 전파되기도 하고 심지어 사회운동으로 확산되기도 하였다. 강남역 살인사건은 그 도화선의 첫 번째가 되는 사건이다. 2016년 5월 17일 강남역 근처 상가 화장실에서 한 여성이 살해당하는 사건이 발생했다. 가해자는 범행 대상을 물색하며 다섯 명의 남성은 보내고, 여성이 오기를 기다려 살해하였다. 가해자가 정신질환을 앓고 있다는 점에서 경찰은 이 사건을 '정신질환자에 의한 묻지 마 범죄'로 규정하였다. 그러나 그가 여성에 대해 부정적 정서를 가지고 있었으며, 여성만을 대상으로 기다렸다는 점에서 많은 여성들은 이를 여성혐오 범죄로 규정하고, 강남역 10번 출구에 모여 추모의 공간을 형성하였다. 뉴스 보도를 통해 알려진 이 사건은 SNS와 온라인 커뮤니티를 통해 여성혐오 범죄라 주목받으며 재규정되었다. 특히 가해자가 범행 대상으로 '여성'만을 기다렸다는 점에서 그 자리에 있었던 여성이라면 누구나 피해자가 될 수 있었을 것이라는 불안과 분노가 생기면서 여성들에게 이 사건은 '개인의 비극'이 아닌 여성혐오 전반의 문제로 받아들여졌다(김리나, 2017). 강남역 살인사건 이후, 추모를 위한 시민들의 자발적이고 조직적인 추모 움직임은 대중에게 낯선 '여성혐오'에 대한 문제제기를 촉발하는 사건이 된 것이다. 일상을 보내던 여성들이 자발적으로 거리에 모여 '여성'이라는 이름으로 저항을 표출한 것이다(김보명, 2018). 즉 이 사건은 2015년 메갈리아 등장 이후 온라인 커뮤니티와 SNS를 중심으로 발화되던 페미니즘 메시지가 오프라인으로 확장되며 일반 대중의 지지와 관심을 받게 되는 핵심적인 사건이 되었다.

2015년 메갈리아의 등장과 2016년 강남역 살인사건이라는 일련의 사건은 여성혐오가 일상적으로 나타나는 남성 중심 사회와 이를 비판하는 입장 간의 갈등구도를 부각시키며 사회적 갈등구조가 표면화되었으며, 이러한 갈등구도는 온라인 커뮤니티를 통해 형성되었다. 소위 '여초 커뮤니티'라고 불리는 여성 중심 커뮤니티에서는 한국사회 전반에서 공유하는 여성혐오에 대한 비판을 가하며 '무례한 거울 기법'으로 정의되는 '미러링'을 이용하여(안재경·민영, 2020), 여성혐오를 묵인하고 답습하는 사회구조와 남성들을 비판하였다. 그러나 이들의 비판 언어가 자극적이며 '무례한 미러링' 전략을 사용했다는 점에서 남성혐오라는 지적이 대두되었다. 이와 관련해 '미러링'은 옳지 않으며 남성혐오로 치환되는 것일 뿐, 정당화될 수 없다는 주장이 제기되기도 하였다(박가분, 2016). 이러한 미러링 반대 입장에 힘입어 '여성혐오를 비판하는 세력'이 '남성혐오'를 행하고 있으며, 우리 사회에서는 오히려 남성들이 '역차별'당하고 있다는 주장이 제기되었다. 이러한 주장은 남성 중심 커뮤니티를 중심으로 '약자 남성' 담론으로 발전하였다(김수아, 2017).

(2) 미투 운동

미투 운동은 여성운동가 타라나 버크가 시작한 것으로, 버크는 가난한 흑인 소녀들이 경험하는 성폭행에 대해 비판하며, 자신도 같은 경험이 있다는 의미로 '미투(me too)'라고 말하였다. 이후 이와 같은 경험을 공유하는 사람들의 침묵을 깨고자 미투 운동을 시작하였다(Lukose, 2018). 미투 운동은 2017년 소셜 네트워크 서비스 플랫폼인 트위터(Twitter)를 통해 본격화되었는데, 배우 밀라노(Alyssa Milano)가 2017년 와인스틴(Harvey Weinstein) 성추문을 폭로하고 비난하기 위해 트위터에 해시태그 미투(#MeToo)를 작성하며 시작되었다.

한국의 경우, 2016년부터 2018년의 기간 동안 진행된 여성들의 성폭행 피해 고발은 한국 페미니즘 운동에 한 획을 긋는 중요한 의미를 가지게 되었다. 한국의 미투 운동은 트위터를 통한 '#문단_내_성폭력', '#오타쿠_내_성폭력'이라는 해시태그를 계기로 시작되었는데, 이 해시태그는 '○○계_내_성폭력'

으로 각기 다른 조직 내 성폭력을 폭로하는 트위터가 대량 생산되고 공유되었다. 트위터 내에서 시작된 폭로 운동은 2018년 1월 서지현 검사가 언론에 출연하여 검사 조직 내 성폭력 실상을 밝히며 오프라인으로 확장되었다. 이를 시작으로 대중에게 높은 관심을 받으며 미투 운동은 예술계, 법조계, 종교계, 정치계 등 사회 각 분야에서 일어났다. 2018년에는 교내 성폭력을 고발하는 '스쿨 미투(school MeToo)'가 알려졌으며(이나영, 2018), 서울의 한 여자고등학교 창문에는 미투 운동을 지지하는 의미의 '위드유(with you)'라는 글귀가 붙기도 했다.

미투 운동은 성범죄를 폭로하며 사회적으로 함께 대응하고 해결할 것을 호소하는 집합적 사회운동이다(김은희, 2018). 미투 운동이 다양한 연령, 계급, 직업에서 이루어졌다는 것은 여성들이 다양한 조직과 구조 속 젠더폭력(gender-based violence)에 노출되고 있으며, 이러한 경험을 공유하고 있음을 시사한다. 경험이 공유되면서 많은 여성들이 자발적으로 미투 운동에 참여하게 되었고, '공감적 연대'가 가능해졌다(백미연, 2019).

그러나 전반의 젠더폭력을 비판하는 미투 운동에 대한 사회적 반발도 제기되었다. 미투 운동에 대한 반발 세력은 젠더폭력을 폭로한 피해자의 의도를 의심하고, 피해자 자격을 논하는 '가짜 미투' 담론을 형성해 냈다. 피해자가 무결·무력하지 않다고 주관적으로 판단되는 경우 '가짜 미투' 피해자는 '꽃뱀'에 의한 '허위신고' 가능성을 놓쳐선 안 된다는 것이다. 이들의 입장은 이러한 '논란'에 휘말리지 않도록 여성을 공적 영역에서 배제해야 한다는 '펜스 룰(Pence Rule)'이 필요하다는 주장으로 이어졌다. 이는 2016년 강남역 살인사건 이후 여성들의 자발적인 페미니즘 정치참여에 '남성 역차별' 논리를 강화하기 위해, '페미 꽃뱀'이라는 호명(interpellation)을 통해 여성들은 자신의 성을 통해 개인적 이득을 누릴 뿐만 아니라 상대 남성을 함정에 빠뜨리는 '꽃뱀'이라는 인식 기반 혐오로 발전하였다(양혜승, 2022).

(3) 홍익대학교 불법촬영 사건과 혜화역 시위

2018년 홍익대학교 회화과의 누드 크로키 수업 중 여성 모델이 남성 모델의 나체를 찍어 비하 표현과 함께 급진적 페미니즘을 표방하는 온라인 커뮤니티인 '워마드'에 게시하였다. 이 사건은 홍대 남성 누드모델 '몰카' 사건으로 불리며 신속하게 수사가 진행되며 경찰은 5일 만에 피의자를 검거하였다. 그러나 이러한 전개에 대해 많은 여성들은 이례적으로 급속하게 진행된 수사와 가해자를 포토라인에 세우는 모습 등은 그동안 자신들이 경험하고, 지켜보았던 불법촬영 수사와는 다르다고 느끼며 불편한 감정을 공유하였다. 이후 청와대 국민청원 게시판에는 단 5일 만에 피의자를 검거한 것이 피해자가 남성이기 때문에 가능한 일이며, 수많은 불법촬영 피해 여성들은 소극적인 수사를 받았을 뿐만 아니라 피의자들이 무죄 혹은 집행유예로 종결된 사례들을 근거로 공권력의 이중적인 태도를 비판하는 글이 게시되었다. 이와 함께 여성 피의자에 대한 선정적 보도, 피해 남성의 2차 피해를 걱정하며 이례적으로 높은 성 인지 감수성을 보이는 언론에 대한 비판이 소셜 미디어 서비스와 온라인 커뮤니티를 통해 이루어졌다. 특히 같은 시기 '고등학교 여자 기숙사 불법촬영 사건', '항공대 성관계 동영상 유포 사건'들에 대한 경찰과 언론의 관심이 저조하고, 수사도 신속하게 진행되지 않았던 점은 경찰 수사와 언론 관심이 피해자 성별에 따라 편파적이라는 구체적인 담론으로 이어졌다. 이러한 과정에서 온라인 포털 사이트 '다음(Daum)'에는 '불편한 용기'라는 카페가 개설되었고, '동일범죄 동일처벌'을 근거로 '불법촬영 편파수사 규탄시위'를 전개하였다.

'불법촬영 편파수사 규탄시위'는 2018년 혜화역에서 시작되어 '혜화역 시위'라는 이름으로 불렸으며 총 여섯 차례가 진행된, 여성 관련 단일 이슈로 최대규모 인원이 참여한 시위이다. 주최 측인 '불편한 용기'는 '여성들이 주체적으로, 여성을 중심으로 시위가 진행되어야 한다'는 이유로 시위 참여자뿐만 아니라 언론 취재진 역시 생물학적 여성만 가능하다는 원칙을 내세웠다.

시위에 참여한 청년 여성들은 정치적·사회적 단체에 속하지 않고 파편화된 개인들이었으며, 이들은 소셜 미디어와 온라인 커뮤니티를 통해 시위 관련 정보를 얻고 참여하였다. 이들은 여성혐오에 대항하기 위해 익명성이 보장된 온라인 공간에 머무는 것에 그치지 않고 오프라인에서 조직적인 정치적 움직임을 보여주었다. 이러한 움직임은 온라인 소통을 통해 정보를 얻고, 오프라인에서 정치적·사회적 요구를 제기하는 양상, 즉 온라인과 오프라인을 넘나들며 부정의한 현실에 대해 사회 변화를 요구하는 움직임으로 '온라인 액티비즘(online activism)'의 전형적인 모습이라고 할 수 있다(김리나, 2017).

이 사건은 온라인 공간에서 머물러 있던 여성들을 오프라인 공간으로 등장시킨 사건이라는 점에서 의미가 있다. 시위에 참여하거나 지지하는 이들은 시위 주최 측 커뮤니티인 '불편한 용기'를 통해서가 아니라, 대부분의 여성 중심 온라인 커뮤니티의 게시판을 통해 '혜화역 시위' 참여를 독려하였다. 이들은 "여성들이 혜화역 시위에 가는 이유" 등의 게시글을 통해 시위가 필요한 이유와 그 의미에 대한 강조를 통해 시위 참여를 설득하였다. 또한 이들은 '안전하게 시위에 참여할 수 있는 방법', '시위 준비물' 등의 안내를 통해 온라인 공간처럼 자신의 익명성을 지키기 위해서 무엇을 해야 하는지에 대한 정보를 공유하고, 시위장소까지 편하게 이동하기 위한 버스편을 마련하기 위한 소규모 모임 게시판을 만드는 등 시위 참여에 필요한 정보를 적극적으로 공유하였다. 시위를 마친 후에는 자신들의 경험을 이야기하고, 시위 관련 뉴스 보도를 스크랩하여 자신들의 성과를 칭찬하는 등 자기 고양의 모습을 보였다.

그러나 이들의 이러한 움직임에 대해 남성 중심 커뮤니티에서는 그저 '나쁜 페미니스트'들의 행동으로 치부하고, "꼴값을 떨어라", "탈출은 지능순"과 같이 이들의 행보를 비난하는 글이 게시되었다. 또한 시위 참가자들의 미러링 사용에만 초점을 맞추며, "혜화역 시위가 여성인권 시위가 아닌 남성혐오 시위인 이유", "혜화역 시위 = 박사모와 판박이"와 같은 글을 게시하고, 혜화역 시위를 비하하는 출처가 불분명한 뉴스를 스크랩하는 등 시위 가치를 왜곡하고 폄훼하는 게시글과 댓글이 양산되었다. 이러한 남성 중심 커뮤니티의 글은 다시 여성 중심 커뮤니티에서 공유되며, 남성 비하와 남성 집단에 대한 적대적 감정 격화로 이어졌다.

혜화역 시위에서 여성들은 불법촬영 피해자들이 미온적인 수사와 처벌에 의해 극단적 선택을 해오던 일, 자신이 피해자가 된 경험, 일상 속 여성혐오와 마주한 경험을 소셜 미디어 플랫폼과 온라인 커뮤니티에 게시하거나, 시위 현장에서 발화하며 연대와 공감을 강화하였다. 온라인 공간에서 오프라인 시위를 조직화하고 의제의 지지와 확산을 보여준 '불법촬영 편파수사 규탄시위'는 디지털 성범죄라는 단일 의제로 최대 규모의 여성들을 집결시켰으나, '남성혐오'라는 프레임에 직면하게 되었다. 시위 참여 자격을 생물학적 여성만으로 제한한 점과 시위과정에서 사용된 '무례한 미러링' 표현들은 시위 세력들이 여성 인권운동이 아니라 '남성혐오'를 행하는 것이라는 주장의 근거로 사용되었다. 또한 혜화역 3차 시위에서 문재인 전 대통령이 '페미니스트 대통령'이 되겠다는 언급과 달리 뚜렷한 여성정책이 없었다는 비판과 자극적인 발화는 문재인 대통령지지 여부를 둘러싼 논쟁과 갈등을 촉발함으로써 시위 응집력이 약화되었다. 그럼에도 혜화역 시위는 디지털 성범죄의 심각성을 공론화하고, 「성폭력 범죄의 처벌 등에 관한 특례법」 개정에 기여하였다.

2) '여성혐오'와 '남성혐오' 그리고 '약자 남성'

2015년 메갈리아의 등장과 2016년 강남역 살인사건은 우리 사회의 페미니즘 논의를 촉발시켰다. 메르스 바이러스(MERS virus) 증상을 보인 한국인 여성 두 명이 격리조치 되었다는 기사가 '디시인사이드'의 '메르스 갤러리'에 게시되며 여성혐오성 글이 지속적으로 게시되었다. 이에 대해 '디시인사이드' 내 여성 유저들이 여성혐오 게시글을 성별을 전환시키며 대응하였다. 이러한 논쟁을 거치며 여성혐오 게시글에 비판을 가하던 유저들은 '디시인사이드'에서 독립하여, 여성주의 서적인 『이갈리아의 딸들』과 메르스 바이러스를 결합해 '메갈리아'라는 새로운 사이트를 개설했다. 이들은 미러링 전략을 사용하며, 여성혐오 이슈를 수면 위로 끌어올렸다. 이러한 대응은 혐오표현에 대항하기 위한 대항 발화(counter speech)식 커뮤니케이션이며(Bartlett & Krasodomski- Jones, 2015), 이는 혐오표현에 적대적인 언어로 반격하는 발화이다(Mathew et al., 2019).

'일간베스트'의 표현을 성별 전환을 통해 바꿔 말하는 '메갈리아'의 미러링 전략은 '무례하고 자극적이며 극단적인 발화'로 온라인 커뮤니티 수준에서의 대중의 관심은 얻었으나 일반 대중의 공감과 지지를 얻지는 못하였다. 그뿐만 아니라 '메갈리아' 내부에서도 남성 동성애자와 연대할 수 있는가에 대한 논쟁이 진행되면서 성 소수자 남성과 연대해야 한다는 운영자와 이에 동의하지 못한 이용자들이 갈등하면서 와해되었다. 이후 생물학적 여성만의 연대를 표방한 '워마드'가 등장하였다.

이 시기 페미니즘 진영만 온라인 중심의 담론 형성과 조직화에 성공한 것은 아니다. 온라인에서 만연한 여성혐오는 '메갈리아'라는 명확한 공격 대상이 나타나자 이들을 '메갈', '메퇘지'라는 호명으로 비하하고 대상화하였다. 온라인 환경에서의 여성혐오는 PC통신 시기부터 지속되어 온 오랜 역사를 가지고 있다. 특히 군가산점제 논쟁을 계기로 여성혐오 표현들이 양산되었으며, 이는 여성들의 온라인 공간에 대한 진입장벽과 차별로 작용하였다(김수아, 2011). PC통신 공간 속에서의 여성혐오는 1997년 제정된 「제대군인 지원에 관한 법률」이 헌법상 평등의 권리를 침해한다는 위헌 소송이 제기되면서 격화되었으며, 위헌 판결 이후에는 '여성징병추진위', '남성우월사모임' 등이 개설되었다(김수아, 2011). 온라인 공간에 여성혐오가 만연하게 되자 여성들은 '안전한 공간'의 필요를 절감하게 되었고, 이를 위한 노력은 포털 사이트의 여성 중심 카페와 커뮤니티 형식으로 전개되었다.

성별에 따라 온라인 사이트 접근경로 차이가 분명해진다는 것은 여성과 남성의 공론장이 분열되는 것을 의미한다. 혜화역 '불법촬영 편파수사 규탄 시위'에 모인 여성들은 다음 카페 '여성시대', '쭉빵' 등 여성 중심 커뮤니티에서 정보를 공유하며 집결했으며, 이곳에서는 페미니즘 관련 논의가 좀 더 쉽고 일상적으로 진행됨으로써 페미니즘 확산에 기여하였다(김감미 외, 2019). 그러나 이는 동시에 사회적으로 공론화되기 어려운 반페미니즘 정서와 정보가 공유되는 온라인 공간도 만들어졌다는 것을 의미한다(김수아·최서영, 2007).

결국 한국사회의 페미니즘 리부트는 온·오프라인에 만연한 여성혐오에 대해 온라인에서 여성들이 반격하면서 시작되었다. 강남역 살인사건은 여성혐오가 여성들의 삶을 어떻게 위협하는지 각인시키며 자발적인 운동을 조직하도록 하는 시발점이 되었다. 이후 이어지는 혜화역 시위 등의 일련의 사건을 통해 여성들은 우리 사회의 여성혐오에 대응해야 한다는 담론을 형성하게 되었으나, 온라인을 중심으로 여성들이 연대한 것처럼 남성들 역시 '역차별' 담론을 형성하여 연대하였다.

남성들의 '역차별' 담론은 '약자 남성'과 '공정성'이라는 두 가지 개념에 기초하고 있다. 남성 중심 사이트에서는 '한국사회에서는 남성과 여성이 이미 평등하다'는 통념이 존재하는데, 이러한 통념의 근거는 국가와 법이 성평등을 보장하고 있다는 것이다. 더 나아가 '내'가 경험한 바, 군 복무, 데이트와 결혼 비용에서 남자가 더 많은 책임을 요구받는다는 점은 남성이 약자이며, 페미니즘은 이러한 평등을 위배하는 불온한 사상이 된다는 것이다(김수아, 2017). 또한 여성들을 차별한 것은 청년 남성인 자신이 아닌 윗세대 남성이라는 논리는, 역차별 담론이 세대갈등과 연계되어 있음을 시사한다. 이러한 '약자 남성' 담론은 '공정성' 담론과 결합하면서 강한 메시지를 만들게 된다.

한국의 청년세대는 가장 중요하게 생각하는 가치로 '공정성'을 제시했다.

이들의 '공정성'은 경쟁에 특권이 개입하지 않는 것과 노력에 대해 정당한 보상이 이루어지는 것으로 정의된다(박원익·조윤호, 2019). 2019년 조국 전 법무부 장관의 자녀 입학 특례의혹과 2020년 공기업의 비정규직 정규직 전환은 이러한 공정에 정확하게 어긋나는 사건이며, 공정성을 요구하는 핵심적인 계기가 된다. 이러한 공정성 요구는 반페미니즘과 연계되는데, 이는 최근에 나타난 현상이 아니다. 차별 없이 공정한 교육의 기회를 받아온 20대 여성들이 여성인권운동인 페미니즘을 주장하고 지지하는 것은 불공정한 것이 된다. '약자 남성' 담론은 신자유주의 시대를 살아가는 개인들의 어려운 상황과 공정성 담론이 결합해 페미니즘에 대한 적대감으로 발전하였다.

온라인 공간은 가치관이 유사한 사람들(like-minded people)이 소통하며 기존의 신념체계를 공고화시키는 '에코 챔버(echo chamber)'를 만들어낸다(Wallance, 1999). 즉 성별에 따라 분열된 온라인 공간에서 이용자들은 정보를 선택적으로 수용하게 되고, 그 결과 확증편향과 태도극화(attitude polarization)가 나타날 수 있다(Prior, 2013). 페미니즘 리부트가 여성 중심 커뮤니티를 통해 발전하며 우리 사회가 묵인해 오던 여성혐오를 수면 위로 끌어올리는 데 성공하고, 다양한 여성 의제를 공론화시키며 우리 사회의 여성혐오 문제를 재조명하는 데 기여하였다. 그러나 마찬가지로 남성 중심 커뮤니티에서는 이에 대항하는 '역차별' 담론을 발전시킨 것이다. 남성 중심 사이트에서 여성혐오는 윗세대에서 일어난 역사에 지나지 않으며, 페미니즘은 이미 성평등을 이룬 한국사회에서 여성에게 특혜를 주어 평평한 운동장을 다시 기울이겠다는 불순한 사상이라는 신념으로 발전하였다. 그 결과 남성 중심 사이트는 여성인권운동을 폄훼하는 거점이 되었다.

4. 온라인 페미니즘의 정치화

페미니즘의 확산이 온라인에서 오프라인으로 확산되고 이어짐에 따라 여성 인권에 대한 논의는 정치화 과정에 놓이게 되었다. 무엇보다 사회적·정치적 현안으로 대두된 일련의 사건들이 미투 운동이나 공정성 담론과 연결되며, 이 과정에서 나타난 여성/남성 중심 커뮤니티에서 촉발된 페미니즘과 반페미니즘 간 갈등을 정치적으로 동원하고자 하는 움직임이 대두되었다.

이러한 현상은 2021년 재보궐선거에서 '이대남'의 등장으로 시작되었다. 20대 남성들이 보수화되었다는 추상적 담론인 '20대 남성 현상'은 2021년 보궐선거 출구조사 결과에서 오세훈 국민의힘 후보에 대해 20대 남성들의 약 70퍼센트가 지지 의사를 밝혔다는 통계결과가 나타났으며, 이러한 지지는 투표과정에서 가시화되었다. 이를 계기로 '이대남' 프레임은 구체화되었다. '이대남' 프레임은 2022년 3월 대통령 선거에서 이재명 - 윤석열 두 후보 간 지지격차가 미세해지면서 여당과 야당 모두의 주목을 받게 되었고, '이대남'이라는 호칭이 선거과정에서 집중적으로 소비되었다. 이와 달리 당시 청년 여성들은 자신들 대변하는 정당과 정치인의 부재로 정치 영역에서 소외되는 모습을 보였다(국승민 외, 2022). 이러한 상황에서 당시 여당이던 더불어민주당은 'N번방 사건' 공론화의 주역인 '추적단불꽃' 출신의 20대 여성 박지현을 영입하며 청년 여성층의 지지를 얻고자 하였으며, 야당인 국민의힘은 청년 남성들이 선호할 만한 '여성가족부 폐지'와 '무고죄 강화'를 공약으로 내세웠다. 이에 따라 20대 대통령 선거는 페미니즘에 우호적인 더불어민주당 이재명 후보와 페미니즘에 적대적인 국민의힘 윤석열 후보라는 페미니즘을 경계로 하는 대결 구도가 만들어졌다.

이러한 대결구도는 주택 문제를 둘러싼 세대 갈등과 함께 젠더 갈등과 극단적인 '혐오' 문제가 정치적 필요에 의해 효능감을 얻게 됨으로써 반지성적인 담론이나 커뮤니티 활동이 정치적으로 그 존재를 인정받는 결과를 낳게 되었다. 또한 페미니즘을 둘러싼 정책적 대결 구도는 그동안 20대 남성에 비해 정치적으로 주목받지 못하던 청년 여성에게도 관심이 조망되었다는 점에서 큰 의미를 가지고 있다. 다만 여성 인권 증진을 표방하며 성평등을 지향하는 페미니즘이 정치권의 의제로 편입되면서 통합적인 보편 담론이 아닌 양극화된 갈등의 한 축으로 폄하될 수 있는 우려를 안게 되었다.

1) 2021년 재보궐선거와 20대 대통령 선거

2015년부터 지속된 페미니즘 운동과 반페미니즘 담론, 안희정, 박원순 등 친여성 정책을 펼치는 정치인으로 알려진 진보인사들의 성추문은 민주당과 문재인 정부에 대한 실망과 불만으로 이어졌다. 2021년 재보궐선거는 젠더 갈등의 정치화를 다시 촉발하기에 충분한 조건을 가지고 있었다. 보궐선거가 민주당 인사들의 성추문으로 이루어지는 선거인 점, 2015년 이래로 지속되어온 젠더 갈등으로 인한 반페미니즘 세력들의 거대화 등은 여성인권운동인 페미니즘이 정파적 논쟁의 장에 끌려가는 계기로 작용한다.

당시 오거돈 부산광역시장이 자신의 보좌진을 성추행한 혐의로 사퇴하였고, 박원순 전 서울특별시장 역시 자신의 전 비서를 성추행한 사실이 알려지자 극단적 선택을 하였다. 이후 더불어민주당은 피해자에 대해 '피해호소인'이라 호명하며 결여된 성 인지감수성을 보여주었고, 유보적 태도를 보이며 이는 청년 여성들뿐만 아니라 남성들 역시 진보 진영에 뒤돌아서는 계기가 되었다. 여성친화적 정치인이라는 이미지를 가지고 있던 안희정 전 충남도지사, 박원순 전 서울시장, 오거돈 전 부산시장의 잇따른 성범죄 혐의는 지지자들의 반감을 사기에 충분했다. 여성 중심 커뮤니티 내에서는 더불어민주당이 '페미니즘을 이용하였다'며 민주당이 행하는 2차 가해를 지적하고 비판하는 담론이 형성되었다. 이러한 흐름은 문재인 전 대통령에 대한 비판과 지지 철회를 표명하는 게시글의 양산으로 이어지기도 하였다. 이에 대해 남성 중심 커뮤니티 내에서는 성추행 의혹이 진실인가에 더 집중하는 모습이 나타났다. 남성 중심 커뮤니티는 민주당 인사들의 권력형 성폭행 사건들이 누군가에 의해 조작되거나, 정치인들이 '나쁜 여성'에게 이용당했을지 모른다는 의구심을 공유하고 있었다. 이는 20대 대선에서 국민의힘 후보의 공약으로 내세운 '무고죄 강화'와 이어지는 흐름이라고 할 수 있다.

당시 제1야당인 국민의힘은 표류하는 유권자들을 자신의 지지세력으로 흡수하기 위해 반페미니즘 입장을 선거전의 전면에 내세웠다. 이러한 움직임의 중심에는 2021년 당선된 이준석 국민의 힘 당대표가 있으며, 20대 남성의 '능력주의'와 '약자 남성' 프레임을 활용해 반페미니즘 담론으로 20대 남성들을 결집하고자 하였다. 2021년 4월 서울시장 재보궐선거 출구조사에 따르면, 20대 남성의 72.5퍼센트는 보수정당 후보인 오세훈 후보에게 투표했다고 응답하였다. 20대 남성의 절반 이상이 오세훈 후보에게 투표한 것에 반해, 20대 여성은 더불어민주당의 박영선 후보에게 더 높은 지지를 보였고, 15.1퍼센트의 여성들은 거대정당이 아닌 소수정당 혹은 무효표를 던지는 이전과 다른 투표행태를 보여주었다.

20대 남성은 정말 보수화되었으며, 이들의 보수화는 페미니즘과 관련되어 있을까? 이에 대해 20대 남성들의 성평등 의식은 다른 세대에 비해 통계적으로 유의미한 차이를 보일 정도로 낮지 않으며, 오히려 이들은 가부장제에 대한 반감이 강하고, 정책이나 사안에 대한 입장 차이를 사회적 균열로 과장하는 것은 위험하다는 비판이 제기되고 있다(박선경, 2020; 최종숙, 2020). 이들의 반페미니즘 담론은 신자유주의 확산에 따른 경쟁구도, 그리고 세대갈등과 연관되어 있다. 청년들이 정치적·이념적으로 균열되었다고 진단하고 그 원인이 페미니즘에 있다는 것은 우리 사회에서 교차하는 수많은 갈등을 젠더이슈로 단순화시키는 것일 수 있다. 그러나 이러한 위험이 있음에도 정치권에서는 20대 남성들의 반페미니즘 정서를 적극적으로 활용하였다.

특히 20대 대선은 '갈라치기 대선'으로 불릴 만큼 정치 엘리트들에 의한

'젠더 갈라치기'가 심화되었다. 이러한 현상은 페미니즘에 대한 불만이 문재인 전 정부와 당시 여당인 더불어민주당으로 향하며 젠더 이슈의 정치적 균열로 진화하면서 나타나고 있다(김한나, 2022). 20대 남성의 반페미니즘 정서와 민주당에 이탈한 유권자를 포섭하기 위해 국민의힘은 '여성가족부 폐지'와 '무고죄 강화'라는 공약을 내세웠다. 이러한 과정에서 20대 남성은 영향력 있는 캐스팅 보터(casting voter)로 언론과 정치권의 주목을 받았다. 당시 더불어민주당은 당내 정치인들의 성범죄 사건으로 페미니즘 지지를 표명하기 어려웠고, 이재명 후보는 2021년 11월 페미니즘을 '광기의 페미니즘'이라고 언급하며 페미니즘 노선과 반대되는 행보를 보였다. 이 과정에서 청년 여성들은 반페미니즘 입장을 확고히 한 국민의힘 후보자를 지지할 수 없었고, 성범죄 피해자를 '피해호소인'이라 칭하는 더불어민주당 후보를 지지할 수도 없는 상황에 놓이게 되면서, 자신들을 대변하는 정치적 세력을 찾지 못하고 소외되어 있었다(국승민 외, 2022).

이러한 상황은 청년 여성의 표심을 사로잡기 위해 이재명 후보가 'N번방 사건'을 공론화한 '추적단불꽃'의 박지현을 대선 캠프에 영입하며 변화를 맞았다. 박지현 영입을 기점으로 페미니즘을 전면에 내세운 이재명 후보의 선거 운동은 20대 여성의 표심을 집결시키게 되었다. 결과적으로 이재명 후보와 윤석열 후보의 대결은 친페미니즘 대 반페미니즘의 구도가 강하게 나타나게 되었다. 즉 2015년부터 이어진 페미니즘 흐름과 이로 인해 야기된 젠더 갈등은 20대 대선에서 정치 엘리트의 선거전략과 함께 선거의 정치 균열로 부상한 것이다(김한나, 2022).

2) '약자 남성'의 정치적 동원과 '허구'의 정치화

프레이밍 이론에 따르면 사회적 사안은 담론화 단계, 전략적 단계, 경쟁 단계와 합성 단계를 거치며 지배 담론으로 성장하며, 지배 담론에서 제기된 문제는 정책화 가능성이 높아진다. 그리고 이 과정에서 작성된 정책은 이에 대한 평가와 불만에 따라 다시 새로운 쟁점을 만들고 이에 대한 정책수정 혹은 새로운 정책으로 이어지게 된다. 이 과정을 통해 사회는 갈등을 관리하고 보다 나은 사회로 발전하게 된다. 그러나 여성인권운동으로서의 페미니즘은 이러한 선순환 구조에서 이탈한 것으로 보인다.

여성혐오에 대한 불만에서 페미니즘 담론이 형성되었으나, 정치 의제화 과정에서 혐오 논쟁에 휘말리게 되었으며, 정치 엘리트들에 의해 정쟁적으로 소비되며 분열하고 갈등하게 되었다. 이러한 분열과 갈등은 20대 대통령 선거 과정에서 뚜렷하게 나타났다.

20대 여성들이 페미니즘 입장을 지지하는 노선을 펼치는 이재명 후보로 집결하며, 20대 남성들을 향해 '1번남'과 '2번남'이라는 새로운 호명을 가하였다. 이러한 움직임은 '이대남' 모두가 보수화되었으며, 페미니즘을 지지하지 않을 것이라는 통념에 대해 '이대남'이 아닌 '20대 남성', 즉 '이대남'에 의해 가려져 있던 '더불어민주당을 지지하고, 페미니즘에 적대적이지 않은 남성'을 구분해 이들에게 새로운 이름을 지어준 것이다. 이러한 접근은 청년을 남성과 여성으로 가른 정치 엘리트들의 동원 전략에 대항하여, 20대 남성을 기호 1번 이재명 후보를 지지하는 '1번남'과 기호 2번 윤석열 후보를 지지하는 '2번남'으로 재분류한 것이다. '1번남'과 '2번남'이라는 단어 역시 온라인 커뮤니티 '디시인사이드'에서 만들어졌다. 2022년 3월 3일 이재명 후보 지지선언 행사에서 남성 참가자들의 외모가 화제가 되었고, 국민의힘 남성 지지자들의 외모를 비하하는 사진과 함께 '잘생긴 1번남'과 '못생긴 2번남'이라는 프레임이 만들어졌다. '2번남'이라는 단어는 윤석열 후보 지지자들의 외모를 비하하는 용어로 등장했으나, 다양한 커뮤니티로 확산되면서 윤석열 후보에 대한 지지 의사보다 '정치성향이 보수적이며, 페미니즘에 적대적인 남성'을 대상화하는 단어로 그 의미가 확장되었다.

주요 선거가 박빙의 승부로 진행되면서 '약자'로 정체화된 '이대남'이 정치권에 의해 동원되면서 이들이 과잉대표되는 양상이 나타났다. 그 결과 '여성가족부 폐지'와 같이 사회적으로 커다란 파장이 나타날 수 있는 정책들이 제시되었다. 이러한 정치과정에서 소외된 여성들은 '이대남'을 '1번남'과 '2번남'으로 새롭게 구분해 '정상적'인 타자 '1번남'과 '비정상적' 타자 '2번남'으로 대상화하였다. 조롱과 비하의 용어인 '2번남'과 달리 '1번남'은 긍정적인 의미로 사용된다. '1번남'은 '2번남'과 달리 '정치성향이 진보적이며, 페미니즘을 지지하기 때문에 여성들과 연대할 수 있는 타자'로 구분된다. 이는 여성을 타자화하기 위한 전략으로 사용되던 '성녀'와 '악녀'의 이분법적 타자화와 일치되는 구조이다. '된장녀'와 '개념녀'의 이분법적 구분이 '1번남'과 '2번남'으로 성별이 전환된 것이다. 이러한 타자화에 대해 새로운 남성혐오 표현의 등장이라는 우려와 지적도 제기되고 있다.

이러한 흐름은 페미니즘이 정치화되며 여성인권 증진을 위해 건강한 토론과 담론이 공유되는 것이 아니라 서로에 대한 정서적 양극화를 이끌었음을 보여준다. 온라인 커뮤니티는 페미니즘에 대한 정서적 양극화를 추동하고 있다. 온라인 커뮤니티를 통해 페미니즘에 대한 담론이 확산되었음을 부정할 수는 없으나 페미니즘에 대한 대항담론 역시 온라인 커뮤니티를 통해 세력을 키워나간 것이다. 그리고 온라인 커뮤니티에서 발화된 갈등과 갈등의 워딩들을 언론을 통해 확산되고, 정치 엘리트들에 의해 정파적으로 소비되면서 사회 전체적으로는 페미니즘의 보편적 가치가 약화되는 결과로 이어지고 있다.

5. 나오며

ICT의 발전과 온라인 커뮤니티의 활성화는 연결성, 익명성, 교차성, 일상성, 결속성으로 온라인상에서의 페미니즘 확산과 여성 임파워먼트에 크게 기여하는 것으로 평가된다. 특히 일상에서 크고 작은 차별을 경험하면서도 오프라인 공간에서 지리적으로 사회적으로 분산되어 있던 여성들이 온라인 커뮤니티를 통해 차별적 상황과 경험을 공유하고 대안을 논의하는 과정에서 페미니즘에 대한 이해가 되는 긍정적인 효과를 기대할 수 있게 되었다. 온라인 페미니즘의 확산은 '페미니즘'을 일상으로 끌어옴으로써 심리적 거리를 가깝게 하고, 온라인 커뮤니티 활동에서도 오는 정서적 만족감과 함께, 사회적 현안에 대한 정책화를 실현함으로써 정책적 효능감을 높여 페미니즘에 대한 지지를 확산하는 결과를 낳게 되었다.

그러나 온라인 커뮤니티의 발전은 가치중립적인 기술발전의 결과이며, 반페미니즘의 발전에도 기여하고 있다. 온라인 페미니즘의 확산과정에서 동원된 '미러링'은 '남성혐오'라는 비판과 함께 '약자 남성' 담론의 발전으로 이어졌다. '약자 남성' 담론은 혜화역 시위 이후 '90년대생'들의 '공정성' 담론과 연결되면서 '여성혐오'와 반페미니즘을 결집하였다. 이는 한국사회의 페미니즘을 공정한 교육을 받은 20대 여성들이 이미 평편한 운동장을 기울게 만드는 공정성을 훼손하는 논리로 규정하는 것이다. 이러한 논리는 정치 엘리트들을 둘러싼 공정성 시비와 연결되면서 페미니즘을 둘러싼 온라인 커뮤니티 내 혹은 온라인 커뮤니티 간 갈등이 정치화된 양상으로 발전하였다.

온라인 페미니즘과 반페미니즘 간의 갈등은 주요 선거과정을 거치면서 정치적·정책적 갈등으로 확대되었다. 이 과정을 통해 '이대남'의 호명, '1번남'과 '2번남', 그리고 나아가 '2번녀' 등 다양한 경계가 새롭게 나타났다. 이러한 다양한 경계는 온라인 페미니즘이 양성평등과 이를 위한 정책 실현에 기여하고 있음에도 적지 않은 부분 정책대결보다 '혐오'에 대응하는 과정에서 정치적으로 동원되는 양상이 나타나고 있다. 이러한 과정에서 온라인 페미니즘은 미러링에 초점을 맞춘 '메갈리아'부터 특정 정치인에 대한 지지그룹에 이르기까지 다양한 스펙트럼으로 나뉘고 있다. 특히 온라인 페미니즘과 온라인 백래시의 충돌이 정치적으로 동원되면서 담론경쟁 과정이 보편적 가치를 발견하고 확산하기 위한 논쟁이 아니라 온라인 커뮤니티 내 확증편향적으로 형성된 집합지식에 기초해 혐오를 확산하는 결과를 초래하고 있다.

온라인 커뮤니티의 발전은 다양한 긍정적인 가능성을 보여주고 있다. 온라인 커뮤니티는 많은 사람의 동시적 참여와 소통을 가능하게 해줌으로써 민주주의 발전과 보편가치의 발견에 기여할 수 있다고 기대되고 있다. 그러나 이와 동시에 온라인 커뮤니티는 사회 내 혐오가 투영되면서 지리적으로 분산된 반지성적 지식을 결집하는 수단으로도 활용된다. 이러한 발전은 온라인 페미니즘의 발전이 오프라인에서의 양성평등에 기여할 수 있으나 이와 동시에 사회 내 차별적 인식과 혐오가 온라인 커뮤니티를 통해 강화될 수 있음을 보여준다. 이는 온라인 페미니즘과 '제4의 물결 페미니즘'이 여성 임파워먼트와 양성평등에 실질적으로 기여하기 위해서는 다원주의적 사고 확산과 혐오 억제를 위한 적극적이고 적절한 대응이 필요함을 시사해 준다.

참고문헌

국승민·김다은·김은지·정한울. 2022. 『20대 여자』. 서울: 시사IN북.

김감미·이지은·김연수·김희선·김성진. 2019. 「여혐 – 남혐 갈등: 온라인 커뮤니티를 중심으로」. 《정치·정보연구》, 제22권 3호, 29~54쪽.

김광모·최희원, 권성일. 2014. 「사회적 실재감이 온라인 커뮤니티 지속사용의도에 미치는 영향」. 《한국콘텐츠학회논문지》, 제14권 2호, 131~145쪽.

김리나. 2017. 「메갈리안들의 '여성' 범주 기획과 연대: 중요한 건 '누가' 아닌 우리의 '계획'이다」. 《한국여성학》, 제33권 3호, 109~140쪽.

김미경. 2019. 「뉴스신뢰도, 뉴스관여도와 확증편향이 소셜커뮤니케이션 행위에 미치는 영향」. 《정치커뮤니케이션연구》, 제52호, 5~48쪽.

김민정. 2020. 「2015년 이후 한국 여성운동의 새로운 동향」. 《정치·정보연구》, 제23권 2호, 59~88쪽.

김보명. 2018. 「혐오의 정동경제학과 페미니스트 저항: 〈일간베스트〉, 〈메갈리아〉, 그리고 〈워마드〉를 중심으로」. 《한국여성학》, 제34권 1호, 1~31쪽.

김수아. 2011. 「한국 사회 사이버 공간과 젠더 정치」. 강상현 외. 『한국 사회의 디지털 미디어와 문화』. 서울: 한울.

______. 2017. 「남성 중심 온라인 커뮤니티에서의 페미니즘 주제 토론 가능성」. 《미디어, 젠더 & 문화》, 제32권 3호, 5~45쪽.

김수아·최서영. 2007. 「남성 정체성(들)의 재생산과 사이버 공간」. 《미디어, 젠더 & 문화》, 제8호, 5~40쪽.

김영선. 2022. 「페미니즘 리부트 이후, 한국여성학의 도전과 새로운 실천」. 《현상과인식》, 제46권 1호, 77~94쪽.

김은희. 2018. 「지금 여기의 미투 운동, '다시, 위험한 상상력'을 불러내다」. 《여/성이론》, 제38호, 29~55쪽.

김한나. 2022. 「20대 청년 유권자의 젠더 균열과 투표 선택: 제20대 대통령 선거를 중심으로」. 《동향과전망》, 제115호, 296~338쪽.

박가분. 2016. 『혐오의 미러링: 혐오의 시대와 메갈리아 신드롬 바라보기』. 서울: 바다출판사.

박선경. 2020. 「젠더 내 세대격차인가, 세대 내 젠더격차인가?: 청년 여성의 자기평가이념과 정책태도 분석」. 《한국정당학회보》, 제19권 2호, 5~36쪽.

박원익·조윤호. 2019. 『공정하지 않다: 90년대생들이 정말 원하는 것』. 서울: 지와인.

백미연. 2019. 「한국 미투 운동 이후 페미니즘 정치의 전환: '연대의 정치'를 향하여」. 《정치사상연구》, 제25권 2호, 68~92쪽.

송준모·강정한. 2018. 「메갈리아의 두 딸들: 익명성 수준에 따른 온라인 커뮤니티의 정체성 분화」. 《한국사회학》, 제52권 4호, 161~206쪽.

안재경·민영. 2020. 「소통 전략으로서 미러링의 효과: 관점 수용과 외집단에 대한 부정적 감정을 중심으로」. 《한국언론학보》, 제64권 5호, 46~80쪽.

양혜승. 2022. 「여성, 이주민, 노인 혐오성 댓글에 대한 텍스트 마이닝 분석 : 네이버 범죄뉴스를 맥락으로」. 《한국방송학보》, 제36권 3호, 5~45쪽.

이나영. 2018. 「"페미니스트 관점에서 본 '미투 운동'의 사회적 의미」. 《복지동향》, 제234호, 5~12쪽.

천관율. 2019. 「20대 남자, 그들은 누구인가」. 《시사IN》, https://www.sisain.co.kr/news/articleView.html?idxno=34344.

최종숙. 2020. 「'20대 남성 현상' 다시 보기: 20대와 3040세대의 이념성향과 젠더의식 비교를 중심으로」. 《경제와사회》, 제125호, 189~224쪽.

한은영·김경규·이애리. 2021. 「온라인 커뮤니티 교환구조, 결속력, 교환혜택에 관한 연구」. 《한국콘텐츠학회논문지》, 제21권 12호, 448~462쪽.

허성학. 2020. 「'20대 남자 현상'이 던지는 질문 : 청년세대의 계급적 조건을 담론화하지 못하는 정체성 정치에 대하여」. 《뉴 래디컬 리뷰》, 제85호, 244~275쪽.

황주성. 2016. 「온라인 커뮤니티 이용자와 SNS 이용자의 구분요인: 기질성 요인과 활동성 요인을 중심으로」. 《정보통신정책연구》, 제23권 3호, 75~110쪽.

______. 2020. 「온라인 커뮤니티 참가자의 유형과 구분요인에 관한 연구: 개인적 특성 요인을 중심으로」. 《사이버커뮤니케이션학보》, 제37권 2호, 137~210쪽.

Bartlett, Jamie. and Alex Krasodomski-Jones. 2015. "Counter-speech Examining Content That Challenges Extremism Online." *DEMOS*, October: 1~20.
Lukose, Ritty. 2018. "Decolonizing Feminism in the #Me Too Era." T*he Cambridge Journal of Anthropology,* Vol. 35, No. 2: 34~52.
Mathew, B., P. Saha, H. Tharad, S. Rajgaria, P. Singhania, S. K. Maity, and A. Mukherjee. 2019. "Thou Shalt Not Hate: Countering Online Hate Speech." in *Proceedings of the International AAAI Conference on Web and Social Media,* Vol. 13, No. 1: 369~380.
Preece, Jenny. 2000. "Online Communities: Designing Usability, Supporting Sociability", I*ndustrial Management & Data Systems*, Vol.100, No.9: 459~460.
Prensky, M. 2001. "Digital Natives, Digital Immigrants." *On The Horizon,* Vol. 9, No. 5.
Prior, Markus. 2013. "Media and Political Polarization." *Annual Review of Political Science,* Vol. 16, No. 1: 101~127.
Ren, Yuqing, F. Maxwell Harper, Sara Drenner, Loren Terveen, Sara Kiesler, John Riedl, Robert E. Kraut Ren, F. Maxwell Harper, Sara Drenner, Loren Terveen, Sara Kiesler, John Riedl, Robert E. Kraut. 2012. "Building Member Attachment in Online Communities: Applying Theories of Group Identity and Interpersonal Bonds." *MIS Quarterly,* Vol. 36, No. 3: 841~864.
Wallace, Patricia. 1999. *The Psychology of the Internet.* Cambridge: Cambridge University Press.

찾아보기

기호, 숫자

알파벳

ㄱ

지은이

전복희는 1992년 독일 마르부르크대학에서 박사학위를 취득했으며 현재 한국여성정치문화연구소 이사로 재직 중이다. 전공분야는 정치사상이며 현재 독일의 젠더정치와 관련된 분야에 관심이 있다. 대표논문으로는 「통일 후 동·서독 여성의 갈등과 갈등극복을 위한 '차이의 정치'에 대한 연구」와 「1989년 이후 동독 여성운동의 발전과 특징에 대한 고찰」이 있으며, 대표저서로는 『저출산시대의 가족정책』(2019), 『젠더정치학』(2018), 『다문화주의와 페미니즘』(2017)의 공저와 『사회진화론과 국가사상』(1996) 등이 있다.

김경미는 1998년 독일 마르부르크대학에서 박사학위를 취득했으며 현재 서강대학교 국제지역연구소 연구원이다. 전공분야는 정치사상이며 현재 중·동유럽 국가들의 체제전환 및 젠더정치와 관련된 분야에 관심이 있다. 대표논문으로서는 「체제전환 이후 폴란드 여성문제와 여성운동」과 「2005년 이후 폴란드의 자유민주주의 공고화 전략과 정책」이 있으며, 『젠더정치학』(2018), 『다문화주의와 페미니즘』(2017), 『저출산시대의 가족정책』(2019), 『동유럽 체제전환과 탈경계 문화횡단』(2022) 등의 공저가 있다.

이순주는 한국외국어대학교에서 정치학 박사학위를 취득했으며 현재 울산대학교 스페인중남미학과 교수로 재직 중이다. 전공분야는 중남미정치, 젠더정치 및 정책으로 중남미의 성평등정치, 정책, 정치참여, 리더십, 이주, 환경 등에 관해 연구하고 있다. 대표논문으로 「라틴아메리카에서 페미니시디오(Feminicidio)의 정치적 함의」, 「아르헨티나 동수민주주의 도입에 관한 연구」, 「아르헨티나 이주 안보화에 관한 역사적 고찰」 등이 있다, 대표저서로는 『라틴아메리카 여성운동과 여성정책』(2003)이 있으며, 공저로 『이주와 불평등』(2021) 등이 있다.

김욱은 미국 아이오와대학에서 정치학 박사학위를 취득했으며 현재 배재대학교 행정학과 교수로 재직 중이다. 전공분야는 비교정치, 선거, 정당, 한국정치, 여성정치 등이다. 대표저서로는 『정치참여와 탈물질주의: 한국과 스웨덴의 비교』(2005), 『여성정치인의 리더십』(2007, 공저). 『한국의 선거 60년: 이론과 실제』(2011. 공저), 『민주주의 국가이론: 과거 뿌리 현재 논쟁 미래 전망』(2011. 역서), 『다문화주의와 페미니즘』(2017. 공저) 등이 있다.

이정진은 미국 남가주대학(USC)에서 정치학 박사학위를 취득했으며 현재 배재대학교 정치언론안보학과 교수로 재직 중이다. 전공분야는 비교정치, 정책결정과정, 대통령의 권력 등이다. 대표논문으로는 「정권별 주요정책의 이념적 차이 비교」, 「대통령 및 여당·야당 지지도가 대통령의 정책추진에 미치는 영향」, 「정책결정에 미치는 대통령의 영향력 변화: 박근혜 정부를 중심으로」 등이 있고, 대표저서로는 『좋은 정부의 제도와 과정: 이론적 탐색과 한국사례』(2016. 공저), 『한국의 정치균열 구조: 지역, 계층, 세대 및 이념』(2014, 공저) 등이 있다.

이지영은 일본 쓰쿠바(筑波)대학에서 정치학 박사학위를 취득했으며 현재 대전대학교 연구전임조교수로 재직 중이다. 전공분야는 현대문화공공정책, 젠더정치이며 주로 일본의 다문화공생정책, 일본군'위안부'문제와 시각의 정치에 관한 연구를 하고 있다. 대표논문으로는 「일본의 다문화공생사회와 재일코리안의 역할: 에루화, 무지개회, 재일코리안청년연합, 코리아NGO센터를 사례로」, 「샌프란시스코 일본군 '위안부'기림비 건립 운동과 자이니치 코리안의 정체성 정치」가 있고, 대표저서로는 『일본군 '위안부' 문제의 무시효성』(2020, 공저), 『저출산시대의 가족정책』(2019, 공저) 등이 있다.

최정원은 연세대학교에서 정치학 박사학위를 취득했으며 현재 연세대학교 동서문제연구원 연구교수로 재직 중이다. 전공분야는 비교정치, 젠더정치, 한국정치, 복지정책 등이다. 『젠더정치학』(2018), 『다문화주의와 페미니즘』(2017), 『저출산시대의 가족정책』(2019), 『한국국회와 정치과정』(2010) 등의 공저가 있으며, 논문으로는 「생태근대화 모델과 생태복지국가의 구성(공저), 「한국의 여성정치와 여성정치 이슈의 개선방안」, 「한국의 저출산과 성평등」(공저) 등이 있다.

김민정은 프랑스 파리2대학에서 정치학 박사학위를 취득했으며 현재 서울시립대학교 국제관계학과 교수로 재직 중이다. 전공분야는 비교정치, 유럽정치, 프랑스정치, 여성정치 등이다. 대표저서로 『한국 여성의 정치참여』(2017), 『프랑스 언론에 나타난 한국』(2016)가 있으며 공저로는 『젠더정치학』(2018), 『다문화주의와 페미니즘』(2017), 『저출산시대의 가족정책』(2019)이 있다. 대표논문으로는 「스페인 동수제도입에 있어서 정당의 역할」, 「프랑스 여성정책 전담기구의 제도적 역량」 등이 있다.

박채복은 독일 마르부르크대학에서 정치학 박사학위를 취득했으며 현재 숙명여자대학교 글로벌거버넌스연구소 연구교수로 재직 중이다. 유럽연합 및 독일정치, 다문화 및 이주 문제, 그리고 젠더 관련 분야를 연구하고 있다. 저서로는 『유럽연합과 젠더: 정책, 제도, 행위자적 고찰』(2019)이 있으며, 공저로는 『저출산시대의 가족정책』(2019), 『다문화주의와 페미니즘』(2017) 등이 있다. 논문으로는 「독일 출산지원정책의 젠더적 함의」, 「'이주노동자'에서 '한인여성'으로: 한인여성의 독일이주의 역사화」 등이 있다.

김감미는 덕성여자대학교 정치외교학과에서 학사학위를 취득했으며 현재 고려대학교 일반대학원 미디어학과 석사과정에 재학 중이다. 연구 분야는 정치 커뮤니케이션, 젠더 갈등, 양극화 등이며, 관련 주제에 대한 연구를 진행하고 있다. 주요 연구논문으로는 「여혐-남혐 갈등: 온라인 커뮤니티를 중심으로」(공저)가 있다.

김성진은 영국 글라스고대학에서 러시아정치로 박사학위를 취득했으며 현재 덕성여자대학교 정치외교학전공 교수로 재직 중이다. 전공분야는 러시아정치이며, 연방관계, 젠더정치, 이주·난민문제에 관심을 가지고 있다. 「네트워크 사회와 시리아 난민의 이동」, 「'혼합이동'과 유럽 난민정책: 프랑스, 독일, 스웨덴, 영국 사례」, 「러시아 가족정책이 출산율에 미치는 영향: 젠더적 관점을 중심으로」, 「여혐-남혐 갈등: 온라인 커뮤니티를 중심으로」(공저) 등의 논문과 『젠더정치학』(2018) 등의 공저가 있다.

한울아카데미 2434

21세기 뉴페미니즘

지은이 **전복희 · 김경미 · 이순주 · 김욱 · 이정진 · 이지영 · 최정원 · 김민정 · 박채복 · 김감미 · 김성진** | 펴낸이 **김종수** |
펴낸곳 **한울엠플러스(주)** | 편집책임 **임혜정**

초판 1쇄 인쇄 **2023년 3월 3일** | 초판 1쇄 발행 **2023년 3월 30일**

주소 **10881 경기도 파주시 광인사길 153 한울시소빌딩 3층**
전화 **031-955-0655** | 팩스 **031-955-0656** | 홈페이지 **www.hanulmplus.kr** | 등록번호 **제406-2015-000143호**

Printed in Korea.
ISBN 978-89-460-7435-4 93330 (양장)
978-89-460-8248-9 93330 (무선)